Das dtv Reise Textbuch Wien führt auf eine ganz eigene Art und Weise zu den Sehenswürdigkeiten der Stadt.

Reiseberichte, Briefe, Tagebuchnotizen, historische Dokumente, Musiker- und Künstler-Anekdoten, Gedichte der großen und der populären Literatur, Ausschnitte aus Erzählungen und Romanen, Szenen aus Theaterstücken, Aphorismen und Bonmots besagen mehr und anderes, als im Reiseführer steht, über eine Straße, einen Platz, einen Fluß, einen Park, ein Wohnviertel, eine Kirche, ein Schloß, ein Denkmal, ein Lokal...

Eine Fülle solcher Texte enthält dieses Buch. Sie lassen das vergangene Wien ebenso lebendig werden wie das gegenwärtige, das grandiose wie das kleinkarierte, das problematische wie das charmante, das übermütige wie das melancholische.

Die dtv Reise Textbücher, topografisch gegliedert und darum praktisch zu handhaben, erweisen ihren Wert an Ort und Stelle. Sie sind aber ebenso dienlich bei der Vorbereitung auf eine Reise oder einen Aufenthalt und ebenso sinnvoll beim Nach-Lesen, wenn man wieder zu Hause ist.

Und wer in Wien zu Hause ist? Hans Weigel erklärt: «Ich bin Wiener und kenne darum wohl selbst die wirklichen Sehenswürdigkeiten nur zum geringsten Teil, und auch die nur, weil ich so oft ausländische Besucher habe.» Ist das bloß augenzwinkernd gesagt? Oder ist was Wahres dran?

REISE TEXTBUCH WIEN

Ein literarischer Begleiter auf den Wegen durch die Stadt

Herausgegeben von Heinz Gumpelmayr

dtv

Deutscher Taschenbuch Verlag

FÜR ANNA

Originalausgabe, Dezember 1987

Redaktion Langewiesche-Brandt
Fotos von Heinz Gumpelmayr
Umschlaggestaltung: Celestino Piatti
Gesamtherstellung: Kösel, Kempten
ISBN 3-423-03905-1 · Printed in Germany

INHALTSVERZEICHNIS

BLICK AUF WIEN

DIE INNERE STADT

DER STEPHANSDOM

DIE HOFBURG

DIE RINGSTRASSE

IM KAFFEEHAUS

DAS BELVEDERE

ZWISCHEN GÜRTEL UND RING

SCHÖNBRUNN

DIE VORSTÄDTE

WIENER UND WIENERIN

IM PRATER

AN DONAU UND DONAUKANAL

AM RANDE DES WIENERWALDES

FRIEDHÖFE

ABSCHIED VON WIEN

VIENNA

BLICK AUF WIEN

Ein Paradies

Diese Stadt muß wie ein kostbares Nachessen, langsam, Stückchen für Stückchen mit Prüfung ausgekostet werden, ja du mußt selbst ein solches Stückchen geworden sein, ehe der ganze Reichtum ihres Inhaltes und die Reize ihrer Umgebungen dein Eigentum geworden sind. Nur der langsamen und anhaltenden Beobachtung gibt sie sich hin, aber dann tief und innig und nachhaltend. Darum geht mancher von hier fort, und trägt nichts mit, als ein Getümmel in seinem Kopfe. Erst lerne jede Öde überwinden, die dich fassen wird, wenn du täglich aus deiner Wohnung gehst, und täglich andere Menschen auf der Gasse siehest; wenn du an Orten der Freude bist, und alles um dich braust und jubelt, ohne sich um dich zu kümmern, daß es dir fast gespenstisch einsam wird – harre nur, gehe immer aus, sei immer hier, werde gemach einer aus ihnen, und siehe, in geheimer Sympathie wirst du alle auf der Gasse erkennen, ja so erkennen, daß du den Fremden sogleich herausfindest. Sie werden überall mit dir reden, sie werden dich einladen, sie werden dir Freude zuteilen; denn du bist jetzt einer der Ihren, sie erkennen dich, und geben sich dir – und wie du auch jetzt befremdet auf die Häuser hinabsiehst, wer weiß, ob nicht in einem derselben noch im süßesten Morgenschlummer die zwei Augen zugedeckt sind, in deren Himmel du rettungslos versinken wirst, daß du dann die Stadt ein Paradies heißest, die dich jetzt noch mit so widerstrebenden Elementen anfaßt; – und hüte dich nur, man trägt hier wunderschöne Augen, und von der Herzensliebenswürdigkeit der Wiener haben die Frauen einen mächtig großen Teil empfangen.

Adalbert Stifter, 1844

Ein herrlicher Park

Wien liegt in einem Halbmond an der Donau, und gleich als strebe dies mächtige Wasser, der Stadt zu desto größerer Zierde zu sein, bildet es Werder oder Inseln, darin viele schöne Gärten mit herrlichen Fruchtbäumen die Bürger erlustigen, zu Gastmahlen und zu Tänzen einladen und die Freude der Jugend sind. – Die eigentliche Stadt liegt wie ein Palast inmitten der sie umgebenden Vorstädte, deren mehrere an Schönheit und Größe mit ihr wetteifern. Betritt man die Stadt, so glaubt man nur zwischen verschiedenen Gebäuden einer ungeheuren Königsburg hin und her zu wandeln. – Wiens ganzes Gebiet ist ein herrlicher Park, mit schönen Rebenhügeln bekrönt. An diesen liegen anmutige, lustreiche Vorberge, geziert mit den lieblichsten Landhäusern, geschmückt mit Fischteichen, Jagdbarkeit, Häusern und Gärten, mit jedem Bedürfnis, mit jedem Genuß – und deckte nur der goldene Friede seine warmen, milden Fittiche über diese Gaue, so zöge man das Wiener Leben selbst dem südlichen Himmel vor und wollte lieber in Österreich als in Italien wohnen.

Antonio Bonfini, 1545

Friede dem, der gehorcht

Ich, durch die Gnade Gottes und die Würden des Propheten, dem Sohn beider Monde, von dem aller Ruhm und Ehre kommen, Präsident des Rates und Heerführer des großmächtigsten Kaisers der Türken, des Königs aller Könige der Erde, mache Euch, Generalkapitän Starhemberg, dem Anführer des österreichischen Adels, zu wissen, daß ich auf Befehl meines verehrtesten Herrn, des stärksten, mächtigsten und unbegreiflichsten Kaisers, mit zahlreichem Heer vor Wien gerückt bin, um diesen Ort seinem Reich einzuverleiben.

Wenn Ihr ihn mir übergebt, so werdet Ihr alle, vom Kleinsten bis zum Größten, ungehindert mit allem Eigentum abziehen können, und jene, welche daselbst zurückzubleiben wünschen, werden im Besitz ihrer Güter geschützt werden. Weigert Ihr Euch, ihn mir zu übergeben, so werden wir Euch erstürmen und alles, vom Kleinsten bis zum Größten, über die Klinge springen lassen; erkennen aber die Völker Österreichs die guten Gesinnungen, welche unser mächtigster Kaiser gegen sie hegt, so werden sie und ihre Kinder nach ihrem Beispiel ihn immerwährend verehren. Friede dem, der gehorcht.

Der Zeremonienmeister der Hohen Pforte, 1683

Die Stadt ist viel zu klein

Wien, welches die Ehre hat, der Sitz des Kaisers zu sein, entsprach gar nicht meiner Erwartung, denn ich fand es weit kleiner, als ich mir es vorgestellt hatte; die Straßen sind so enge, daß die schönen Vorderteile der Häuser nicht gut ins Auge fallen, obgleich manche wegen ihrer wahren Pracht wohl Aufmerksamkeit verdienten. Sie sind von schönen weißen Steinen gebaut und ungemein hoch.

Die Stadt ist viel zu klein für all die vielen Menschen, die hier wohnen wollen. So sind die Bauherrn anscheinend auf die Idee gekommen, die Platznot dadurch zu beheben, daß sie eine Stadt auf die andere bauten. Viele Häuser haben fünf, ja sogar sechs Stockwerke. Du kannst Dir sicher vorstellen, daß die oberen Stockwerke ganz dunkel sind, denn die Straßen sind sehr eng. Unerträglicher ist aber meines Erachtens, daß die Häuser von sechs oder fünf Familien bewohnt werden. Neben Damen von höchstem Range und Stande wohnen Schuster; nur eine Wand trennt oft einen Minister von einem Schneider. Niemand in meiner Bekanntschaft bewohnt mehr als zwei Stockwerke in einem Haus, eines für die Familie und eines für die Bedienten. Die anderen Wohnungen werden vom Hausbesitzer an jene vermietet, die sich darum bewerben – so sind die großen steinernen Stiegenaufgänge schmutzig und kotig – wenig herrschaftlich – wie Straßen etwa.

Lady Mary Wortley Montagu, 1716

Wien hat alles

Wien ist gewiß für jeden, der des frohen Lebensgenusses fähig ist, und besonders für den Künstler, vielleicht auch ganz besonders für den Tonkünstler, der angenehmste, reichste und froheste Aufenthalt in Europa. Wien hat alles, was eine große Residenzstadt bezeichnet, in einem ganz vorzüglich hohen Grade. Es hat einen großen, reichen, gebildeten, kunstliebenden, gastfreien und gesitteten, feinen Adel; es hat einen reichen, geselligen, gastfreien Mittel- und Bürgerstand, dem es ebensowenig an gebildeten und wohlunterrichteten Männern und liebenswürdigen Familien fehlt; es hat ein wohlhabendes, gutmütiges, lustiges Volk. Alle Stände lieben das Vergnügen und Wohlleben, und für alle ist gesorgt, daß sie jedes Vergnügen, was die moderne Welt kennt und liebt, in guten Veranstaltungen finden und mit aller Bequemlichkeit und Sicherheit genießen können. Eine vortreffliche Polizei sorgt für die Reinlichkeit, Bequemlichkeit und Sicherheit der Stadt, wie fast keine andre in der Welt. Wien hat das vollkommenste Steinpflaster, welches auf das sorgfältigste unterhalten und das zu jeder Jahreszeit mit großer Anstrengung und Sorgfalt rein und bequem gehalten wird. Eine große Anzahl besoldeter Menschen und Fuhrwerke sind jahraus jahrein, oft Tag und Nacht, mit Kehrung und Freihaltung, mit Wegführung alles Unrats und mit Spritzen der Straßen und Promenaden beschäftigt. Die Stadt und Hauptvorstädte werden ununterbrochen das ganze Jahr, auch bei Mondschein, wie immer, mit vielen tausend Laternen reichlich und vollständig erleuchtet. Die Fuhrwerke allerart, wie man sie wünscht und bezahlen mag, sind sehr zahlreich und gut unterhalten und stehen unter genauer Aufsicht der Polizei, so daß man um einen sehr billigen Preis sehr gut bedient wird, ohne je Verdruß und Streitigkeiten zu erleben. Das Eigentum ist für eine so volkreiche Stadt auf eine höchst seltne Weise gesichert. Es wird wenig gestohlen, und das Entwendete von der Polizei leicht wieder herbeigeschafft. Dreihundert Polizeisoldaten und eine Brigade Reiter halten die vollkommenste Ruhe und Ordnung in der Stadt und den Vorstädten, ohne je durch ihr Betragen lästig zu werden; man bemerkt sie kaum. Es wird durchaus keine Straßenbettelei gelitten, und die Anstalten dagegen, wie die Vorkehrungen zur Versorgung der wahrhaft Bedürftigen sind so zweckmäßig als menschlich. Die Kranken- und Heilungsanstalten sind groß und musterhaft; die grenzenlose Vorsorge erstreckt sich auf die Toten wie auf die Lebenden. Die Feueranstalten sind vortrefflich; die große und kleine Post ist musterhaft eingerichtet; die Lebensmittel werden in unglaublicher Menge und von der höchsten Güte und Vortrefflichkeit von allen Seiten herbeigeschafft; die Märkte allerart sind mit den nötigen Produkten für jedes Bedürfnis, wie für jeden, auch den feinsten und höchsten Luxus, zu jeder Zeit angefüllt und stehen unter der genauesten Aufsicht der Polizei, die jede Überteuerung, jeden drückenden Wucher unmöglich macht. Aus den rund umliegenden, fruchtbaren und reichen Provinzen wird Wien das ganze Jahr mit dem vortrefflichsten Fleische jeder Art und den köstlichsten Fischen, mit dem herrlichsten und feinsten Wild allerart, mit Feld- und Gartenfrüchten von der vollkommensten Güte und Schönheit aufs allerreichste und überflüssigste versorgt. Die österreichischen und ungarischen Länder versorgen die Hauptstadt mit sehr gutem, gesundem und feurigem Weine, zu denen der Reiche noch mit großem Aufwande die besten und feinsten Weine aller andern glücklichen Länder fügt.

Johann Friedrich Reichardt, 1809

Versunkenes Glück

Es gibt eine Stadt, die heißt Wien,
Da war all's, was nur angenehm is, drin;
Wie hab'n d' Straßeneck' ausg'schaut vor der Umgestaltung!
Da war alles ganz vollpappt mit Tanzunterhaltung;
Kein Ernst auf d' G'sichter, es war alles froh,
Jeder Mund war voll gute und schlechte Bonmots;
Wiener Spaß war gemütlich und hat 'troffen wie der Blitz,
's war berühmt' der Fiaker- und Schusterbub'nwitz.
Jeder hat an Wien sehnsuchtsvoll 'dacht,
Denn das Leben in Wien, das war a Pracht.
Wie sich das jetzt hat g'spalten, 's geht über d' Begriff':
D' Schusterbub'n radikal, d' Fiaker konservativ,
Es sitzt keiner in ein' Wirtshaus, der nicht in sein' Hirn
Sich denkt, wie das schön wär', wann er tät regier'n;
's «Elysium» sogar, was die Quintessenz g'west,
Is im heurigen Fasching ein trübseliges Nest;
So weit is's jetzt kommen, für Wien is's a Schand,
Wir sind noch fad'r als Berlin mit sein Sand und Verstand.
Fallt d' Umg'staltung so aus, sag' ich: nein,
Da hört es auf, ein Vergnügen zu sein.

Johann Nepomuk Nestroy, 1849

Die Lage und die Zukunft

Wien ist eine Stadt, in der sich die Völker verschiedenster Nationalität die Hände reichen, doch das deutsche Element, als das gebildetste unter allen diesen, bleibt das vorwiegende. Es beherrscht die andern, und man muß Wien als den östlichsten Punkt deutscher Bildung bezeichnen. Doch eben in Wien zeigt sich trotz der großen Vermischung des Blutes ein Drang nach Westen, es ist dies der Drang jedes unkultivierteren Staates nach einem kultivierteren, besonders wenn dort dieselbe Sprache herrscht. Es ist eine deutsche Stadt ohne eine deutsche Bevölkerung. Der Hauptstock der Bevölkerung ist zwar deutsch, doch sehr vermischt mit slawischen, magyarischem und israelitischem Blute. Es zeigt sich, daß die Bildung noch nicht so weit ist, als in andern Ländern, zum Beispiel in Deutschland, am besten dadurch, daß das von der Kultur nur oberflächlich berührte, alles zersetzende Volk der Israeliten bei uns einen so gewaltigen Einfluß hat und die Zeitung und durch diese die öffentliche Meinung beherrscht.

Der Grundcharakter Österreichs, die Vielheit, zeigt sich wie im großen im ganzen Staate so im kleinen Wien (...) Österreich hat neun Millionen Deutsche und 28 Millionen Nichtdeutsche. Unmöglich kann es sich auf einen deutschen Staat hinausspielen, doch geistig sind diese neun Millionen der großen anderen Zahl überlegen. Das Deutsche Reich erreicht bald den Gipfelpunkt seiner Bildung, dann folgt die Überkultur und, den Romanen gleich, geht es dann abwärts. Also Heil jenem Staate, der noch viel zu zivilisieren hat.

Kronprinz Rudolf, 1875

Im Frühjahr

Nach einem Jahre wieder taucht die alte, junge Stadt auf.

Aber von dicker Sonne durchschwemmt, von bauschigen Frühlingsstürmen umschwungen. Alles ist hell und sichtbar.

Jeden Sonnenstrahl spürt man für sich allein und sieht ihn neben die andern hingestrichelt, wie die weißen Gradzeichen auf einem ungeheuren blauen Meßglase.

In den Gärten geschehen zärtliche Wunder, die Wiesen steigen in grünen Überschwemmungen, in den Parks fallen aus den jungen, noch rundlichen Bäumen gelbe und lichtgrüne, runde Scheiben auf die frischknirschenden Kieswege, die Sesselfrauen gehen darauf auf und ab und warten strickend oder plaudernd auf die Kindsmägde, auf die jungen Mütter, die ihre zum erstenmal gekühlten Sinne ruhig und geradeaus und mit etwas verschlafenen Schritten durch den Frühling tragen, auf die Studenten, die ihr Gemach unter freiem Himmel aufschlagen, auf die jungen Dichter, die mit dem feinsten Bleistift eine zarte Linie in ihr Buch ritzen, als rissen sie vom Saum der hochzeitlichen Welt einen Streif Spitzen. Die Kirchen werden immer ehrwürdiger, und ihre sonst nicht so einseitig heiligen Töne färben sich zu zorndunkleren Kontrasten, schwellen wie die Wangen von Bläsern, die die kommende Lebensfülle in der Welt überschmettern wollen, die Mönche steigen um eine Stufe tiefer in die Dunkelheit ihres Gewandes, wunderbare Schreie liegen in der Luft, auch von den Frauen ist der Schnee genommen, darin sie auskühlten, und sich vor Trauer ganz hart angriffen. Ihre Kleider werden immer leichter und durchsichtiger, wie der Raum zwischen zwei Geliebten, die Welt ist weit und fahrbar, und die weißen Soprane des Verlangens liegen wie gebogene Brücken über jedem Ort, damit alle hindurchgehen, gesenkten Hauptes und demütig vor der neuen Güte.

Albert Paris Gütersloh, 1910

Ein Gefühl der Erleichterung

Ein bekannter Typus ist der «Herr aus Deutschland», der sich für Wien begeistert. Es ist nichts begreiflicher, aber auch nichts gegenstandsloser als diese Sympathie des Reichsdeutschen für Wien. Er kommt aus seiner nüchternen, tüchtigen, betriebsamen, ehrlichen Heimatstadt und lebt jetzt vierzehn Tage im «lieben Wien». In diesen vierzehn Tagen spürt er natürlich nichts als ein gewisses Gefühl der Erholung und Erleichterung. Er sieht Menschen, die nichts arbeiten, des Tags im Kaffeehaus Billard spielen oder zwischen schönen, alten Bauten spazieren gehen, außerdem auf gute Zubereitung der Speisen halten, in eleganten Equipagen fahren und Virginia rauchen. Und da er während der kurzen Zeit seines Aufenthalts von den üblen Folgen dieser Lebensformen nichts zu spüren bekommt und ebensowenig Gelegenheit hat, diese Menschen von einer andern Seite als von der ihrer «Leichtlebigkeit» kennen zu lernen, so glaubt er, hier sei eine Stadt, die noch etwas von jener antiken Lebensschönheit hat, nach der so viele Menschen sich zurücksehnen, hier sei noch ein Eckchen von jenem Paradies, aus dem der Amerikanismus uns vertrieben hat. Daß Wien unmoderne Verkehrsmittel, eine elende Pflasterung, Beleuchtung und Polizei, eine lächerliche Stadtbahn, eine miserable Post hat und so weiter, was interessiert ihn das? Die vierzehn Tage lang kommt er auch ohne das aus. Er betrachtet stattdessen die Votivkirche. Daß unter hundert Verwaltungsbeamten kaum einer seiner Aufgabe gewachsen ist, daß der Schulunterricht unter der Herrschaft des herzlosen und beschränkten Bürokratismus steht, daß in Wien der Ankauf eines Federmessers mehr Nervenkapital verschlingt als anderswo die Gründung einer Fabrik, woher sollte er das erfahren? Er hat in Wien keine Federmesser zu kaufen, keine Prozesse zu führen, keine Kinder ins Gymnasium zu schicken: er bewundert die Karlskirche. Und da außerdem einige Kellner, Fiakerkutscher und Dienstmänner gegen den «Zugereisten», der sich gewöhnlich noch mehr übers Ohr hauen läßt als der Einheimische, von ausgesuchter Höflichkeit waren, so faßt er seine Eindrücke in dem Satz zusammen: «Geschafft wird bei uns mehr, aber liebenswürdiger und kunstsinniger ist der Wiener.»

Egon Friedell, um 1920

Zweierlei Klima

Die Berichte von Wiens Elend sind wahr. Die Berichte von Wiens Wohlbehagen sind auch wahr. Der Berichterstatter muß nur definieren, was er meint, wenn er «Wien» sagt. Im Mittelteil der Stadt, vom Polygon der Ringstraße begrenzt, lebt das Wien, das lebt; das saftige Wien, die Stadt, deren Name, richtig ausgesprochen, wie geschmunzelt klingen muß. Rundherum, «grau und grämlich», lebt das Wien, das vegetiert, das vertrocknete Wien, die Stadt, deren Namen mit dem Tonfall gesprochen werden muß, mit dem ihn der Schaffner einer Danteschen Unterwelt-Vicinalbahn als Station ausriefe.

Dem zweierlei ökonomischen Klima der beiden Wien gemäß ist auch das geistige Leben dort und hier ein grundverschiedenes. In der Vorstadt ist es mehr politisch, in der inneren Stadt mehr ästhetisch orientiert. In der Vorstadt hat die Frage: wie lebe ich? wesentlich andern Sinn als in der innern Stadt. Dort geht es um den Rock, hier um die Fasson des Rocks.

Alfred Polgar, 1920

Das Wiener Leben ist schön

Das Wiener Leben ist schön. Den ganzen Tag spielt eine Flöte auf mir.

Ich muß den Ästheten eine niederschmetternde Mitteilung machen: Alt-Wien war einmal neu.

Wien hat eine schöne Umgebung, in die Beethoven öfter geflüchtet ist.

Vorschläge, um mich dieser Stadt wieder zu gewinnen: Änderung des Dialekts und Verbot der Fortpflanzung.

Ich verlange von einer Stadt, in der ich leben soll: Asphalt, Straßenspülung, Haustorschlüssel, Luftheizung, Warmwasserleitung. Gemütlich bin ich selbst.

Die Straßen Wiens sind mit Kultur gepflastert. Die Straßen anderer Städte mit Asphalt.

Was Berlin von Wien auf den ersten Blick unterscheidet, ist die Beobachtung, daß man dort eine täuschende Wirkung mit dem wertlosesten Material erzielt, während hier zum Kitsch nur echtes verwendet wird.

Dafür, daß in einem Wiener Restaurant sechs «Speisenträger» mich fragen, ob ich «schon befohlen» habe, und kein einziger gehorcht, dafür, daß sich der Ruf «Zahlen!» echoartig fortpflanzt, ohne erhört zu werden, dafür, daß die Verteilung des Trinkgelds nach Alters-, Verdienst- und Berufskategorien alle anderen Probleme, die mir etwa durch den Kopf gehen könnten, verdrängt, dafür kann die Schönheit des äußeren Burgplatzes nur eine geringe Entschädigung bieten.

Hast du vom Kahlenberg die Stadt dir nur besehn, so wirst du, was ich schrieb und was ich bin, verstehn!

Karl Kraus, um 1920

Brief an Milena

[Meran, 14. Juni 1920] Montag

Heute früh kurz vor dem Aufwachen, es war auch kurz nach einem Einschlafen hatte ich einen abscheulichen um nicht zu sagen fürchterlichen (glücklicherweise verflüchtigt sich der Traumeindruck schnell) also nur einen abscheulichen Traum. Übrigens verdanke ich ihm auch ein wenig Schlaf, aus einem solchen Traum erwacht man erst, wenn er abgelaufen ist, früher sich herauswinden kann man nicht, er hält einen an der Zunge fest.

Es war in Wien, ähnlich wie ich es mir in Wachträumen für den Fall daß ich hinfahren sollte, vorstelle (in diesen Wachträumen besteht Wien nur aus einem kleinen stillen Platz, die eine Seite bildet Dein Haus, gegenüber ist das Hotel in dem ich wohnen werde, links davon steht der Westbahnhof, in dem ich ankomme, links der Franz Josefs Bahnhof, von dem ich wegfahre, ja und im Erdgeschoß meines Hauses ist freundlicher Weise noch eine vegetarische Speisestube, in der ich esse, nicht um zu essen, aber um eine Art Gewicht nach Prag mitzubringen. Warum erzähle ich das? Es gehört nicht eigentlich zum Traum, offenbar habe ich noch immer Angst vor ihm). Genau so war es also nicht, es war die wirkliche Großstadt, gegen Abend, naß, dunkel, ein unkenntlich großer Verkehr; das Haus, in dem ich wohnte, trennte eine lange viereckige öffentliche Gartenanlage von dem Deinen.

Ich war plötzlich nach Wien gekommen, hatte eigene Briefe überholt, die noch auf dem Weg zu Dir waren (das schmerzte mich später besonders). Immerhin warst Du verständigt und ich sollte Dich treffen. Glücklicherweise (ich hatte aber dabei gleichzeitig auch das Gefühl des Lästigen) war ich nicht allein, eine kleine Gesellschaft, auch ein Mädchen glaube ich, war bei mir, aber ich weiß gar nichts genaueres über sie, sie galten mir gewissermaßen als meine Sekundanten. Wären sie nur ruhig gewesen, sie redeten aber immerfort, wahrscheinlich über meine Angelegenheit, mit einander, ich hörte nur ihr nervös machendes Murmeln, verstand aber nichts und wollte auch nichts verstehn. Ich stand rechts von meinem Haus auf dem Trottoirrand und beobachtete Deines. Es war eine niedrige Villa mit einer schönen einfachen rundgewölbten steinernen Loggia vorn in der Höhe des Erdgeschosses.

Nun war es plötzlich Frühstückszeit, in der Loggia war der Tisch gedeckt, ich sah von der Ferne, wie Dein Mann kam, sich in einen Rohrstuhl rechts setzte, noch verschlafen war und mit ausgebreiteten Armen sich streckte. Dann kamst Du und setztest Dich hinter den Tisch, so daß man Dich voll sehen konnte. Genau allerdings nicht, es war so weit, die Umrisse Deines Mannes sah man viel bestimmter, ich weiß nicht warum, Du bliebst nur etwas Bläulich-Weißes, Fließendes, Geisterhaftes. Auch Du hattest die Arme ausgebreitet, aber nicht um Dich zu strecken, sondern es war eine feierliche Haltung.

Kurz darauf, nun war aber wieder der frühere Abend, warst Du auf der Gasse bei mir, Du standest auf dem Trottoir, ich mit einem Fuß in der Fahrbahn, ich hielt Deine Hand und nun begann ein unsinnig schnelles, kurzsätziges Gespräch, es gieng klapp klapp und dauerte bis zum Ende des Traums fast ununterbrochen. Nacherzählen kann ich es nicht, ich weiß eigentlich nur die 2 ersten und die 2 letzten Sätze, das Mittelstück war eine einzige, näher nicht mitteilbare Qual.

Ich sagte statt einer Begrüßung, schnell, durch irgendetwas in Deinem Bericht dazu bestimmt: «Du hast mich Dir anders vorgestellt.» Du antwortetest: «Wenn ich aufrichtig sein soll, ich dachte, Du wärest fescher» (eigentlich sagtest Du einen noch wienerischen Ausdruck, aber ich habe ihn vergessen)...

Franz Kafka, 1920

Ein Sumpf

Wien ist eine angenehme Stadt, und wer sie durch und durch kennt, kehrt gern zurück, mit einem Lächeln; niemals mit Liebe, aber stets mit Sympathie, mit der Sympathie, die man beispielsweise einem närrischen, arglosen und etwas lächerlichen Menschen gegenüber verspürt, ohne ihn eigentlich gut zu verstehen. Etwa so, wie man jemanden liebgewinnt, der eine gelbe Krawatte trägt und Kanarienvögel züchtet. Es gibt solche Menschen. Sie sind immer irgendwie lieb. Schon deshalb, weil man über sie lächeln kann. In Wien bleibt man kühl, fremd, nicht betroffen, und trotzdem fühlt man sich recht wohl; wer hier jedoch leben müßte, würde die Stadt auf einmal hassen. In Wien gibt es keine tiefen Gedanken. Es gibt keine Ideen. Sie verflüchtigen sich wie Schatten. Menschen, die keine Trostlosigkeit angesichts des Todes kennen, sind am unbegreiflichsten. Nichts verbindet uns mit ihnen. Städte – gibt es noch irgendwo eine solche Stadt? – werden zu Feinden, wenn sie so sind. Man kann hier nicht arbeiten. Kann nicht denken und nicht leben.

Wien tötet Menschen, die etwas leisten wollen, auch diejenigen, die dazu die Fähigkeit haben. Weil sie nicht herausgefordert werden. Gerade weil die Stadt so nett und gutmütig ist. (...) Weil sie die Menschen nicht geißelt, damit sie bluten, wie das fast jede andere Stadt tut. (...) Wien ist jedoch ein Sumpf.

Milena Jesenská, 1919

Der Anfang von Etwas

Über dem Atlantik befand sich ein barometrisches Minimum; es wanderte ostwärts, einem über Rußland lagernden Maximum zu, und verriet noch nicht die Neigung, diesem nördlich auszuweichen. Die Isothermen und Isotheren taten ihre Schuldigkeit. Die Lufttemperatur stand in einem ordnungsgemäßen Verhältnis zur mittleren Jahrestemperatur, zur Temperatur des kältesten wie des wärmsten Monats und zur aperiodischen monatlichen Temperaturschwankung. Der Auf- und Untergang der Sonne, des Mondes, der Lichtwechsel des Mondes, der Venus, des Saturnringes und viele andere bedeutsame Erscheinungen entsprachen ihrer Voraussage in den astronomischen Jahrbüchern. Der Wasserdampf in der Luft hatte seine höchste Spannkraft, und die Feuchtigkeit der Luft war gering. Mit einem Wort, das das Tatsächliche recht gut bezeichnet, wenn es auch etwas altmodisch ist: Es war ein schöner Augusttag des Jahres 1913.

Autos schossen aus schmalen, tiefen Straßen in die Seichtigkeit heller Plätze. Fußgängerdunkelheit bildete wolkige Schnüre. Wo kräftigere Striche der Geschwindigkeit quer durch ihre lockere Eile fuhren, verdickten sie sich, rieselten nachher rascher und hatten nach wenigen Schwingungen wieder ihren gleichmäßigen Puls. Hunderte Töne waren zu einem drahtigen Geräusch ineinander verwunden, aus dem einzelne Spitzen vorstanden, längs dessen schneidige Kanten liefen und sich wieder einebneten, von dem klare Töne absplitterten und verflogen. An diesem Geräusch, ohne daß sich seine Besonderheit beschreiben ließe, würde ein Mensch nach jahrelanger Abwesenheit mit geschlossenen Augen erkannt haben, daß er sich in der Reichshaupt- und Residenzstadt Wien befinde. Städte lassen sich an ihrem Gang erkennen wie Menschen. Die Augen öffnend, würde er das gleiche an der Art bemerken, wie die Bewegung in den Straßen schwingt, bei weitem früher als er es durch irgendeine bezeichnende Einzelheit herausfände. Und wenn er sich, das zu können, nur einbilden sollte, schadet es auch nichts. Die Überschätzung der Frage, wo man sich befinde, stammt aus der Hordenzeit, wo man sich die Futterplätze merken mußte. Es wäre wichtig, zu wissen, warum man sich bei einer roten Nase ganz ungenau damit begnügt, sie sei rot, und nie danach fragt, welches besondere Rot sie habe, obgleich sich das durch die Wellenlänge auf Mikromillimeter genau ausdrücken ließe; wogegen man bei etwas so viel Verwickelterem, wie es eine Stadt ist, in der man sich aufhält, immer durchaus genau wissen möchte, welche besondere Stadt das sei. Es lenkt von Wichtigerem ab.

Robert Musil, 1930

Stadt ohne Gewähr

Stadt ohne Gewähr!

Laßt mich nicht von irgendeiner Stadt reden, sondern von der einzigen, in der meine Ängste und Hoffnungen aus so vielen Jahren ins Netz gingen. Wie eine große, schlampige Fischerin sehe ich sie noch immer an dem großen gleichmütigen Strom sitzen und ihre silbrige und verweste Beute einziehen. Silbrig die Angst, verwest die Hoffnung.

Beim Schwarzwasser der Donau und dem Kastanienhimmel über den schimmelgrünen Kuppeln:

Laßt mich etwas von ihrem Geist hervorkehren aus dem Staub und ihren Ungeist dem Staub überantworten! Dann mag der Wind kommen und ein Herz hinwegfegen, das hier stolz und beleidigt war!

Strandgutstadt!

Denn Länder wurden an sie geschwemmt und Güter aus anderen Ländern: die Kreuzstichdecken der Slowaken und die pechigen Schnurrbärte der Montenegriner, die Eierkörbe der Bulgaren und ein aufsässiger Akzent aus Ungarn.

Türkenmondstadt! Barrikadenstadt!

Soviel zerbröckelter Stein, soviele hohle Wände sind da, daß man es flüstern hört von langher, von weither.

O alle die Nächte, die aufkamen in Wien, soviel bittere Nächte! Und alle die Tage, die es dir hinwarf mit dem Gesumm aus Schulhäusern und Irrenanstalten, Altersheimen und Krankenzimmern, wenig gelüftet und selten geweißt, alle die Tage, von ganz schüchternen Kastanienblüten umschwärmt! O alle die Fenster, die nie aufgingen, alle die Tore, als ging's durch kein Tor hinaus, als gäb es den Himmel nicht!

Endstadt! als gäb es kein Gleis hinaus!

Hofrätliches und Abgetretenes in Kanzleien. Nie ein hartes Wort in den Vorzimmern, immer ein kränkendes. (Hinhalten, nicht abweisen.)

Es ist die Frage, ob man lieben muß, was man nicht lieben mag, aber die Stadt ist schön, und ein umständlicher Dichter stieg auf den Turm von St. Stephan und huldigte ihr...

Scheiterhaufenstadt, in der die herrlichsten Musiken ins Feuer geworfen wurden, in der bespien und geschmäht wurde, was von den aufrechten Ketzern kam, den ungeduldigen Selbstmördern, den gründlichen Entdeckern, und alles, was von dem geradesten Geist war.

Schweigestadt! Stumme Inquisitorin mit dem unverbindlichen Lächeln.

––– aber das Schluchzen aus lockeren Pflastersteinen, wenn einer darübertorkelt, jung, geschunden vom Schweigen, ermordet vom Lächeln. Wohin mit dem aufkommenden Schrei aus einer Tragödie?!

Komödiantenstadt! Stadt der frivolen Engel und einer Handvoll versatzamtreifer Dämonen.

Schüchterne Stadt im Zwiegespräch, schüchterner Keim in einem Gespräch von morgen.

Stadt der Witzmacher, der Speichellecker, der Spießgesellen. (Für eine Pointe wird eine Wahrheit geopfert, und gut gesagt ist halb gelogen.)

Peststadt mit dem Todesgeruch!

Beim Schwarzwasser der Donau und dem schmutzigen Öl in der Weite:

Laßt mich an den Glanz eines Tages denken, den ich auch gesehen habe, grün und weiß und nüchtern,
nach gefallenem Regen,

als die Stadt gewaschen war und gereinigt,
als sternförmig die Straßen von ihrem Kern,
ihrem starken Herz, ausliefen, gereinigt,
als die Kinder in allen Stockwerken eine neue Etüde zu üben anfingen,
als die Straßenbahnen vom Zentralfriedhof wiederkamen mit allen Kränzen und Asternsträußchen vom vergangenen Jahr,
weil Auferstehung war,
vom Tod,
vom Vergessen!

Ingeborg Bachmann, 1956

Wenn nur die Bauten nicht wären!

Sie kommen in Wien an, möglichst nicht mit dem Flugzeug und wahrscheinlich auch nicht vom Süden her, sondern über die klassische westöstliche Route. Wenn nach zwei kurzen Tunnels der Zug mit starkem Gefälle abwärts zu eilen beginnt, sind Sie im Tal des Wienflusses, im Wienerwald. Der Wienfluß ist allerdings kein Fluß, sondern ein Bächlein, dafür ist der Wienerwald auch kein Wald, sondern ein Gebirgszug, wenn auch lind, sanft, verbindlich. In sachten, kaum mehr erheblichen Erhebungen wird Abschied gefeiert rund um Sie, die Sie am Fenster stehen und abwärts rollen – es ist die Kette der Alpen, die Abschied nimmt und hier ausklingt, verebbt. Jäh und hoch und feindselig beginnt sie am Mittelmeer, scheidet kraß und deutlich den lateinischen Süden vom deutschsprechenden Norden, muß durch gewaltige Straßen und überlange Tunnels überwunden werden. Hier aber – erinnern Sie sich an die zwei kurzen Tunnels? –, hier ist kein Wall mehr, keine Scheidung, hier ist nur noch eine letzte Andeutung von Gebirge und dann Verfließen in die große Ebene, der Bogen läuft aus in einen zierlichen Schnörkel, die große Weite hebt an. Und am Punkt der Begegnung liegt Wien.

Allmählich wird es städtisch rechts und links; Sie sind

natürlich begierig und suchen Eindrücke. Ach Gott, ist denn das die erste Stadt, die Sie derart entdecken wollen? Haben Sie vergessen, daß weder in der Nähe von Bahnlinien noch von Bahnhöfen die großen Palais und schönen Straßen liegen? Wien hat Ihnen sowieso schon mehr gezeigt als andere Städte in entsprechender Situation. Sie haben den Wienerwald sehr original gesehen. Sie sehen auch einige der charakteristischen, in den zwanziger Jahren revolutionären Wohnbaukolosse der Stadtverwaltung, sonst aber gibt es, sobald es städtisch wird, vor allem Rückseiten, bis über den Vorortbahnhof Hütteldorf-Hacking hinaus, es sei denn, daß Sie, vielleicht, wenn Sie großes Glück haben, rechts einen kurzen Augenblick lang das Schloß Schönbrunn in seinem Park daliegen sehen und all seine herrliche Gelblichkeit. Und dann fahren Sie in den Westbahnhof ein.

Der Westbahnhof ist sehr neu und noch lange nicht trockengewohnt, sein Stil ist problematisch und nicht allzu weit von dem entfernt, was ein verbreitetes Übel baulicher Neugestaltung ist und «Neonfaschismus» genannt werden könnte. Auf dem Westbahnhof sind Sie nicht ganz in Wien, er könnte wo immer sonst passiert sein. Und nun gehen Sie nicht nach links, sondern die große Treppe geradeaus hinunter und durch die Halle vor die Stirnseite, und das ist Wien!

Das ist Wien? Ja, gewöhnen Sie sich daran!

Hans Weigel, 1956

war einst weg und bin jetzt hier

war ich weg von wien, fahr ich nach wien, komm nach wien, sag um zehn. bin um zehn in wien. wird elf. wird zwölf, wird eins. so ist die uhr. bin in wien, wird zwei, wird drei, wird vier. wird dann fünf, wird dann sechs, wird dann sieben, wird dann acht. so ist die uhr, wenn sie geht.

dann neun, dann zehn. bin in wien, dann elf zwölf eins zwei drei vier fünf sechs sieben acht neun. hab schlaf.

bin in wien im bett. mein bett ist in wien, das bett ist kalt, wird warm, ich schlaf. schlaf tief, gut. schlaf nicht tief, schlecht. schlaf schlecht. bin in wien.

war weg von wien, ein jahr, bin nach dem jahr in wien. war weg von wien zwei jahr, bin nach zwei jahr in wien. war hier, war weg, bin hier. bin hier in wien.

schlaf ein, schlaf aus, raus aus dem bett, wasch, wisch wasch, bart, bart ab, wisch wisch. nackt, nicht nackt, kleid. schuh und schuh. geh.

geh in wien, geh hin, geh her. hin her. hin her. hin und. her und. seh. seh ein haus. und ein haus. und ein haus. haus und haus und haus. haus haus haus haus. haushaushaushaushaus. haus in wien. und ein haus in wien. haus und haus und haus in wien. haus in wien haus in wien haus in wien haus in wien. haushaushaushaushausinwien.

mensch. mensch und mensch. mensch mann, mensch frau, mensch kind. mensch hund. hund wau. ich schau. hund wau wau wau. ich lauf. hund lauft nicht nach. hund lacht. ich schäm mich.

was ich weiß, von einst (vor ein jahr, vor zwei jahr): noch. da noch. da noch und noch. noch und noch wien. wien eine stadt war. wien noch eine stadt. wien jetzt noch eine stadt. wien vor zwei jahr eine stadt war. wien noch eine stadt ist, jetzt.

einst, ich klein. jetzt: nicht ganz klein. einst ich ganz klein. ganz klein in wien. kind in wien. einst ich kind in wien. ich sinn, nicht sing, ich sinn. nicht: ich sing. ich sing nicht. ich sinn. ich hab sinn. wien hat sinn. wien hier hat sinn. auch staub.

stadt wien hier hat sinn. ich weiß wie wien war. wer weiß wie wien war. stadt wien. wien statt wien. stadt wien statt stadt wien. wer weiß wie wien war. ich weiß.

wie wien ist? ich weiß wie wien ist. wer weiß wie wien ist. ich lach. wer weiß wie wien ist. wer weiß wie stadt wien statt stadt wien stadt wien ist. lach mit mir. ich lach mit.

der park. war das der park? das war der park. was der park einst war, das ist jetzt der park. jetzt ist das was war. vor zwei jahr war das was jetzt ist. jetzt ist der park der park. der park ist in wien. der schwan im park ist der schwan im park der stadt wien. war der schwan der schwan der er ist? wer weiß.

wien war schön, wien ist schön, ich kann es sehn. ich seh es. mein aug und mein aug sieht es. wien war schön und ist schön. viel ist zu sehn in wien. viel in wien ist zu sehn.

was nicht zu sehn ist, ist nicht zu sehn.

was nicht zu sehn war und jetzt zu sehn ist, das ist neu. viel ist neu. viel ist alt. mehr ist alt als neu. schön alt und schön neu, ich bleib dir treu, du stadt wien.

was zu sehn war und jetzt nicht zu sehn ist, ist weg. weg ist weg. geh weg. ich geh schon weg. ich geh eh weg. ich bin schon weg.

noch bin ich in wien. der mensch der zu sehn war und jetzt nicht zu sehn ist, nicht mehr zu sehn ist, nie mehr zu sehn ist, ist tot. der ist jetzt tot. der und die ist tot. der ist im grab. die ist im grab. ich geh hin, ich geh zum grab hin. ich steh beim grab. ich seh es: das grab. ich seh ihn nicht. ich seh sie nicht. sie sind im grab. er und sie sind im grab. mein gram ist in mir sehr groß.

hier war ich ein kind. wie schnell das geht. das kind ist weg, ganz weg. ich bin hier, ganz hier. ganz in wien, ganz in der stadt wien. einst bin ich nicht mehr hier. dann bin ich im grab, wie der und der und der und die und die und die. es drückt auf mein herz.

der turm. der turm ist hoch, steil, spitz. du turm. ich seh ihn von weit. du bist schön, du turm. du bist alt. du bist sehr alt. der mensch geht hin, der turm bleibt da. der mensch macht den turm fest. dann ist der mensch weg. der mensch ist im grab. der turm bleibt da. ich seh den turm, und von weit. wo ist gott?

Ernst Jandl, 1976

Wie viele Wien gibt es?

Gibt es so viele Wien, als es Wiener gibt? Gibt es so viele Wien, als es Fremde gibt, die der Wind hereinweht, die der Schnee bringt, die mit den Schwalben kommen, die mit den Krähen kommen, mit den schönen schwarzblauen Krähen aus Moskau und von der Wolga, die jetzt auf dem Erzherzog Carl sitzen?

Ich weiß nicht, wie viele Wien ich habe, die, alle, nicht mir gehören, die aber in mir sind. Wien der Jahrzeiten, der Jahreszeiten meines Lebens. Abend-Wien. Morgen-Wien. Mittags-Wien im Burggarten.

Angst in Wien. Ängste in Wien. Angst um Wien. Ängste meines Lebens, Wiener Ängste, Ängste in Wien: Ich sehe sie, diese Ängste, früh in den Augen deutscher Freunde, die oft erst im Abend ihres Lebens nach Wien kommen. So sehr scheuen sie die Stadt. Angst in den Augen einer großen deutschen Frau. Sie ist die Tochter des Franz von Lenbach, der so viele Bismarck gemacht, gemalt hat. Angst in den Augen des Reinhold Schneider.

Doch: meine Ängste sind anders. Es sind die Ängste eines Einheimischen, der sich wohl fühlt in dieser Stadt der Toten.

An keinem anderen Ort der Welt fühl' ich mich zu Haus als hier, zwischen den Häusern. Nicht: in den Häusern.

Friedrich Heer, 1978

Das Capua der Geister

Eine Stadt wie Wien scheint auf den ersten Blick nahezu prädestiniert dafür zu sein, das Intellektuelle, das Schöngeistige und Kunstvolle anzuziehen, während es gleichzeitig seine kulturellen Schätze mit unnachahmlicher Grazie vor dem Betrachter ausbreitet. Dem Besucher wiederum, der sich nach einer gewissen Zeit der Vorbereitung und Einübung auf die ihn erwartenden Genüsse in diese Stadt begibt, die eine Metropole der Geschichte ist und auch eine der Kultur zu sein scheint, diesem Besucher wird es vorkommen, als tauche er in eine riesige Woge aus Marmor, Malachit und Alabaster ein, als würde ihn, während er glänzenden Blicks die Meisterwerke Fischer von Erlachs und Johann Lucas von Hildebrandts bewundert, «eine Art goldglänzender Nebel» umspülen, wie das Edward Crankshaw ausgedrückt hat. «Der bezaubernde und verzauberte Aberwitz des Rokoko erdrückt ihn mit seiner geschnörkelten, vergoldeten Phantasie. Er ist in einem Zauberland, wo jede Tapete ein Gobelin, jeder Kronleuchter eine Kaskade aus reinstem Kristall ist.» – Und vor allem wird diesen Besucher, der weder hoffnungslos naiv noch übertrieben sentimental zu sein braucht, um dem kulturellen Reiz dieser Stadt schwärmerisch zu erliegen, die überladene, aber dennoch unvergleichliche und immer wieder atemberaubende Pracht des Barock so sehr beeindrucken, daß er sich freudig der Illusion hingibt, in dieser habsburgischen Dekoration einen Beweis zu erkennen für den eminenten Stellenwert, den die Kunst oder überhaupt alles Kulturelle in Wien seit Jahrhunderten schon einnimmt.

Humbert Fink, 1983

I. Stadt.
Stoß im Himmel

DIE INNERE STADT

Keine Marschroute

Gehen Sie um die Ecke. Öffnen Sie die Tore. Wien ist versteckt. Wien will entdeckt werden. Fragen Sie keinen Wiener. Er weiß es nicht. Er wird, im Gegenteil, Ihnen dankbar sein, wenn Sie ihm Wien zeigen. Sie sind nun noch in der «Stadt», und vielleicht heißt dieses Zentrum Wiens stellvertretend darum «innere Stadt», weil ganz Wien als Stadt innen ist, ganz innen. (...)

Gehen Sie einen ganzen halben Tag lang kreuz und quer durch diesen ersten Bezirk, immer von den großen Straßen fort um die Ecken. Die Orientierung ist nicht schwierig: in der Mitte der Stephansplatz, rundherum, wirklich ringartig, Ring und Kai, eine Nord-Süd-Achse: Rotenturmstraße/Kärntnerstraße. Wenn Sie müde sind, erfrischen Sie sich in der Konditorei Demel (mit kurzem e, wenn möglich!) am Kohlmarkt, die ist ein renitent ruhender Pol im Wandel der Zeiten und drum sehenswert. Als Franz Joseph I. starb, hieß es: «Der Kaiser ist gestorben, aber man traut sich nicht, es ihm zu sagen – er könnt' erschrecken.» Inzwischen hat sich die Kunde vom Ende des Kaisers und seiner Herrschaft ziemlich allgemein herumgesprochen, nur vor der Konditorei Demel hat sie haltgemacht.

Wenn Sie gestärkt das Lokal verlassen, gehen Sie ein paar Schritte nach rechts. Dort, am Michaelerplatz, sehen Sie das sogenannte Loos-Haus, erbaut von Adolf Loos, der damit eigentlich die moderne Architektur erfunden hat, im ersten Jahrzehnt dieses Jahrhunderts, der Prunkfassade der Hofburg mitten ins Gesicht. Man hat ihn beschimpft, wie sich's gehört, aber nicht nachher ebenso gehörig geehrt. Und ein paar Schritte von hier, am Minoritenplatz...

...nein, ich will Ihnen keine Marschroute liefern. Außerdem bin ich ja Wiener und kenne darum wohl selbst die wirklichen Sehenswürdigkeiten nur zum geringsten Teil, und auch die nur, weil ich so oft ausländische Besucher habe.

Hans Weigel, 1956

Beschreibung der Festung Wien

Die Gebäude innerhalb der Festung Wien selbst belaufen sich auf insgesamt vierzigtausend Häuser und im ganzen... Paläste außer der Kaiserburg. (...) Die Summe der Fenster an allen Häusern zusammen beläuft sich auf nicht weniger als zweimalhunderttausend. So berichtete der Hofschatzmeister, und es stimmt auch gewiß, denn bei den Giauren ist das Lügen verboten.

An den Wänden der Erker, die an allen Hausecken angebracht sind, hängen verschieden gestaltete Drahtkäfige, die selbst wieder kleine Erker mit mannigfach geformten Kuppeln darstellen. Darinnen werden Nachtigallen und Papageien und Sittiche und Amseln und Pirole und viele andere Singvögel gehalten, die in ihren kleinen Erkerkäfigen lieblich zwitschern.

Die Straßen innerhalb der Festung sind sämtlich in geometrischer Ordnung nach Art eines Schachbrettes angelegt und alle mit sauberem, blankem Steinpflaster bedeckt. Übrigens dürfen außer Pferden keinerlei Tiere in die Stadt gebracht werden. Und wenn einmal ein Pferd innerhalb der Stadt seinen Mist fallen läßt, dann kehren und fegen die Inhaber der Kaufläden und das Gesinde der Hausherren diesen Pferdemist unverzüglich fort. Und nach jedem

Regen kommen sogleich aus allen Häusern die Bewohner und aus den Kaufläden die Buben und die Weiber heraus und fegen die Straßen wieder derartig rein und sauber und spiegelblank, daß man von ihnen ruhig Honig auflecken könnte, der etwa ausgeschüttet worden ist.

An jeder Straßenkreuzung hängen armdicke Eisenketten bereit, die allabendlich von einer Ecke zur anderen hinüber gespannt werden. Das tun sie dort, um die Märkte und Plätze zu sichern, denn auf diese Weise ist es dem Feind im Falle einer Belagerung unmöglich, zu Fuß oder zu Pferd in das Innere der Festung einzudringen. (...)

Bei den Quellbrunnen und Wasserbecken, den Waschbrunnen und Fontänen und Wasserkünsten und den vielen sonstigen Arten von Brunnen sprudelt dort köstliches Wasser aus mannigfachen Säulen oder aus den Schamgliedern von steinernen Männerfiguren, aus den Rüsseln von schwarzen oder weißen Elefanten, aus den Mäulern von kupfernen Büffeln oder Eseln oder mannigfachen Löwen aus weißem Marmor oder auch aus den Schlünden von Drachenfiguren mit einem oder zwei oder drei oder auch sieben Köpfen, um sich in riesige Becken zu ergießen. Aus diesen schöpfen es die Leute und löschen damit ihren Durst.

Und jeder Brunnen in der Festung Wien hat eine andere Figur als Wasserspeier.

Çelebi Evliyâ, 1665

Dali im Sacher

Meine drei Reisen nach Wien waren exakt wie drei Wassertropfen, denen die Reflexe fehlten, die sie zum Glitzern bringen. Auf jeder dieser Reisen tat ich exakt dasselbe: Morgens besichtigte ich den Vermeer in der Sammlung Czernin, und nachmittags besuchte ich Freud nicht, da ich ausnahmslos hörte, er sei gesundheitshalber auf dem Lande.

Mit sanfter Melancholie entsinne ich mich, wie ich jene Nachmittage damit verbrachte, wahllos durch die Straßen von Österreichs alter Hauptstadt zu wandern. Die Schokoladentorte, die ich eilig in den kurzen Zwischenräumen aß, wenn ich von einem Antiquitätenhändler zum nächsten ging, hatte einen leicht bitteren Geschmack, der von den Antiquitäten, die ich sah, herrührte und von der Farce des nie stattfindenden Treffens akzentuiert wurde. Abends führte ich lange und erschöpfende imaginäre Gespräche mit Freud; einmal kam er sogar mit mir auf mein Zimmer im Hotel Sacher und blieb, an die Vorhänge geklammert, die ganze Nacht da.

Salvador Dali, 1942

Kärntnerstraße um Mitternacht

keanddnaschdrossn
vadraudda glaung
blonde
brünedde
keanddnaschdrossn
zwölf hoeb ans
schazzi
hauchd di fedde

weidda obm
is da grobm
und da schdeffe
wingd ma zua
schwoazze
adredde

i bin scho miad
gem s a rua

Gerhard Rühm, 1959

Fragwürdige Anmut

Simon Wolfs Handelsschule lag in einer engen und verrufenen Gasse, die nahe der Oper in die Kärntnerstraße lief. Von der Abenddämmernis bis zum Morgengrauen konnte man hier stark parfümierte Damen sehen, die im Schatten, welcher zwischen zwei Laternen lag, ihre Schleppen langsam über das Pflaster zogen oder sich, sowie ein Fremder vorbeikam, aus einem dunklen Haustor lösten, um ihm ein leises Wort zuzuflüstern oder mit dem Fächer an den Arm zu rühren. Da und dort ließ ein kaum erleuchtetes Hotel späte Gäste ohne Reisegepäck ein. In den Vorderhäusern wohnten überdies andere zweifelhafte Existenzen, ein sogenannter Weinhändler etwa oder eine Näherin flaumiger Unterwäsche, selbst bejahrten Alters, doch mit den jungen Fräulein wohlbekannt, in deren Polizeiakten neben dem Wort Künstlerin ein Fragezeichen stand. Gleichwohl waren die Fassaden dieser Häuser von einer gewissen fragwürdigen Anmut, einer ehemals echten und immer noch vorgetäuschten Eleganz. Wer freilich eines dieser Tore öffnete und, am Stiegenhaus vorbei, den langen Korridor bis zum Ende schritt, der betrat unerwartet einen Bereich kleinbürgerlicher Wohlanständigkeit. Rings um den balkongesäumten Hinterhof mit der behäbigen Kastanie wohnten Beamte in Pension, ausgediente Herrschaftskutscher oder ehrsame Wäscherinnen, die über das Vorderhaus die Nase rümpften, obschon ihnen der Duft des Lasters angenehm in die Nase stieg...

Hilde Spiel, um 1940

Beethoven

Er wohnt in der Seilerstadt Nr. 1056 ... ein elendes Haus, drei Treppen hoch... Aus dem Nebenzimmer kam mir

Beethoven entgegen … klein, etwas stark, zurückgestrichenes Haar, worunter schon viel graues zu sehen war, ein etwas rotes Gesicht, feurige Augen, die klein und tiefliegend und voll ungeheuren Lebens sind … Er spricht schnell und mit großer Lebhaftigkeit … Oft schlug er mit der Faust auf sein Klavier, daß es laut widerhallte … Über die jetzigen Zeiten klagte er … auch in pekuniärer Hinsicht … «Warum bleiben Sie in Wien?» – «Mich fesseln Verhältnisse hier,» sagte er, «aber es geht hier lumpig und schmutzig zu. Es kann nicht ärger sein … Von oben bis unten ist alles Lump. Was man nicht schwarz auf weiß hat, das tut und hält kein Mensch.» – Beethoven hat zur Kongreßzeit eine Kasualkantate komponiert. «Der Text war beschnitten wie ein französischer Garten», sagte er. Und dennoch kam's nicht einmal zur bestimmten Aufführung. Nach vielen Kabalen gab er eine Akademie im Redoutensaale. «Der König von Preußen bezahlte ein Extrahonorar von zehn Dukaten – sehr lumpig! Nur der Kaiser von Rußland bezahlte sein Billett honett mit zweihundert Dukaten …» Daß sein «Fidelio» so oft mit solchem Beifall in Berlin gegeben ist, das erfeut ihn … Den Unwert des Ranges in Wien lobt er. «Ich habe selbst», sagte er, «in Prozessen mit Fürsten und Grafen erfahren, daß Rang und Stand vor Gericht nichts gilt, denn ich habe meine gerechte Sache gegen mächtige Herren durchgeführt und gewonnen …» Übrigens finde ich die Aussage, er sei zuweilen wahnsinnig, nicht bestätigt nach den Erkundigungen, die ich über ihn einziehe. Herr Riedl versichert mir, er sei es durchaus nicht und habe nur den sogenannten Künstlerspleen. Darunter versteht jeder was andres. Riedl z. B. als Verleger mehrerer Beethovenscher Werke hält wahrscheinlich den teuren Preis, den er auf seine Manuskripte setzt, für solchen Spleen … Am 27. Juli, früh um sieben Uhr, ging ich zu Beethoven … Vorzüglich sprach er viel gegen Wien, und zwar mit Ingrimm. Er wünscht sich aus Wien, und ihn hält hier sein Brudersohn, ein

Knabe von zehn Jahren, den er gern zur Musik erziehen will, wenn er nur irgendwas Eminentes leisten kann...

Karl von Bursy, 1816

Die Fiaker-Schlingel

Die Menge der Equipagen und Reitpferde ist bei den vielen Großen und Reichen, die in dieser Residenz leben, sehr groß, so wie sie auch sicher zu den schönsten und kostbarsten gehören. Aber doch bleibt noch immer eine große Zahl, die nicht zu Fuße gehen mögen, noch können, und für diese ist denn der Fiaker eine wohlthätige Einrichtung. Man rechnet ihrer mit einer runden Zahl an 700, bis 670 habe ich gezählt. Man findet sie an allen Toren, wie an allen Plätzen der Stadt, und in allen lebhaften Gassen, und sie bieten sich mit dem gewöhnlichen Gruß: Fahren mer, Ihr Gnodn? an. Ihre Wagen sind größtenteils sehr bequem, oft auch zierlich, und so Pferde und Geschirr, wenn es gleich auch lumpigtes Zeug gibt, und alle haben das Verdienst, daß sie eben so rasch, als geschickt fahren. Sie wissen in vollem Galopp sich einander so geschickt vorbeizustreifen und umzubeugen, und doch dabei der Fußgänger wahrzunehmen, daß es eine Lust ist anzusehen; und man hat fast kein Beispiel, daß in den engen Gassen und bei dem ungeheuren Gedränge der Equipagen und Menschen jemand übergefahren würde. Diese Geschicklichkeit kömmt freilich den Fuhrleuten, aber eben so sehr der Polizei zu Gute, die auf alles, was das Leben und die Sicherheit der Bürger angeht, ein sehr wachsames Auge hat, und bei der geringsten Schuld unerbittlich strenge ist. Ein Appendix der Fiaker sind die Zeiselwagen, die auch weit über Land kutschieren, und mit denen die Person um ein Paar Dukaten 40 bis 50 Meilen machen kann, weil sie Menschen auf einander zu packen wissen. In diesen läßt sich keiner der Honoratioren, nicht einmal ein ehrsamer Bürger in der

Stadt und den Vorstädten gerne sehen, weil er gar zu offen unter allerlei Gesindel da sitzen muß. Die Fiaker haben keine bestimmte Taxe, und dies ist auch unmöglich, weil die Zeiten und Entfernungen sich nie genau abmessen lassen, am wenigsten das Wetter. Man muß immer mit ihnen akkordiren und man tut wohl, wenn man es recht bestimmt tut, denn sonst sind sie, wie alle Fähr- und Fuhrleute, trotz ihrem Ihr Gnodn, am Ende die unverschämtesten Schlingel in der Welt.

Ernst Moritz Arndt, 1798

Fiakerlied

I führ zwa harbe Rappen,
Mein Zeug, dös steht am Grab'n,
A so, wie dö zwa trappen,
Wer'ns net viel g'sehen hab'n.
A Peitschen, ah, des gibts net,
Ui jesses, nur net schlag'n,
Das allermeiste wär tsch, tsch,
Sonst z'reißen glei'm Wag'n.

Vom Lamm zum Lusthaus fahr i's in zwölf Minuten hin;
Mir springt kan's drein net in Galopp,
Da gehts nur allweil trapp, trapp, trapp.
Wann's nacher so recht schiaßen, da spür i's in mir drin,
Daß i die rechte Pratzen hab, daß i a Fiaker bin.
A Kutscher kann a jeder wer'n,
Aber fahren könnans nur in Wean.

Mei Stolz is, i bin halt a echts Weanerkind,
A Fiaka, wie man net alle Tag findt,
Mei Bluat is so lüfti und leicht wie da Wind:
I bin halt an echts Weanerkind!

Gustav Pick, 1885

Ein Club unter freiem Himmel

Im Mittelpunkt des südlichen Deutschlands gelegen, erscheint diese Stadt wie ein Born der Sorglosigkeit und Ruhe inmitten der ernsten wissenschaftlichen und philosophischen Bestrebungen der benachbarten Länder. Ganz der Sinneslust ergeben, lebt ihr Wesen in Festen, Gastereien, Tanz und vor allem der Musik. (...)

Seitdem nun Eis und Kälte die Prateralleen für Fußgänger unzugänglich machen, versammelt man sich untertags am Graben. Novellisten belagern förmlich diesen öffentlichen Platz; da es eigentlich keine Neuigkeiten gibt, verbreiten sie Geschwätz, das oft von der Wahrheit himmelweit entfernt ist.

Die Wiener verbringen praktisch den ganzen Tag am Graben; so können sie abends schreiben: «Ich habe versucht Euch am Graben aufzusuchen, aber da Ihr nicht da ward, schreibe ich Euch diese Zeilen...» Für Ausländer ist der Graben zu Wien was der Markusplatz für Venedig ist. Hier verbringen sie ihren Tag; man könnte sagen, es ist ein Club unter freiem Himmel: man besucht sich hier gegenseitig, empfängt Besuche, man regelt hier das Leben, gibt sich hier Rendezvous und vereinbart, sich hier für abendliche Vergnügungsfahrten zu treffen. Am Graben trifft sich die große Gemeinschaft der Müßiggänger, der Kritiker und Diskutierer und all jener, über die man spricht.

Auguste de La Garde, 1814

Über den Graben

Ich kam über den «Graben», jene schöne Wiener Straße, in welche die Schaufenster der entzückendsten Geschäfte mit tausend hübschen Dingen hinausplaudern. Die Luft schien mir mild und schäumig, wie frische Seifenflocken, geradezu wohlriechend, und große geschlossene Blocks von Kühle noch enthaltend. Die mächtige blaue Fahne des Himmels schlug noch keinerlei Hitze herab auf den Asphalt, nur sanfte wehende Bänder von milder Wärme streiften hier Stirne, Wangen und Hände. Ich schloß die Augen halb, und in einer Wolke von Duft, die jetzt, unzweifelhaft wahrnehmbar, über den Gehsteig hauchte, glitt für mich der vielfach gefältete, die Vergangenheit verhüllende Vorhang zurück und gab mir während der Zeit zweier Atemzüge einen lebhaften und tiefen Blick frei in jene versunkene Welt, deren äußere Pfeiler hier noch so täuschend standen, deren letzte Jahre ich noch erlebt hatte: bei offenen Grenzen war hier Europa durchgeflutet, und eben um diese Jahreszeit jetzt am lebhaftesten, deren unvergänglicher Glanz auch heuer wieder um die ihr zuinnerst verwandte Stadt spielte, jedoch befremdet ihre Strahlenbündel an schartigen Sorgenkanten brechend, an den Bruch- und Trümmer-Linien einstmaliger Leichtigkeit...

Heimito von Doderer, 1956

Schornsteinfegerblick

Es ist hübsch, so hoch zu wohnen. In unserem Wiener Hotel geht der Lift nur bis zum vierten Stock, aber die letzten Stufen zum fünften steigen wir immer geschwind hinauf: Man kommt ins Freie, Lichte. Und gar heute morgen, wo nach dem Gewitter vom vorigen Abend die blaue Luft weit offen über der Stadt steht. Ich schaue zum Fenster hinaus auf die Dächer drüben. Der richtige Schornsteinfegerblick. Wüßte ich nicht, daß zwischen uns die Dorotheergasse läuft, würde ich über die Ziegel bis zu dem Kamin spazieren, dessen genau proportionierte Kehlungen ihn als die Krönung eines alten Hauses kennzeichnen. Mir fällt ein, wie ich vom Café, tief unten, zu ebener Erde, jeder Sonne entzogen, wo der Kellner schon am zweiten Tag wußte, was wir zum Frühstück gewünscht, welche

Zeitung wir verlangt hatten – mir fällt ein, daß ich dort, auf der anderen Seite der Gasse, ein Barock-Portal wahrgenommen hatte, nicht sehr vorgewölbt, aber von jenem stattlichen Ernst, der dieser Stelle eines Hauses gebührt, durch das so viele seiner Bewohner einst mit Füßen zuerst hinausgetragen wurden und noch mancher es so verlassen wird.

Dem Portal dort unten, dachte ich, antwortet hier oben, ungesehen von den Menschen, dieser breite Kamin, der aus der Dachschräge mit dem klugen Maß seiner Leisten die beharrende Waagrechte entwickelt. Den Mörtel hat die Sonne von Jahrhunderten gebleicht, ungezählte Regengüsse haben ihn gewaschen. Um so samteneres Dunkel herrscht um die vier Ziegeldächlein, die den Rauchfang schützen. Ihr Zackenmuster schneidet schwarze Dreiecke aus der Patina der Kuppel von der Peterskirche, die als leibgewordene Phantasie, wie ein ungeheuerlicher Mond hinter den Dächern zwischen «Graben» und «Dorotheergasse» erscheint. Wie erstaunlich, daß mein Kamin, dieses simple Stück notwendigen Mauerwerkes, dem Bau des Fischer von Erlach verwandt bleibt und nicht dem neuen Dach zur Linken, das aus breiten rostigen Blechplatten besteht. Sie gehören zu jenem Haus, das als einziges in diesem Teil der Gasse etwas mit der Front zurückgenommen ist und dadurch sein geringes Alter beweist; nur in der Höhe hat es sich der Überlieferung angepaßt: Auch dieses Geschäftshaus ist hochgetrieben wie alle die barocken Gebäude umher. Während ich, einigermaßen geringschätzig auf Grund meiner architektonischen Überlegungen, das Blechverdeck aus dem zwanzigsten Jahrhundert mustere, nehme ich im Fenster des obersten Geschosses, das zur Hälfte sichtbar wird, eine Hand wahr, die regelmäßig auftaucht und dann niedersinkt. Eine nähende Hand. Wie ich mich auch recke, ich kann nur die Hand sehen, nicht die Person, die ihren Kopf tief über ihre Arbeit gebeugt haben muß. Ich verfolge den stummen Vorgang, wie die Hand hochfährt, am Ende ihres Schwunges noch einmal ansetzt – so daß ein merkwürdig feierlicher Rhythmus entsteht, ähnlich dem, der das Schwingen eines Weihrauchfasses unterbricht – und wie die Hand gleich einem blassen Vogel abwärts fällt.

Benno Reifenberg, um 1940

Das Innere Labyrinth

Seit meinem zehnten Lebensjahr streich' ich hier herum. In einem Geviert von Gassen, von Gäßchen, von kleinen Plätzen, Wollzeile, die Dominikaner, das Griechenviertel, ich schaue nicht auf die Namen der Gassen, der kleinen Plätze. Wohl weiß ich, daß es eine Schönlaterngasse gibt, und den Heiligenkreuzerhof und die Köllnerhofgasse und die Sonnenfelsgasse und ein paar Gassen und Straßen da herum, deren Namen ich kenne, wenn man sie mir nennt. Mit der Nase finde ich wohl hin, doch kann ich einem Fremden nicht erklären, wo sie wirklich liegen, wie man genau gehen muß, um gerade hinzukommen. Deshalb verirre ich mich, vergehe ich mich noch heut', wenn ich eine ganz bestimmte Adresse suche. Dort.

Vielleicht hängt das zusammen, daß dieses Wien, dieses Innere Wien, «in der Stadt», mehr in mir liegt als da Außen. Daß ich da mehr in mir herumlaufe, in meinem Labyrinth, als in dem kleinen Labyrinth der Gäßchen und Gassen, das gar kein Labyrinth ist, wenn man sich auskennt.

Diese meine Innere Stadt ist nicht einfach identisch mit dem Geviert des Castrum, des Römischen Heerlagers Wien, ist ihm aber doch recht nahe. Steht auch, am Graben, auf seinen Gründen. Der Graben, der Petersplatz, der Platz am Hof, sind die Grenzen, die ich in mir nicht überschreite. Auch wenn ich tausendmal formal über sie hinweg gehe.

Friedrich Heer, 1978

Gründung der Universität

Wir, Rudolf der Vierte, und Wir, Albrecht und Leupold, Gebrüder, von Gottes Gnaden Herzoge zu Österreich, setzen mit diesem Brief eine hohe, allgemeine, würdige und gefreitete Schule in unserer Stadt Wien, wo man nun fürbaß ewiglich nach solcher Ordnung und Gewohnheit, wie als erstes einst in der Stadt zu Athen, der Hauptstadt der Griechen, darnach in Rom, in der Welten Hauptstadt, und hernach zu Paris in Frankreichs Hauptstadt geschehen ist, lesen, lehren und lernen soll alle göttlichen erlaubten und gewöhnlichen Künste von natürlicher guter Sitte und von geistlichen und weltlichen Rechten, wie uns das der allerheiligste in Gott, unser gnädiger Vater Urban der Fünfte erlaubt, verhängt und gegeben hat.

Damit nun die hochwürdigen und weisen Meister aller Künste Bücher lesen und sie lehren können und damit die ehrbaren Studenten, Schüler und Jünger von fremden und heimischen Landen, manches ehrbarn Herrn und Biedermanns Kind, mit Gottes Hilfe und emsigem Fleiß vom Guten ins Bessere und von dem Besseren in das Allerbeste, von einer Tugend und Kraft in die andere allzeit wachsen können, bedürfen sie vor allen Dingen des Schutzes und der Bequemlichkeit und auch besonderer Freiheiten, Rechte und Gnaden, daß sie mit Ruhe und Frieden, würdig und unbelästigt von allen Leuten zu allen Zeiten, ohne Unterlaß, Tag und Nacht in göttlicher Übung streng und ernsthaft ihren Studien und göttlichen Künsten obliegen und sie mit Gottes Hilfe begreifen mögen. Weil aber Friede und Schirm nirgends in unserer Stadt so wohl gehalten werden kann als nahe unserer herzoglichen Burg, haben wir der hohen, würdigen Schule und allen Meistern und Schülern zu ihrer Wohnung die Stätte zwischen unserer fürstlichen Wohnung, unserem Herzoglichen Palast und dem Schottenkloster zu Wien angelegt.

Rudolf der Stifter, 1365

Im Zwölf-Apostel-Keller

Die Gewölbe meines unterirdischen Unterschlupfs zu dem ich, einmal zufällig vorübergehend, sofort Vertrauen faßte, sind aus flachen Ziegeln aufgemauert, von einem gewaltigen Bogen in zwei Räume geteilt; das Licht ist so abgestimmt, daß ich gerade noch schreiben kann und mich doch von Schatten beschützt fühle; das Büffet verliert sich im Dämmer; die Wände sind mit Schilfmatten ausgekleidet, die ihnen wahrscheinlich die kalte Feuchte nehmen – so haben portugiesische Mönche ihre Felsengelasse über dem Atlantik mit Rinden der Korkeiche tapeziert; auch sie sind Höhlenexistenzen gewesen, wie überhaupt Ordensleute, Klausner, Eremiten, Poeten- und Seelenkranke. Über der Treppe hängt ein schwerer Adventskranz, dessen Poesie hier nicht gerade stört, wo Heiligenbilder zu beiden Seiten des Aufgangs als bunte Laternenscheiben leuchten. Welche Heilige das sind, darf ich nicht sagen; dann würde ich den Namen des Kellers verraten, der ohnehin schon fast verraten ist. Auch würde ich mir wahrscheinlich den Tadel Ortskundiger zuziehen, die mir, wie überall, in Lissabon, Kopenhagen, Madrid oder Marbach und unter den Vogesen, meine Neigung zu unzeitgemäßen Aufenthalten und Veranstaltungen vorwerfen. Ich kann hier meine dürftige Kenntnis österreichischer Weine vertiefen und damit auch meine Dankbarkeit. Fast bin ich allein. Die meisten Gäste kommen erst, wenn für mich, sofern ich nichts vorhabe, schon Schlafenszeit ist, und dann allerdings wird es zu laut; Karaffen und Gläser sind ebenso schnell geleert wie gefüllt. Ich weiß nicht, bei welchem Jahrhundert ich mich für diese Zuflucht bedanken soll: es ist ein großer architektonischer Sinn gewesen, der diese Traggewölbe gegliedert hat. Ach, es tut so wohl, nicht zu wissen, welches Wetter droben ist (nasser Schnee, wahrscheinlich, oder Glatteis), und zu wissen, daß niemand weiß, wo man ist! Denn daß das Schicksal die Adresse hat, ist genug. Von einer Uhr ist nichts zu bemerken; die Pärchen sind glücklich in den Nischen, stumme Ehepaare befassen sich ernsthaft mit dem mitgebrachten Vesper, Einspänner mit an der Straßenecke gekauften Kastanien. Selbst das an solchen Orten heimische gesangumwobene Zitherspiel, für das mir der Sinn fehlt, ist hier nicht zu befürchten. Und ich höre das Traben der müden Schimmel nicht, die sich durch das Irrsal der Stadt finden müssen, vergesse die Frau in zerschlissenen Kleidern, schwarzem Kopftuch, die mit der Linken den zerfetzten Schirm halten mußte, damit er nicht zuklappte, den Zeitungsverkäufer an Krücken, die von ihren verkümmerten Frauen geführten Blinden, die stumpf vor den auf- und abblinkenden Signalmasten stehen; ich vergesse den Blick in die verregneten, hinter tiefen Gängen gähnenden, lichtlosen, übelriechenden Höfe, aus denen die Zerstörung der alten Form hervorgekrochen ist. Es ist natürlich kein Vorwurf, nur Bezeichnung eines Faktums: daß der in diesen Höfen und Straßen herumlungernde Herr der zwölf Jahre sich von diesen Finsternissen genährt hat, wie irgendeine arme Kreatur – oder die Ratten, denen er in den Schützengräben mit Jagdlust erfolgreich nachstellte, sich mästeten in Kloaken, vom überreichen Abfall und Abraum der Kaiserstadt. Solche Wahrnehmungen und Reflexionen kommen hier nicht zu ihrem Recht. Ich befinde mich sozusagen in einem Unterstand unter dem Trommelfeuer der Geschichte. Ich überlasse mich der Zuversicht, daß dieses Mauerwerk halten wird.

Reinhold Schneider, 1958

Mattbeleuchtete Korridore

Dies war nun eine Gegend, die wahrhaftig nichts von jenem Festlichen und Freundlichen an sich hatte, das man mit der Vorstellung von Tanz und Geselligkeit füglich verbindet. Himmelhoch, so schien es mir wenigstens, ragten uralte rußgeschwärzte Häuser zu einem schmalen Ausschnitte des Firmamentes empor, vor dessen sternenloser Dunkelheit ein rötlicher Schleier gespannt war wie unter dem Widerscheine eines fernen Brandes. Daß in einem dieser Häuser einst der gewaltige kaiserliche Feldobrist Wallenstein gewohnt, war mir damals ebensowenig bewußt wie so manches andere, was in späteren Jahren diese Gasse mit allen Lockungen und Verfänglichkeiten der Venus vulgivaga sehnsüchtig-abenteuerlich umwitterte. An breitgewölbten, teils edelgezierten Portalen ging es vorbei, die Einblick in tiefe, mattbeleuchtete Korridore gewährten. Hinter gerafften Gardinen einzelner hoher Fenster schien freilich hier und dort Licht und Leben zu sein. Indessen kaum ein Schein und nirgends ein Laut davon drang auf die Gasse herab; niemand begegnete hier, kein Fußgänger, geschweige denn ein Wagen. Kurzum, es war ein Ort, wo die Füchse einander Gutenacht sagen, und wären die Eltern nicht gewesen, ich hätte unfehlbar Reißaus genommen. Da aber hielt der Vater plötzlich vor einem jener laternendämmerigen Torflure; ein ebensolches Treppenhaus empfing uns; breite, sachte, vornehme Steinstufen leiteten empor, und bereits im ersten Stockwerke stand eine hohe, dunkle Tür offen, die Eintritt gewährte in das Tanzinstitut der Madame Crombé.

Anton Wildgans, 1928

Maria am Gestade

Zu den von mir täglich bewunderten Stücken gehört die Kirche zu Maria Stiegen in der Passauer Gasse. Sie ist über neun Jahrhunderte alt, und in der Mitte des zwölften Jahrhunderts vergrößert worden, wodurch das Schiff eine Schlankheit erhalten hat, die keineswegs verunstaltend ist. Aber das Ganze macht sich, wie es jetzt ist, als wenn es in einem Tiegel gegossen wäre. Die Arbeit ist so sauber und tüchtig gemacht und versetzt, daß kein Anfang und kein Ende zu sehn ist. Der Thurm ist siebeneckig, etwas über zweihundert Fuß hoch, und läßt sich bequem bis ganz oben besteigen. Der oberste Aufsatz ist wie eine Bischofsmütze, ganz hohl und dabey so stark und zierlich durchbrochen wie ein Feenschloß; die Luft scheint es zu heben. Das Eisen ist umfassend und geht nicht in den Stein, und auch dieses ist so genau nach Stärke und Haltbarkeit abgemessen, als wenn's von einer Spinne hineingesponnen wäre.

Karl Friedrich Zelter, 1819

Friedliche Erinnerungen

Ich sah [1848] «Am Hof» den Grafen Latour aufhenken und die Soldaten nach dem Bombardement der Stadt über den Platz stürmen. Aber viel angenehmer sind mir die friedlichen Erinnerungen: wie ich zur Weihnachtszeit den Nikolo-Markt besuchte; und täglich in den Reihen der Obstweiber, die auf dem Platz saßen, mit den prüfenden Blicken des Paris umherwandelte, unschlüssig, welcher ich die Äpfel abkaufen sollte; denn damals schenkte ich den Kirschen, Trauben und Äpfeln ungeachtet ihrer raschen Vergänglichkeit mehr Aufmerksamkeit als den Denkmälern auf den Brunnen. Erst in meinen Flegeljahren betrachtete ich die letzteren genauer; ich glaube aber allerdings, daß mich nicht so sehr die Altertümlichkeit, als vielmehr die jungen Frauenzimmer an denselben interessierten, die hier Wasser in Krügen holten. Ich war ja auch Lyriker, und ich weiß noch, daß mir eine üppige Köchin als Modell für mehrere Gedichte «an Sie» saß. Selbstverständlich bereitete die Geliebte in dem lyrischen Gedicht nicht Erdäpfelknödel, sondern lag auf einer schwellenden Ottomane und hörte dem Plappern eines Papageis zu. Es gilt dies eben bei dem Publikum für viel poetischer und stimmungsvoller, obwohl man nicht wird in Abrede stellen können, daß auch ein Erdäpfelknödel sehr stimmungsvoll sein kann. In der Folge wurde das Haus, in dem ich so lange gewohnt, nebst mehreren anderen Häusern daneben niedergerissen und an deren Stelle das Gebäude der Kreditanstalt für Handel und Gewerbe errichtet. An demselben Platz, an dem ich so oft an dumme Kindereien gedacht, sitzt jetzt vielleicht ein gelehrter Buchhalter und rechnet gerade das Defizit für das heurige Jahr aus.

Daniel Spitzer, 1877

Platz Am Hof

So ist er am schönsten: Wenn mit blauern
Lasuren winters der Abend beginnt,
wenn zwischen Himmel und grauen Mauern
weiße Dächer die Grenzen sind.

Wenn sanft im Zwielicht die nebligen Sonnen
der hohen Bogenlampen aufgehn
und aus den Fenstern, gelb und verronnen,
zögernde Lichter herübersehn.

Wenn aus der Härte der Welt entglitten,
mit Formen, himmlisch und ungenau,
die schlanke Mariensäule inmitten
aufragt, ein schwarzes Zepter im Grau:

Dann wird der Platz ganz Traum, und am Ende
verschwimmt er in seltsam gestrigem Licht,
indes überm Düster der Buden und Stände
Schnee fällt – weiß und leise und dicht...

Josef Weinheber, 1935

Minoritenplatz

Kann man es wagen, zu behaupten, man habe die schönste Stelle der Stadt entdeckt? Dann würde ich sagen, sie liege am Minoritenplatz und in seiner Nachbarschaft: dort, wo um das hohe Dach und um den niedrigen Turm der Minoritenkirche das großartige Palais Liechtenstein, die staatlichen Paläste des Ballhausplatzes, die ungarische Gesandtschaft, die Gasse, die nach Abraham a Sancta Clara genannt ist, die Bankgasse, die Herrengasse geordnet sind. Das gute Glück hat mich von Anfang an dorthin geführt; am ersten Morgen schon, an dem ich vor mehr als zwanzig Jahren zuerst nach Wien und in Wien recht zu mir selbst gekommen bin; und nun kann ich nicht müde werden jeden Tag zum wenigsten einmal an den Minoritenplatz zu laufen und mich in Kreisen, Winkeln, Spiralen um ihn her zu bewegen. Zwar entweiche ich ihm täglich für eine andere Stunde in die Gegend der Wipplingerstraße, die mit den barocken Palästen des alten Rathauses, der alten böhmischen Hofkanzlei und anderen Wiener Herrlichkeiten ausgezeichnet ist. Indessen: würde die gotische und barocke Welt des Minoritenplatzes je, trotz der prächtigen, kostbaren und zugleich noch behaglichen Wipplingerstraße, nicht den gewissen Sieg davontragen, so würde ich mich entschließen, den Minoritenplatz und die Wipplingerstraße, dazu den Judenplatz, den die Rückfront der ehemaligen böhmischen Hofkanzlei so schön macht, in Eins zu nehmen. Es ist ja auch nicht weit vom Minoritenplatz zum Judenplatz und zur Wipplingerstraße hinüber.

Wien sehen heißt diese Glorie sehen, tagtäglich sehen; diese Glorie, die der Grandezza römisch-barocken Wesens teilhaftig ist und, wie schon die römische Größe des Menschlichen nie entbehrt, ja in einer wunderbaren Steigerung des Menschlichen sich eigentlich ausdrückt, den menschlichen Geist und Ton für uns noch um so gewisser besitzt, als sie wienerisch, österreichisch, als sie südlich ist und dergestalt sich ganz unmittelbar mit dem warmen Leben verbindet. Das Heroische ist mit dem Gemütlichen überzeugend und wohltätig zusammengekommen.

Wilhelm Hausenstein, 1932

Ernennung zum Staatskanzler

Wien, 28. Mai 1821

Vorgestern um vier Uhr kam ich hier an, nachdem ich eine abscheuliche Nacht auf der Reise zugebracht bei gräßlichem Wetter. (...)

Die öffentlichen Blätter melden von neuen Ehren, die mir geworden (Ernennung zum Haus-, Hof- und Staatskanzler). Es ist eine Bombe, die über meinem Kopf geplatzt ist und die ich nicht vermeiden konnte. weil ich sie gar nicht kommen gesehen hatte. Hätte ich die Aufführung dieser Batterie nur geahnt, alles hätte ich versucht, um sie außerstand zu setzen, was sehr leicht gewesen wäre. Der Allerhöchste Herr hat die Sache mit der größtmöglichen Huld eingeleitet, ja sogar mit einer gesuchten Aufmerksamkeit, die nicht in seinen Gewohnheiten liegt. Das Resultat ist aber auch wirklich ein Gnadenstoß für den Patienten. In meiner neuen Stellung hat sich der Wirkungskreis um vieles erweitert. Ich liebe es nicht, viel zu umfassen, weil ich gern das festhalte, was in meinem Bereiche liegt. Es ist gewiß eine Sonderbarkeit des Schicksals, daß gar oft Männer an solche Stellen gebracht werden, um die es ihnen am wenigsten zu tun ist. Mir fällt nun ein Anteil zu, der zwanzig subalterne Ehrgeizige glücklich machen könnte. Gott weiß, daß ich keinen anderen Ehrgeiz besitze als den, Gutes zu tun. Wenn ich zur Erreichung dieses Zieles mich in mein Maulwurfsloch zurückziehen könnte, wäre ich überglücklich und zufrieden. Die Sache ist jedoch geschehen und nicht mehr zu ändern. Mit meiner neuen Stelle ist aber weder eine Perücke noch ein Hermelinmantel verbunden. Dieses Unglück wäre doch das ärgste.

Ich bin wiederum in meiner guten Stadt angelangt. Natürlich hatte jedermann alles vorausgesehen und vorausgesagt. Heute gibt hier niemand zu, daß man anders hätte vorgehen können, als man es getan: die Sache war ja so einfach und klar. (...) Alles ist ja so einfach gegangen, und alle haben ja immer dasselbe gewünscht und gewollt, gerade wie mein Kammerdiener Giroux, der, wenn man das Gegenteil von dem behauptet, was er eben gesagt, antwortet: «C'est ce que je vous disais.» Nach einem Erfolg ist es nie möglich, zu diskutieren; die Gelegenheitshelden schießen aus der Erde wie Pilze.

Clemens Wenzel Fürst Metternich

Michaelerplatz

wann s du
zum michaelerplatz
gehn willst
so kommt s ganz drauf an
wo du grad bist
du kannst durch d herrngassn
oder über n kohlmarkt
durch d reitschulgassen
d schauflergassn
oder durch die burg
auch von der habsburggassn her
is a kleiner durchgang
es is ganz egal
du kommst aus
jeder richtung
bis zum michaelerplatz
wann du s willst

H. C. Artmann, 1959

Urbis Conditor – Beim Demel

Eine Legende, die sich nicht damit zufriedengibt, es zu sein, die nicht von ihrer Vergangenheit zehrt, sondern die Gegenwart von sich zehren läßt. Eine höchst lebendige, ständig aus sich selbst regenerierte Legende. Sowohl die Zuckerbäckerei, die nur noch vom kalten Buffet übertroffen wird, als auch das kalte Buffet, das nur noch von der Zuckerbäckerei übertroffen wird, warten mit immer neuen Köstlichkeiten auf, mit unvergleichlichen und unnachahmlichen Spezialitäten, von denen jede einzelne genügen würde, um eine Konditorei berühmt zu machen. Eine unsichtbare Schar von Fachleuten – Heinzelmännchen vielleicht, mit spitzen Zuckerhüten auf dem Kopf und Bärten aus eitel Schlagobers – arbeiten unablässig an neuen Rezepten, lassen sich die raffiniertesten Kombinationen einfallen, die sich aus der Skala sämtlicher Geschmacksnuancen von bittersüß bis mildpikant ergeben mögen. Der Demel-Besucher, der nach mehrmonatiger Abwesenheit von Wien und damit vom Demel wieder nach Wien und damit zum Demel zurückkehrt, darf sicher sein, mindestens je zwei Pasteten und Salate vorzufinden, die er noch nie verkostet hat, mindestens ebenso viele ungeahnte Kreationen unter den Torten und Patisserien, und möglicherweise serviert man ihm gerade an diesem Tag auch eine neue «Crème du jour». Wenn er ein richtiger Demel-Besucher ist, wird ihn das alles nicht weiter überraschen. Das heißt aber keineswegs, daß es ihn kalt läßt. Er findet es nur natürlich – so natürlich wie den ewigen Wechsel der Jahreszeiten. Es durchpulst ihn mit dem gleichen Wohlgefühl, das ihn etwa beim Anblick eines knospenden Grüns überkommt. Beim Demel ist immer Frühling.

Friedrich Torberg, 1958

Die Pest allhie

Kommt her, ihr Welt-Affen, ihr Gesichter-Narren, ihr Venus-Genossen! Geht mit mir an unterschiedliche Ort zu Wien, allwo große Gruben mit viel tausend Toten-Körpern angefüllt; schaut ein wenig dasjenige, was ihr habt angebet't, vor dem ihr vielfältige Cerimoni geschnitten, dem ihr habt mehr geschmeichelt, als die Egyptische Katzen im Brauch haben, mit dem ihr in die Lust-Gärten gefahren und allda in der kühlen Grotta bei dem klaren Wasser trübes Gewissen darvontragen; die ihr oft mit roten Röcken und Kleidern versehen und dafür das weiße ausgezogen, schaut diejenige, die euch um Schaf und Schlaf, um Kuh und Ruh, um Wissen und Gewissen gebracht; geht her, schaut recht in die Gruben, darin viel tausend liegen! Dort liegt dieselbe, die dich mit ihren gekrausten Haarlocken gleichsam verzaubert, jetzt sind dieselbe Lausstauden nicht mehr von der Bisemschachtel eingepulvert, sondern vor Rotz und Eiter bicken sie zusammen wie die erhärt'ten Firnis-Pinsel; siehe dort diejenige, die mit ihren magnetischen Augen dein Herz gezogen, dero Klarheit du über Diamant erhoben, nunmehr stecken selbe in dem Kopf vertiefet und sind nichts als ausgehöhlte Wurmnester; siehe – weg mit dem Schnupftüchel von der Nasen, damit du besser könnest sehen! – diejenige, dero Rosen in den Wangen dich oft zu einem Goldkäfer hatten! Gehet weiter mit mir, da ist eine andre Gruben, darinnen viel tausend Menschen nicht anders liegen als wie das eingeschlagene Wildpret in dem Faß, mit dem Unterschied, daß anstatt Salz der ungelöschte Kalk. Siehe, dort liegt dieselbe, dero rote Lefzen dir über Zuckerkandel gewest; nunmehr hat der ungelöschte Kalk dieselbe Lecker-Bißl verzehret, daß anjetzo die Zähn hervorblecken wie einem murrenden Hund an der Ketten. Kommt herzu, schaut dasjenige, was euch angereizt, was euch bezaubert, was euch betört, was euch verzuckt, was euch ergötzt, was euch erfreut, jetzt ist alles ein stinkende Allabatritta [Ollapadrida: Mischmasch], ein Haufen Wust, ein Versammlung Kots, ein Köder der Würm, ein grausliches Eiterwesen, eine Zusammenrottung des Unflats. Nehmt ein einiges Tüchl voll dieses Gestanks, tragt's mit euch nach Haus und betracht't, was das ist, um ein solches Pfui ewig leiden, ewig, ewig! O ewig! Gedenke, wie es manchem solchem Gründschüppel um das Herz ist, der in deinen Armen gelegen und nunmehr leidet in dem höllischen Pechstrudel! O was würde für Buß ergreifen ein solch elende Tröpfin, so ihr noch wurde ein Ausgang gestattet werden; ist aber umsonst, ewig, ewig, ewig! O ewig! Ewig immer, ewig nimmer, nimmer heraus auf ewig! Immer darin auf ewig! (...)

Aber die Pest allhie, so uns dieses Jahr bedrängt, hat zwar ihre Zähn an alle gerieben, doch mehrsten Teil die Weibsbilder und ledige Menscher verfolgt, also daß siebentausend ledige Menscher allein gezählet worden, die alle vom Tod nicht ledig waren. Die Ursach wird von denen Medicis der großen Furcht zugemessen, wodurch in dergleichen Leuten die Pest leichtlich geziegelt wird [entsteht], weil nämlich das von Furcht und Schrecken ermüdete und ausgemattete Herz nicht genugsame Kräfte hat, dem Gift zu widerstehen. Wie auch durch die große Furcht und Schrecken wird die natürliche Wärme sehr geschwächt, und dahero die lebhafte Geister häufig dasselbe zu erhalten eilen, und so etwan dieselbige das geringste von dem Gift-Luft gefangen, tun sie alsbald solche böse Qualitäten dem Herzen mitteilen und verursachen also die Pest. O wieviel arme Tröpfinnen aus Befehl ihrer Herrschaft, gute Bissen einzukramen, sind auf den Markt gangen und vor dem nächsten kranken und bleichen Schwefel-Gesicht also erschrocken, daß sie nachmals die Viktualien in dem Korb, die Pest aber in dem Leib nach Haus getragen!

Wollte wünschen, ihr junge Töchter, ihr hättet eine solche Furcht und Schrecken gefaßt an der Sünd, wie euch die Pest eine eingejagt, so würdet ihr weit besser bei dem gerechtesten Richter bestanden sein; hoffe aber, der gütigste Gott, dessen Milde kein Maß, kein Ziel, kein Zahl, kein End haltet, werde eure Schwachheit und schlüpfrigen Willen bewegt haben zu einem Ablaß und Verzeihung.

Deren du auch, liebster Leser, mit einem «Tröst sie Gott» und «Requiescant in pace» wollest gedenken.

Abraham a Sancta Clara, 1679

Albertina

Albertina. Die graphischen Schätze Wiens, die mit Wien nichts zu tun haben, aber jeden betreffen, der zu sehen und zu denken imstande ist, also auch die Wiener. Für den dreizehnjährigen Dürer, ich meine das Selbstporträt mit dem Silberstift, gäbe ich seine sämtlichen Rasenstücke, Marien und apokalyptischen Reiter her, wenn es sein müßte. Kein anderer deutscher Maler hat das Alter des Übergangs mit so himmlischer Realität gezeichnet. Dann lange vor einem Skizzenblatt des Hieronymus Bosch. Krüppel, etwa in Daumengröße, bevölkern es. Sie sind mit jägerscharfer Genauigkeit erfaßt, tragen alle nur denkbaren Verstümmelungen, hüpfen einbeinig, schieben sich auf Händen vorwärts, tasten mit Stöcken herum. Die Kunst dieses Blattes liegt darin, daß es selbst über ganz gesunde, wenn auch nicht mehr junge Leute die Wahrheit sagt. Beispielsweise über uns.

Heinz Piontek, 1972

1 8
3 1

DER STEPHANSDOM

Innenraum

Der schönste innenraum: der stephansdom. Sage ich damit etwas altes? Umso besser. Man kann es nicht oft genug sagen: wir haben den weihevollsten kirchenraum der welt. Das ist kein totes inventarstück, das wir von unseren vätern übernommen haben. Dieser raum erzählt uns unsere geschichte. Alle generationen haben daran mitgearbeitet, alle in ihrer sprache. Bis auf die unsere – denn die kann ihre sprache nicht sprechen. Und so ist dieser raum am herrlichsten, wenn die mitarbeiterschaft der letzten vierzig jahre nicht zu worte kommt. In der dämmerung, wo man der kirchenfenster nicht gewahr wird. Dann aber strömt dieser raum auf einen ein, daß man --- Ich sehe, ich kann mich nicht ausdrücken, wie er wirkt. Aber vielleicht beobachte jeder das gefühl, das ihn erfaßt hat, wenn er nach dem durchschreiten die straße betritt. Es ist stärker als nach der fünften von Beethoven. Aber die dauert eine halbe stunde. St. Stephan braucht dazu eine halbe minute.

Adolf Loos, 1906

Feldherrnperspektive

Man geht in Wien durch ebensoviel Höfe und Torwege als Straßen. Die Häuser sind hoch, die Gassen eng und voll Menschen, ohne Trottoir, und der Rinnstein in der Mitte. Dabei fährt kein Wagen anders als im stärksten Trabe, den man in den breiten, öden Berliner Straßen für polizeiwidrig schnell erklären würde. Dabei nun nehmen die wirklich prachtvollen Läden die Aufmerksamkeit der Fußgänger in Anspruch, und bald ist man desorientiert. Aber du darfst an der nächsten Straßenecke nur in die Höhe blicken, so zeigt der Stephan dir mit seiner hohen Spitze den rechten Weg oder winkt dich zu sich, um die Wanderschaft von einem Bekannten aus aufs Neue zu versuchen.

Wirklich, alle Wege führen über den Stephan, und jeden Morgen bleibe ich einige Minuten unter den ungeheuren Gewölben und zwischen den schlanken, hohen in schönen Quadersteinen geschnittenen Steinen stehen. Auch die Spitze des Turmes ersteigen wir. 757 Stufen führen auf den sogenannten Starhembergsitz: eine kleine Bank in einer Nische, von welcher aus man das weite Marchfeld überblickt und weit hinein nach Mähren und Ungarn schaut. Da saß mit kummervollem Herzen der alte Starhemberg und bewachte die stets näherrückende Macht der Türken. Die weite Ebene war bedeckt mit ihren Zelten und Pferden, die große hunderttausend Centner schwere Kette, die jetzt im Kaiserlichen Zeughaus hängt, war geschmiedet, um die Donau zu sperren, die österreichische Streitmacht war vernichtet, der Kaiserliche Hof nach Linz geflohen, das Reich von Uneinigkeit wie immer zersplittert und keine Hilfe war daher zu erhoffen. Damals gab es noch keine Vorstädte vor Wien, die heute zehnmal so viel Raum bedecken wie die eigentliche Stadt. Derselbe Wall, wie er jetzt noch steht, nur nach einer Seite mit ein paar kleinen Außenwerken versehen, war das Bollwerk des Christentums. Hunger und Krankheit hatten die unglückliche Stadt aufs Äußerste gebracht, es handelte sich um Tage und Stunden, so glänzte der Halbmond auf der Stephan, der Islam triumphierte in der Hauptstadt der christlichen Welt. Wie ganz anders möchte es dann in Europa geworden sein. Die Reiter Sobieskis entschieden damals das Schicksal der Welt.

Helmuth von Moltke, 1835

In seinem dunklen warmen Lichte

Außer der Stephanskirche haben wir, mit Ausnahme jener Häuser, in denen wir eine Wohnung zu finden hofften, bisher noch nichts besucht. Über die Meinung, der Dom wäre gebaut worden, um es der Stadt gleichzutun, oder die Stadt der Kirche wegen, ließe sich streiten. St. Stephan ist für eine erzbischöfliche Metropole klein, aber die Schönheit vieler Einzelheiten sowie die bizarre, feierlich harmonische Wirkung des ganzen Baues stellen sie entschieden in die Reihe der Kirchen allerersten Ranges. Gleich vielen anderen Domen hätte auch sie zwei Türme erhalten sollen, aber der zweite Turm ist jetzt noch, nach vier- bis fünfhundert Jahren, unvollendet.

Und dieser eine... ich weiß wirklich nicht, ob es gerecht ist zu sagen, daß seine vollendete Schönheit hinreichend sei, alle anderen, scheinbaren Unzulänglichkeiten zu sühnen, oder ob seine lichte und anmutige Form bitter bedauern läßt, daß dieser sonst so gefügte Dom durch keinen zweiten, ähnlich spitzen Turm, der sich auf der anderen Seite gegen den Himmel erhebt, vollendet wurde. Dieser schlanke Turm besitzt eine Eigentümlichkeit, die ihn, soweit ich mich erinnern kann, einzigartig macht. Statt, wie die Türme von Antwerpen, Straßburg, Salisbury und andere, auf einem mächtigen Unterbau zu ruhen, erhebt er sich, stufenweise immer dünner werdend, vom Boden bis in den Himmel.

Dieser Dom von St. Stephan ist wunderbar in seinem dunklen warmen Lichte, mit seinen reichen Bildwerken und in seiner einmaligen Proportion. Er verbreitet eine unbeschreibliche Atmosphäre von tiefer religiöser Heiligkeit, die alles einzuhüllen scheint, so daß es nicht leicht ist, ein sachliches Urteil nach Gesichtspunkten allgemein üblicher Regeln zu fällen. Ich halte es für wahrscheinlich, daß ein Turm von landläufiger Schönheit, der neben einem ebenso mittelmäßigen Bau zu stehen kommt, nicht wirkt; aber ich kann mir kaum vorstellen, daß sich jemand fände, der auf dem Stephansplatz steht, diese zart gemeißelte Pyramide betrachtet und fähig wäre zu sagen, daß dieser Turm besser wäre, wenn er anders wäre als er ist.

Das Innere dieser prachtvollen Kirche ist ebenso schön wie ihr Äußeres. Die Pfeiler, welche das Kirchenschiff tragen, sind die reichst verzierten, deren ich mich entsinnen kann. Der verschwenderische Reichtum an Steinskulpturen an den Pfeilern, an der Kanzel, an den Altären und Denkmälern verleiht dem Bau beinahe das Ansehen eines geweihten Museums, zu welchem jeder fromme, daran beteiligte Steinmetz des Mittelalters sein Teil beigesteuert hat.

Aber selbst der ganze Reichtum an Einzelheiten könnte nicht jene außergewöhnliche Wirkung harmonischen Dunkels hervorbringen, das jeden, der die Stephanskirche betritt, ergreift, wenn nicht diese sonderbar gleichförmige Färbung, die jeden Teil des Domes umschwebt, vorhanden wäre. Der Farbunterschied zwischen den Wänden und den vielen reichen, sich gegen sie abhebenden Darstellungen ist zwar merklich, aber wie bei Murillos braunem Mädchen sieht das Auge nichts, was die milden, sanften, dunklen, klaren und doch verborgenen Töne, die so entzückend sind, stören könnte.

Frances Trollope, 1836

Die Pummerin

Aufsteigend trifft man als die erste Merkwürdigkeit die große Glocke. Sie ist ein stattliches Thier, im Anfange dieses Jahrhunderts 1711 aus türkischen Kanonen gegossen und wird nur an Sonn- und Festtagen von acht Mann geläutet. Ihr ganzes Gewicht mit dem Anhang und Umhang von Eisen und Holz ist fünfhundertfünfundzwanzig Centner, ihr eigenstes dreihundertdreiundsiebzig; der Klöppel wiegt fünfzehn und ein andrer siebzehn. Ihre Höhe ist zehn Schuh wie ihr unterster Diameter. Sie hat nicht den silbernen Ton von der Erfurter Susanne und ist viel dicker. Außer dieser Glocke sind noch mehr andre, als die gewöhnliche Läutglocke, die Feuerglocke und das Zügenglöcklein, das geläutet wird zum Trost der Sterbenden, die den letzten Kampf arbeiten, sich von dem süßen Leben loszureißen. Von hier steigt man noch eine ganze Höhe zu der Wohnung der Wächter hinauf, die ganz luftig den unteren Erdenwürmern über den Köpfen wohnen.

Ernst Moritz Arndt, 1798

Aussicht vom St. Stephansturme

Sehr oft und namentlich schon in späteren, reiferen Jahren erwartete ich durch die Güte des Türmers, mit dem ich Bekanntschaft gemacht hatte, auf der höchsten Höhe des Turmes das Erwachen des Tages. Ich stieg zu diesem Zwecke entweder schon vor Tagesanbruch auf den Turm, oder ich durchwachte die Nacht auf demselben und stieg bei noch vollständigem Sternenscheine auf meinen Beobachtungsplatz. Diese Nachtspähen war das lohnendste. Erst gegen den Morgen hin wird die Stadt stille, und es gibt nur eine kurze Zeit nach Mitternacht und vor dem Morgen, in welcher es in der Stadt Nacht ist. Da liegt sie unten wie tot und starr. Und wenn man auf dem Turme hoch oben ist, von den prangenden Sternen umgeben, von der umliegenden Landschaft nichts im einzelnen gewahrend, sondern nur die dunkle Scheibe derselben erblickend, die von der lichten, sternflimmernden Himmelsglocke geschnitten wird, und wenn man dann niedersieht in die schwarzen Klumpen der verschiedenen Häuserdurchschlingungen, in denen sich die Nachtlichter wie trübe, irdische Sterne zeigen, so erscheint einem erst recht das menschliche Treiben, das hier eine Größe darstellen will, als Tand. Von Lauten hört man in dieser Zeit gar nichts als den Glockenschlag der Turmuhr, dem die Schläge von anderen Türmen antworten; und in Sommernächten zuweilen den Ruf einer Nachtigall, welche ein Liebhaber vor seinem Fenster hängen hat, welcher Ruf wahrscheinlich ein Not- und Angstruf in diesem Steinmeere ist. Die Menschen schlafen indessen in diesem Steinmeere, und wenige von ihnen werden zu dieser Stunde je einmal von dieser Stelle auf die Stadt niedergeschaut haben. Der Türmer tut es sehr oft, aber er ist des Anblickes schon gewöhnt...

Der Teil gerade zu unsern Füßen ist die eigentliche Stadt. Wir sehen sie wie eine Scheibe um unsern Turm herumliegen, ein Gewimmel und Geschiebe von Dächern, Giebeln, Schornsteinen, Türmen, ein Durcheinanderliegen von Prismen, Würfeln, Pyramiden, Parallelopipeden, Kuppeln, als sei das alles in toller Kristallisation aneinandergeschossen und starre nun da so fort. – In der Tat, von dieser Höhe der Vogelperspektive angesehen, hat selbst für den Eingeborenen seine Stadt etwas Fremdes und Abenteuerliches, so daß er sich für den Augenblick nicht zu finden weiß. Wie eine ungeheure Wabe von Bienen liegt sie unten, durchbrochen und gegittert allenthalben, und doch allenthalben zusammenhängend, nur die Gassen nach allen Richtungen sind wie hineingerissene Furchen und die Plätze wie ein Zurückweichen des Gedränges, wo man wieder Luft gewinnt. Senkrecht im Abgrund unter uns liegt der Platz

St. Stephans, die Menschen laufen auf dem lichtgrauen Pflaster wie dunkle Ameisen herum, und jene Kutsche gleitet wie eine schwarze Nußschale vorüber, von zwei netten Käferchen gezogen, und immer mehr und mehr werden der Ameisen und immer mehr der gleitenden Nußschalen. Dort, nur durch eine dünne Häuserschicht von uns getrennt, steht die schöne schwarze Kuppel St. Peters, von dieser Höhe erst sichtbar, wie weit sie die Häusermasse überragt – hinter ihr der freundliche Turm der Schottenabtei, links das schlanke Stift St. Michaels, dann die Augustiner, die Kapuziner und zwischen ihnen allen – selber eine kleine Stadt – die ehrwürdigen Gebäude der kaiserlichen Hofburg. Dann schwingt sich von Süd gegen Ost herum die Häusermasse des Kärntnerviertels, durchschnitten von dem sanften Bogen der Kärnterstraße, der menschenwimmelnden – dort tragen die Franziskanertürme, weiter links die der Universität empor, und dort gegen Nordwest – du kleines bescheidenes Türmchen! St. Ruprecht, ältestes der Stadt – und wieder links davon die zart durchbrochene Spitze von Maria am Gestade – und noch andere und andere Türme, Giebel, Erker und Balkone. – Aber sieh, auch das Volk dieser Stadt ist erwacht und fängt sein Tagewerk zu betreiben an. Man könnte dessen Charakter weissagen aus der Stunde des Erscheinens auf dem Schauplatze der Beschäftigung – doch ehe wir dies tun, wirf noch einen Blick weiter hinaus über die Grenzen der eigentlichen Stadt – siehe dort ist ein seltsamer Garten, in den du gestern gelangtest, als plötzlich die lange Vorstadtgasse abbrach. Wie ein breiter, grüner Gürtel läuft er um die Stadt herum, einst Glacis der Festung, nun in der Tat ein anmutiger Garten, mit grünen Rasenplätzen bedeckt, nach allen Richtungen von Alleen durchschnitten, ein wohltätig Luftreservoir, dahin sich in der Abendkühle gerne und zahlreich die Bevölkerung ergießt, um sich zu ergehen und freier aufzuatmen.

Adalbert Stifter, 1844

Der goldene Apfel

Die Stadt Wien hat mit den einfachen oder doppelten Kirchtürmen ihrer dreihundertsechzig Kirchen und Klöster insgesamt vierhundertsiebzig Uhrtürme. Sobald nun die Mittagsstunde da ist und die große Uhr dieses Stephansdomes ihren ersten Schlag tut, beginnen auch schon, bevor er noch richtig erklungen ist, die Glocken auf sämtlichen übrigen Uhrtürmen innerhalb der Festung mit einem Schlag zu läuten. Es ist ganz erstaunlich, wie genau sie dort die Uhren aufeinander eingestellt haben. Wenn nämlich bei uns in der Türkei jemand zwei Uhren besitzt, so geht bestimmt eine davon um mindestens eine Minute und zwei Sekunden vor oder nach. Die kunstvollen Uhren auf den Kirchtürmen von Wien hingegen beginnen alle zugleich wie mit einem Schlage zu läuten.

Unter all diesen Kirchtürmen ist also der des Stephansdomes der höchste. In seinem Inneren befindet sich eine steinerne Treppe mit insgesamt siebenhundertundsiebzig Stufen und ferner im ganzen dreihundert kleinere und größere Zellen für die Mönche.

Und auf der höchsten Spitze dieses Turmes ist eine massive goldene Kugel aus zwei Zentnern puren Goldes befestigt, die angeblich zehn Scheffel Weizen fassen könnte.

Als nämlich Sultan Süleyman im Jahre neunhundertsechsunddreißig die Festung Wien belagerte, da brachte er es nicht über das Herz, diesen hohen Turm zu beschießen, und er sprach:

«Eines Tages wird dieser Turm ja doch ein Minarett für den muhammedanischen Gebetsruf an einem Gotteshaus der Muslims sein. Also soll er auch mein Wahrzeichen tragen!»

Und so ließ Sultan Süleyman vor den Mauern der Festung die oben erwähnte Goldkugel anfertigen und schickte sie dann dem König hinein. Der irrgläubige König wiederum ließ noch in der nämlichen Nacht die goldene Kugel auf der höchsten Spitze dieses Kirchturmes anbringen, und seither heißt die Festung Wien eben wegen dieser goldenen Kugel «Der Goldene Apfel von Deutschland und Ungarn».

Später aber, als Sultan Süleyman die Belagerung der Festung aufgehoben hatte und abgezogen war, ließ König Ferdinand über dieser Goldkugel, dem Goldapfel Sultan Süleymans, einen goldenen Mond und eine Sonne aus Silber aufpflanzen. Wie nun Sultan Süleyman erfuhr, daß über seine Kugel dieser anmaßende Giaur noch andere Dinge darübergesetzt hatte, da drohte er:

«Halte dich bereit, ich ziehe zum Kampf gegen dich!»

Und damit brach er zum Feldzug gegen die Deutschen auf, auf welchem er ihnen binnen eines Jahres hundertsechsundsiebzig Burgen entriß und ihre Länder verheerte und verwüstete, bis endlich König Ferdinand die Sonne und den Mond von der Kugel Sultan Süleymans wieder herunterholen ließ und mit dem Sultan Frieden schloß.

Çelebi Evliyâ, 1665

Gang durch die Katakomben

Es war ein düster großartiger Anblick, wie wir so dastanden vor dem starren Ruinengewirre und der Lichtblick unserer Fackeln auf dem Granit der Mauer und auf den alten braunen Sargbrettern glänzte – und wie weiter zurück zwischen den Brettertrümmern heraus Finsternis glotzte, und sich unsre Phantasie hinter ihr dieselbe Bevölkerung von Toten vorstellen mußte, immer fortgesetzt und immer fortgesetzt – liegend in der eisernen Nacht, bis einmal diese vorderen zerstäubt sind und wieder ein anderes Jahrhundert und eine andere Hand das fernere Gewölbe erbricht und die Schläfer dem Lichte der Fackeln bloßlegt, so wie diese da in dem der unsern düster glänzen.

Es war einleuchtend, daß dieses System von Gewölben, wie weitläufig es auch sein möge, doch einmal angefüllt werden müßte, an welchem Tage sich dann die Gruft von St. Stephan auf immer schloß – daß es nur die Mächtigsten und Reichsten sein können, die wir da in dieser Zerwürfnis und schnöder Verlassenheit liegen sehen, und dieser Gegensatz machte die Szene noch tragischer und all den Flitter noch erbärmlicher, um den wir gewohnt sind, die andern zu beneiden. Ein Stück Vergangenheit und Weltgeschichte halfen die da bauen, welche da vor uns liegen. Vielleicht sind Helden darunter, ein Todesblick für Feinde; vielleicht sanfte Künstler, die den Himmel des Schönen in ihrer Brust trugen, nicht daran denkend, wie schnöde die Wohnung dieses Himmels einst herumgeworfen werde – vielleicht schöne Frauen und Jungfrauen, deren Auge die Seligkeit der Liebe in andrer Herzen strahlte, und um die der schwärmende, wahnsinnige Jüngling seinen Leib dahin vorausschleuderte. Wie sie nun auch liegen: – vorübergegangen ist der Traum, und beide sind sie eine wertlose Masse — vielleicht liegen auch solche da, deren Glieder Samt und Purpur deckte, auf deren Wimper tausend Augen blickten, ob sie freundlich zucke oder zürne, die aus Gold und Silber aßen, jedes Rauhe und Ekle von sich fernehielten, und nun selber ärmer und ekler sind als das Tier des Berges, welches in die Felskluft stürzte und dort in der Mittagssonne dörret und von den Winden der Nacht getrocknet wird. — Sie alle mühten sich, erwarben, verzehrten, arbeiteten, stiegen empor, verrichteten Taten, die tausend Arme regten sich täglich, die Seelen dachten, die Herzen glühten in Wunsch und Begierde oder in Befriedigung und Triumph, die Leidenschaften kochten und kühlten sich – nun ist alles vorüber, und von dem Gebirge von Arbeiten aus dem Leben dieser ist nur ein Blatt Geschichte übriggeblieben, und selbst dieses Blatt, wenn die Jahrhunderte rollen, schrumpft zu einer Zeile ein, bis auch endlich diese verschwindet und die Zeit gar nicht mehr ist, die den darin Lebenden so ungeheuer und so einzig herrlich vorgekommen.

Adalbert Stifter, 1844

Stephans-Turm

Abend. Die sich in immer dunklere Schatten einspinnende Welt. Nur noch die Spitze des Stephans-Thurmes im Licht der sinkenden Sonne glühend, als ob die Glut aller Andächtigen, die am Tage darin gebetet, sich zum Strahl verdichtet hätte und zum Himmel empor flammte.

Friedrich Hebbel, 1853

DIE HOFBURG

Eine stattliche alte Residenz

Von dem Neubau der Reichskanzlei sticht die altersgraue kaiserliche Burg ab; dies spricht für den kaiserlichen Stolz, der eine stattliche, alte Residenz einem neuen Palaste vorzieht. Das Innere der Burg ist prachtvoll, und der Prunk eines nahezu sechs Jahrhunderte regierenden Herrschergeschlechtes ist an den Uniformen und der Lebensführung des Hofes zu merken. Die Grenadierhauptwache mit vier Geschützen befindet sich im Burghofe, vor dem Eingang zu den kaiserlichen Gemächern. Eine doppelte, edel geschwungene Freitreppe führt zum ersten Vorraum, in welchem sich deutsche und ungarische Leibgarden aufhalten. Die ersteren sind österreichische Stabsoffiziere, sie tragen rote Röcke, weiße Hosen und goldverbrämte Dreispitze. Die ungarische Garde glänzt in roter Husarenuniform mit Tigerfellüberwürfen, Kalpkas aus Zobelfell, sie schimmert von Gold- und Silberstickereien und ist zweifellos die prächtigste Leibwache der Welt. Sie wird aus fünfzig ungarischen Adeligen im Range von Oberleutnants formiert und von dem Gardekapitän befehligt.

Aus diesem prunkvollen Vorraum kommt man in einen Saal mit schwarz und gelb gekleideten Lakaien, ein Kostüm, welches die Mitte zwischen alter spanischer und deutscher Tracht hält. Nun betritt man den Audienzsaal und dann einen Raum, welcher den kaiserlichen, in rote, silbergestickte Fräcke gekleideten Edelknaben zum Aufenthalte dient. Sodann gelang man in die Kammerherrenstube, wo immer zwei Dienstkämmerer anwesend sind, die rechts hinten den goldenen Kammerherrenschlüssel tragen. Der von dem kaiserlichen Hof entwickelte Glanz kann daraus ermessen werden, daß der Kaiser über fünfundzwanzig Leibkutscher, fünfzig Leiblakaien und fünfundzwanzig Leibkammerdiener verfügt.

Charles Sealsfield, 1828

Mode am Hofe

Bei Hof war ich noch nicht, da ich bis jetzt auf meine Roben warten mußte; ohne sie kann man der Kaiserin nicht seine Aufwartung machen. Schließlich zwängte man mich in ein Kleid, das tief dekolletiert war, das aber die Figur betonte – vielleicht war es deshalb so unbequem. In diesem Zusammenhang möchte ich Dir Einiges über die Mode hier erzählen. Sie ist aufwendiger als Du Dir vorstellen kannst und steht zu allem bisher Gesehenem in scharfem Kontrast:

Auf dem Kopf haben sie einen Aufbau aus Drahtgeflecht, fast einen Meter hoch, der mit Bändern befestigt ist. Darüber wird das eigene Haar gekämmt zusammen mit Füllhaar, wie Du es von den englischen Melkermädchen kennst. Wenn der Kopf mit diesem Haaraufbau dann so groß ist, daß er kaum in einen normalgroßen Eimer paßt, dann gilt das hier für besonders schön. Um das falsche Haar zu verdecken, kommt Puder drüber, und drei oder vier Reihen lange Nadeln werden hineingesteckt; oft stehen sie eine Handbreit vor und sind mit Perlen, roten, grünen und gelben Steinen und Diamanten besetzt. Es gehört viel Geschicklichkeit dazu, mit dieser schweren Haartracht aufrecht zu gehen und im Mai unter den Girlanden zu tanzen.

Die steifen Krinolinen aus Walknochen übertreffen die unseren um Einiges im Umfang. Wie Du Dir sicher vorstellen kannst, unterstreicht diese ungewöhnliche Kleidung und Haartracht nur die von Gott und der Natur mitgegebene Häßlichkeit.

Lady Mary Wortley Montagu, 1716

Maria-Theresia und Joseph II, 1766

Mein lieber Herr Sohn.

(...) Hüte Dich wohl, Dich in Böswilligkeiten zu gefallen. Dein Herz ist noch nicht böse, aber es wird es werden. Es ist hohe Zeit, nicht an all diesen Wortspielen, diesen geistreichen Redensarten Gefallen zu finden, die nur darauf abzielen, die anderen zu demütigen und sie lächerlich zu machen; dadurch entfremdet man sich alle anständigen Leute und macht sie glauben, daß das menschliche Geschlecht nicht verdient, geschätzt zu werden, während man doch durch seine eigene Handlungsweise alles, was gut ist, entfernt und sich bloß die Schurken, die Nachahmer und schmeichlerische Bewunderer seiner eigenen Talente erhalten und ihnen allein die Pforte geöffnet hat. (...)

Nach dieser langen Predigt, die Du meinem Herzen verzeihen wirst – liebe ich Dich und meine Länder doch allzu innig –, will ich Dich mit all Deinen Gaben und Annehmlichkeiten einem Vergleich unterziehen. Du bist eine Kokette des Geistes, und wo Du diesen zu finden glaubst, läufst Du ganz urteilslos hinterher. Ein Wortspiel, ein besonderer Satz beschäftigt Dich, Du magst sie in einem Buche lesen oder von irgend jemand hören. Dann wendest Du sie bei der ersten Gelegenheit an, ohne recht zu überlegen, ob sie auch wirklich passen, ungefähr so wie Deine Schwester Elisabeth mit ihrer Schönheit. Sie mag nun dem Schweizer oder dem Fürsten gefallen, sie ist damit zufrieden und hegt kein anderes Verlangen.

Indem ich diesen Brief schließe, nehme ich Dich beim Kopf, umarme Dich zärtlich und wünsche, daß Du mir die

Langeweile dieser üblen Reden verzeihen mögest; sieh nur auf das Herz, aus dem sie hervorgehen. Ich wünsche ja nichts, als Dich von aller Welt so geschätzt und geliebt zu sehen, wie Du es verdienst.

Ich bleibe immer
Deine gute alte Mutter

[Joseph an Maria Theresia]
Ich bin durchdrungen von Ihrer Güte, und ich fühle wohl, daß es sehr sanfte Rutenstreiche sind, mit denen Sie mich schlagen. Sie werden aber von Ihrem unvergleichlichen Mutterherzen geführt, und ich küsse Ihnen dafür demutsvoll die Hände. Glauben Sie nicht, daß das keine Wirkung hervorbringe. Ein Herz wie das meinige, eine so gefühlvolle Seele ist mehr durch die Umarmung gerührt, mit welcher Sie einen Sohn beehren, den Sie in diesem Augenblick derselben unwürdig glauben, als wenn sie von der schrecklichsten Strafe oder Drohung gefolgt wäre.

Das Toleranzedikt

Bis nun war die evangelische Religion in meinen Staaten niedergedrückt, ihre Bekenner wie Fremde behandelt, bürgerliche Rechte, der Besitzstand von Gütern, Würden und Ehrenstellen, alles war ihnen geraubt. Schon beim Anfang meiner Regierung war ich entschlossen, das Diadem mit der Liebe meines Volkes zu zieren, Grundsätze in dem Verwaltungssystem zu äußern, die ohne Unterschied großmütig und gerecht wären; dem zur Folge erließ ich die Duldungsgesetze und nahm das Joch hinweg, welches die Protestanten Jahrhunderte gebeugt.

Der Fanatismus soll künftig in meinen Staaten nur durch Verachtung bekannt sein, die ich dafür habe. Niemand werde mehr seines Glaubens wegen Drangsalen ausgesetzt, kein Mensch müsse künftig genötigt sein, das Evangelium des

Staates anzunehmen, wenn es wider seine Überzeugung wäre und wenn er andere Begriffe von der Glückseligkeit habe.

Die Toleranz ist eine Wirkung jener wohltätigen Aufklärung, die nun Europa erleuchtet, die die Philosophie zum Grund und große Männer zu Stiftern gehabt hat. Sie ist ein redender Beweis von den Fortschritten des menschlichen Geistes: der durch die Macht des Aberglaubens sich kühn einen Weg gebahnt, welchen Jahrtausende vorher die Zoroaster und Confuze gewandelt, und der zum Glück der Menschheit zur Heerstraße der Monarchen geworden.

Joseph II., 1781

Revolution 1848

Übrigens war es die lustigste Revolution, die man sich denken kann. Vom schönsten Frühlingswetter begünstigt, bewegte sich die ganze Population den Tag über auf den Straßen. In die Nähe der kaiserlichen Burg angekommen – die indessen mit Militär und Kanonen besetzt worden war – erhob die Menge ein lautes Jubelgeschrei, so daß die im Innern Abgeschlossenen jeden Augenblick glaubten, es gehe an ihr Leben, und alles bewilligten, was einzelne Unverschämte, die sich als Deputierte darstellten, nur irgend zu begehren Lust hatten. Überhaupt war es Mode geworden, daß Jeder dem es beliebte in die Burg Einlaß begehrte, dort in den Tisch schlug und den Erzherzogen Grobheiten sagte.

Am ernsthaftesten, aber freilich auch am absurdesten nahmen es die Studenten, die sich als die Helden der Bewegung betrachteten. Da man mit Erteilung der Konstitution zögerte, wollten sie die Burg stürmen. Sie dachten dabei weniger an den Sieg als an die Ehre für die Freiheit zu sterben. Sie stritten sich um den ersten Platz beim Angriff. Ich habe mich überzeugt, daß die Jüngern und Schwächern begehrten vorangestellt zu werden, damit wenn sie erschossen wären, die Ältern und Stärkern sich auf die Kanonen werfen könnten, ehe man noch Zeit hätte, wieder zu laden. Ein nichts weniger als aufgeregter Professor sagte mir: ich bin überzeugt, sie nehmen die Burg ein. Endlich erschien das Versprechen einer Verfassung. Der Kaiser fuhr durch die Stadt. Jubel, Vivats, Anhänglichkeit, Liebe, Treue wie überall, und zwar aus reinem Herzen.

Franz Grillparzer, 1848

Die sozialen Gewohnheiten unserer Aristokraten

Nach Weihnachten wird die Reise nach Wien angetreten und es beginnt nunmehr der bedeutungsvollste Jahresabschnitt. Die Ereignisse dieser Epoche bestehen in Bällen, Soiréen von mannigfacher Abstufung, hie und da in Dilettanten-Vorstellungen, im Besuche der Theater, in Reiten, Prater-Fahrten, Schlittschuhlaufen und im Wettrennen: lauter Dinge, die mit dem grössten Ernste betrieben werden. (...)

Dies Programm füllt, wenn wir von einigen Ausnahmen absehen, Jahr um Jahr das Leben unserer Aristokraten aus, absorbiert ihr Sinnen und Trachten und zwar in solchem Maße, dass in der Mehrzahl derselben kaum eine Ahnung von den grossen Bestrebungen, Kämpfen und Erfolgen der andern Stände auftaucht! Und wenn auch irgend ein grösseres Ereigniss diese Gesellschaft für ein Moment aufrüttelt, so lässt sie doch sicher schon das nächste Moment in die altgewohnte Lebensweise zurücksinken und bringt ihnen das Bewusstsein zurück, dass sie ein grosses bedeutungsvolles Leben führen, dass sie «die Gesellschaft» sind.

Und würde dieses Programm eines ebenso flachen als den grossen Zielen der Gegenwart entfremdeten Lebens doch zum mindesten mit Eleganz und Anmut durchgeführt! Aber auch in dieser Beziehung bieten sich in neuerer

Zeit dem Beobachter sehr unerfreuliche Erscheinungen dar. Der österreichische Adel im Allgemeinen und insbesondere die Wiener Gesellschaft waren noch vor kurzem wegen ihres durchgängig vornehmen Wesens und des guten Tons, der in ihren Kreisen herrschte, allenthalben rühmlichst bekannt. Die Aristokraten der ältern Schule, von denen wir noch einige, wie Überreste aus einer andern Zeit, in der heutigen Gesellschaft herumwandeln sehen, waren zumeist oberflächliche, kenntnisslose, nicht selten leichtsinnige Leute; aber sie zeichnete durchwegs eine gewisse Noblesse im Benehmen aus. Von den jetzigen Aristokraten, insbesondere von dem jungen Nachwuchs kann man nun selbst dies nicht mehr so rückhaltlos sagen. Sie haben viele alte Gewohnheiten, tausend Rücksichten, die man früher für den Stand und für die Familie nahm, vor allem die guten Manieren der Vergangenheit als unbequem abgestreift, ohne an deren Stelle auch nur irgend welche andere Vorzüge zu setzen. Der unbefangene Beobachter wird sogar an einem Teile unserer jüngeren Adeligen mit Staunen ein Benehmen wahrnehmen, das mit keinem andern Ausdrucke als dem der vollendetsten Lümmelhaftigkeit bezeichnet werden kann, ein Benehmen, das dieselben überdies sichtbar nur mit der allergrössten Mühe sich aneignen und zu einer gewissen Virtuosität auszubilden suchen.

Die Ideale hiefür sind der sogenannte Fiakerton, oder gar die Sporting-Charakter-Manieren, deren eigentliches Wesen in nichts anderem, als in einer grenzenlosen Rücksichtslosigkeit und in der Nichtachtung jeder geselligen Form besteht, und deren einziger Vorzug es ist, über die Schwierigkeiten des gesellschaftlichen Lebens ohne Geist und Bildung sich hinaus zu helfen. Dank der grossen Mühe, welche manche junge Herren auf das Studium dieser Manieren verwenden, werden dieselben hierin nur selten noch von Stallburschen oder Jokeys übertroffen.

Kronprinz Rudolf, 1878

Ein großes Gehäuse

Daß Ulrich sich wirklich entschloß, dem Grafen Stallburg seine Aufwartung zu machen, hatte unter verschiedenen Gründen nicht zuletzt den, daß er neugierig geworden war.

Graf Stallburg amtierte in der kaiserlichen und königlichen Hofburg, und der Kaiser und König von Kakanien war ein sagenhafter alter Herr. Seither sind ja viele Bücher über ihn geschrieben worden, und man weiß genau, was er getan, verhindert oder unterlassen hat, aber damals, im letzten Jahrzehnt von seinem und Kakaniens Leben, gerieten jüngere Menschen, die mit dem Stand der Wissenschaften und Künste vertraut waren, manchmal in Zweifel, ob es ihn überhaupt gebe. Die Zahl der Bilder, die man von ihm sah, war fast ebenso groß wie die Einwohnerzahl seiner Reiche; an seinem Geburtstag wurde ebensoviel gegessen und getrunken wie an dem des Erlösers, auf den Bergen flammten die Feuer, und die Stimmen von Millionen Menschen versicherten, daß sie ihn wie einen Vater liebten; endlich war ein zu seinen Ehren klingendes Lied das einzige Gebilde der Dichtkunst und Musik, von dem jeder Kakanier eine Zeile kannte: aber diese Popularität und Publizität war so über-überzeugend, daß es mit dem Glauben an ihn leicht ebenso hätte bestellt sein können wie mit Sternen, die man sieht, obgleich es sie seit Tausenden von Jahren nicht mehr gibt.

Das erste, was nun geschah, als Ulrich zur kaiserlichen Hofburg fuhr, war, daß der Wagen, der ihn dahin bringen sollte, schon im äußeren Burghof anhielt, und es begehrte der Kutscher abgelohnt zu werden, indem er behauptete, daß er zwar durchfahren, aber im inneren Hof nicht stehenbleiben dürfe. Ulrich ärgerte sich über den Kutscher, den er für einen Schwindler oder einen Hasenfuß hielt, und suchte ihn anzutreiben; aber er verblieb ohnmächtig gegenüber dessen ängstlicher Weigerung, und plötzlich fühlte er in ihr die Ausstrahlung einer Gewalt, die mächtiger war als er. Als er den inneren Hof betrat, fielen ihm darauf die zahlreichen roten, blauen, weißen und gelben Röcke, Hosen und Helmbüsche sehr in die Augen, die dort steif in der Sonne standen wie Vögel auf einer Sandbank. Er hatte bis dahin «Die Majestät» für eine bedeutungslose Redewendung gehalten, die man eben noch beibehalten hat, geradeso wie man ein Atheist sein kann und doch «Grüß Gott» sagt; nun aber strich sein Blick an hohen Mauern empor, und er sah eine Insel grau, abgeschlossen und bewaffnet daliegen, an der die Schnelligkeit der Stadt ahnungslos vorbeischoß.

Er wurde, nachdem er sein Begehren angemeldet hatte, über Treppen und Gänge, durch Zimmer und Säle geführt. Obgleich er sehr gut gekleidet war, fühlte er sich dabei von jedem Blick, dem er begegnete, vollkommen richtig eingeschätzt. Kein Mensch schien hier daran zu denken, geistige Vornehmheit mit wirklicher zu verwechseln, und es verblieb Ulrich keine andere Genugtuung als die durch ironischen Protest und bürgerliche Kritik. Er stellte fest, daß er durch ein großes Gehäuse mit wenig Inhalt gehe; die Säle waren fast unmöbliert, aber dieser leere Geschmack hatte nicht die Bitterkeit eines großen Stils; er kam an einer lockeren Folge einzelner Gardisten und Diener vorbei, die einen mehr unbeholfenen als prunkvollen Schutz bildeten, den ein halbes Dutzend gut bezahlter und ausgebildeter Detektive wirkungsvoller besorgt hätte; und vollends die wie Bankboten grau bekleidete und bekappte Dienerart, die sich zwischen den Lakaien und Garden umtrieb, ließ ihn an einen Rechtsanwalt oder Zahnarzt denken, der Büro und Privatwohnung nicht genügend trennt. «Man fühlt deutlich hindurch,» dachte er «wie das als Pracht dereinst biedermeierische Menschen eingeschüchtert haben mag, aber heute hält es nicht einmal den Vergleich mit der Schönheit und Annehmlichkeit eines Hotels aus und gibt sich darum recht schlau als vornehme Zurückhaltung und Steifheit.»

Robert Musil, 1931

In der Schatzkammer

Das erschütternde Bild der Reichskleinodien ist nicht ohne Ursache das Herz der Hofburg. Schon der Anblick der Wiege des Königs von Rom, die ja auch eine Beziehung zum Imperium Romanum darstellt, bewegt das Gemüt; die napoleonischen Bienenmuster auf der Schmuckkassette der Marie-Louise beschwören das Bild des lateinischeren Antipoden der deutsch-römischen Wiener Kaiserwürde – das Bild Bonapartes. Aber wie erbebt erst das Herz, sobald die Insignien des alten deutschen Kaisertums im Blick stehen: die tausendjährige Krone, die über ihren Perlen das Kreuz trägt; der mit dem Kreuz ausgezeichnete Reichsapfel aus dem zwölften Jahrhundert – einer großen Zeit deutscher Geschichte; das silberne und das goldene Szepter – beide mit der Würde, dem Ernst, dem Tiefsinn des Mittelalters beschwert! Im Augenblick dieser Dinge, im Anblick des Krönungsmantels, den das zwölfte Jahrhundert gebildet hat, und der Kaiserstola aus dem vierzehnten Säkulum; im Anblick des Säbels, den Karl der Große, wie die Überlieferung will, vom Kalifen Harun al Raschid zum Geschenk empfing, des Säbels, mit dem er Ritter schlug; im Anblick der Kaisermäntel, der Königsmäntel, der Ordensmäntel, der Normannenmäntel, der gestickten Erbländerwappen aus Tirol, aus Lothringen, aus Niederland, aus der Lombardei und aus Venetien, aus Österreich selbst; im Hinschauen auf die Figuren der Könige David und Salomon an der Kaiserkrone, in der Wahrnehmung aller dieser tief erregenden Dinge, die der Inhalt der weltlichen Schatzkammer sind, werden spätere politische Unterscheidungen sekundär. Hier ist die symbolische Konzentration deutscher Geschichte.

Wilhelm Hausenstein, 1932

Zwei Millionen Bücher

Ein Nebentrakt der alten Hofburg ist ihre Herberge. Welcher wundervolle graue Barockbau auf dem stillen Josephsplatz! Wie vorzeitnobel dieses symmetrische Viereck mit den reingefegten Pflasterbuckeln!

Kühler Feudalhauch weht aus dem Vorraum, aus Zimt und Lack gemengt, der gewisse Duft parkettierter Säle, den das Belvedere, das Burgtheater und die vornehmen Regierungsbauten ausstrahlen.

Ein alter Diener im Amtskleid, Typus: Logenschließer (er hat Erzherzogen aus dem Mantel geholfen), nimmt mir die Garderobe ab und verabreicht mir dagegen eine numerierte Blechmarke; ohne die gibt's oben keinen Sitzplatz!

«Wieviel bin ich schuldig?»

Oh, nichts natürlich! Der Staat legt auf den Bildungshunger keine Steuer. Und dann ist man ja gewissermaßen noch immer beim Kaiser zu Gast...

Die breite weiße Fürstentreppe hinan! An jeder Biegung ein schwarzer Laternenaufsatz. Deckengemälde.

Vorraum zwei. Diener huschen auf leisesten Sohlen, das Parkett knarrt störungsängstlich, diskret.

Ich blättere in faustdicken Katalogen. Nichts zu finden! Ja, sagt man, sie sind ja nur für die Handbibliothek. Ich möge also Titel, Verlagsart und Autor des gewünschten-Werkes auf einen Zettel schreiben. Jedoch bei diesen verräumten Büchern heißt es natürlich, sich ein, zwei Tage gedulden. Außer der Herr Direktor...

Der Herr Direktor – sehr gut, wozu bin ich selber Mann der Feder? Ich lasse mich bei ihm anmelden. Als ich des munteren, etwa fünfunddreißigjährigen und poetisch frisierten Herrn ansichtig werde, geht mir rasch ein Stück österreichischer Literaturgeschichte durch den Kopf. Direktor der Hofbibliothek – hat nicht Franz Grillparzer beinah sein Lebtag lang in Ministerialvorzimmern herumgestanden, um diese Stelle zu bekommen? War er wegen dieses äußersten, tiefst erflehten Lebensziels, das ihm endlich Schaffensruh' vergönnen sollte, nicht zweimal bei Sr. Majestät Franz I. in Audienz und beide Male vergeblich, da er durch sein heidnisches, romfeindliches Gedicht über die Ruinen des Campo vacino und hernach durch seine Ode auf die Genesung des Thronfolgers (Ferdinand des Gütigen) den höfischen Takt verletzt hatte?

Der blonde helläugige Mann hier war in der Bewerbung glücklicher. O bitte, natürlich, sofort, sagt er, als ich ihm mein Ansuchen vortrage, und steckt mir zugleich einen Widmungsband seiner soeben erschienenen Novellen in die Tasche.

Ich suche mit ihm gemeinsam in großen Verzeichnisbüchern und schreibe die Daten auf ein kleines vorgedrucktes Papier.

«Kann ich auf das Buch warten?»

Nein, leider, das geht nicht. Nämlich: in den Kellermagazinen, die sich bis zur Bräunerstraße hinüber erstrecken, sind nahezu zwei Millionen Bücher untergebracht, sage und schreibe: Millionen zwei – ich müßte doch erst den Zettel einem Diener übergeben und am nächsten Tage wiederkommen.

Zwei Millionen, ich kann es noch immer nicht fassen. Mir fällt ein, daß ich schon in der Jugend davon hörte, mit welchen fabelhaften Werten die innere Stadt unterkellert sei, auf welchem dreifach symbolischen Weihegrund sie ruhe: Die Katakomben von St. Stephan mit Urvätergräbern und Heiligengebeinen, die Weinkellereien des Rathauskellers und die Bücher der Hof- und Universitätsbibliothek unterminieren die ganze Stadt. Der Punkt, wo Wein, Buch und Glaube in einem Kreuzgang zusammenstoßen, dürfte der Schwerpunkt Wiens sein... Ein wunderbares Oberweltgefühl!

Am nächsten Tag erscheine ich wieder.

«Bitte?»

«Lichtenbergs ausgewählte Werke. Der Direktor hat persönlich den Zettel abgegeben.»

Der Diener sucht unter den Papierschnitzeln, und ein zweiter hilft ihm, ein dritter steckt den Kopf über beide. Dann, sich an den nächsten Petenten wendend und ohne mich anzusehen, spricht der erste: «Nix is. Der Zettel is in Verlor gangen.»

Kein Wort sonst.

Ich steige die prachtvolle Barocktreppe hinab und beneide einen Augenblick lang Lichtenberg um seine unzugängliche Ruhestatt: hundert Klafter tief unter Wien, zwischen Gumpoldskirchner und Heiligenknochen.

Anton Kuh, 1931

Frauenkarussell

Den 2. Januar ward bei Hof das von I. M. bis anhero aufgeschobene Frauenkarussell sehr prächtig gehalten. (...) Jedermann verwunderte sich, daß alles hierbei so ordentlich und ohne einigen widrigen Zustoß abgeloffen, da doch die Frauen und Hof-Dames, so zu Pferd und in Birocci mitgerennet, sehr wenige Zeit sich zu exerzieren gehabt und sonderlich das reutende Frauenvolk mit schlechten und kaum zur Promenade, geschweige zu dergleichen Exerzitien abgerichteten Pferden versehen gewesen. Überhaupt war das Spektakul seiner Seltsam- und Neuigkeit halber würdig anzusehen; es mangelte auch nicht an Magnificence, obschon die Enge des Raumes in der gedeckten Reutschul solche in vielen verhinderte und sonderlich das Karussell in denen Biroccien nicht recht placieren kunnte. I. M. hatten von darummen hauptsächlich darmit also geeilet, weilen sie bereits einige Zeichen eines abermal gesegneten Leibes gespüret, so auch bald darnach deklarieret wurde; diesen Umstand suchte man freilich zu Vermeidung unnötiger

Glossierungen bestmöglichst ingeheimzuhalten; allein gleichwie derlei Secreta, absonderlich bei Hof, sehr schwer Platz greifen, so geschah es auch in dieser Gelegenheit, und fanden sich viele Leute, die denen Medicis (...) sehr übl genommen, daß sie durch ihre Vorstellung die Sach nicht verhindert haben. (...) Übrigens war doch dieses noch gut hierbei, daß die Königin weiberisch geritten, worbei noch weniger Gefahr und Anstößigkeit supponieret. Die einzige verwittibte Gräfin von Nostitz ritt ebenfalls gleich I. M. weiberisch, die andere aber, Frauen und Fräulein, waren nach Männerart placieret, worüber es ebenfalls an Remarken nicht fehlete.

Johann Joseph Khevenhüller, 1743

Majestät der Kreatur

Aber das hier, wo die zauberhaften Schimmel im Festsaal Karls VI., der noch immer regierenden, noch immer den Huldigenden gnädig dankenden Majestät, die feinen Gelenke, die schlanke Kraft ihrer untadeligen Körper bewegen nach den Takten Mozarts, Chopins, des Walzerkönigs? Welcher Ernst des Tanzes! Welche Sammlung der Anmut: Und welches Entschwinden des verkleideten Reiters ins Unpersönliche der keine andere Bestimmung hat als die Darstellung der vollkommenen Kreatur in ihrer schmalen Fülle: Kein Rückblick! Keine Sehnsucht! Besser die Erschütterung unter untragbarer Dissonanz. Und dann vor dem Einschlafen – und wieder und wieder im Traum – die feinen Gelenke, die sorgsam-spielerisch sich hebenden Hufe, der verhaltene Klang, die ernsten nickenden Häupter und wehenden Schweife, die sich aufrichtende Majestät der Kreatur, der Zweispitz an ausgerecktem Arm vor der gnädigen Kaiserlichen Majestät. Spanische Formstrenge vermählt sich österreichischer Anmut. Nur wer in der Arena und in der Reitschule zugleich beheimatet wäre, würde Spanien ein wenig näherkommen: dort verwickelt sich das Pferd verzweifelten Hufschlags in sein Gedärm; hier bewegt es sich im Triumphe seines Schritts, seiner tänzerischen Kraft, schönste Huldigung vor der Majestät.

Reinhold Schneider, 1958

Ostern auf dem Heldenplatz

Am Karsamstag pflegte mich mein Vater bereits um drei Uhr nachmittags auf den äußeren Burgplatz zu führen. (...)

Um Schlag vier, wenn die Uhr im inneren Burghof das Zeichen gab und die Türme des Rathauses, der Minoriten, von St. Michael und von den Augustinern feierlich Antwort geklungen hatten, begann dann die Auferstehungszeremonie in der Hofburgkapelle; die Ehrenkompanie, die beim Denkmal des Napoleonbezwingers in Paradeuniform mit Eichenlaub auf den Tschakos aufgestellt war, gab auf Signale, die sie aus einem Fenster der Hofburg empfing, zu den Höhepunkten der heiligen Handlung Generaldechargen ab, und die unzähligen Hunde aller Rassen und Größen, welche die Rasenfläche des Heldenplatzes schon damals mit ihrem kunterbunten Liebesleben zu bevölkern pflegten, quittierten diese Gewehrsalven mit einem vielstimmigen Gebelle und Geheule.

Anton Wildgans, 1928

JOHANN
STRAUSS

DIE RINGSTRASSE

Vielleicht im Jahr 2440

Ein unfehlbares Mittel, Wien mit Paris und London in eine Reihe zu bringen, ja es sogar über diese beiden prächtigen Mitbewerberinnen zu erheben, wäre die Durchführung des folgenden Planes, dessen Verwirklichung vielleicht das Jahr 2440 erleben wird, wenn der tätige und außerordentliche Geist des Kaisers es anderen überläßt, ihn auszuführen und sich nicht selbst daran wagt. Man müßte nach Niederlegung der Befestigungswerke die Vorstädte mit der eigentlichen Stadt vereinigen. Die niedergelegten Festungswerke könnten, gleich den Boulevards in Paris, der Verschönerung der Stadt dienen und in einen Spaziergang verwandelt werden, der seinem Vorbilde weitaus überlegen wäre. Eine steinerne Brücke müßte die Leopoldstadt mit der Inneren Stadt verbinden, und zu beiden Seiten des Donauarmes sollten Kaibauten errichtet werden. Auf der Brücke stelle man die Reiterstatue Maria Theresias auf, so wie man sie bei ihrer Krönung in Ungarn erblickte.

Die Vereinigung mit den Vorstädten würde die Möglichkeit bieten, eine bedeutend größere Einwohnerzahl als die jetzige bequem unterzubringen. Dann könnten zur Verbreiterung von Nebengassen zahlreiche Häuser niedergerissen werden, so daß die auf den öffentlichen Plätzen flutende Volksmenge sich leichter in der Stadt verteilen könnte.

Johann Graf Fekete de Galantha, 1787

Es ist Mein Wille...

Lieber Freiherr von Bach! Es ist Mein Wille, daß die Erweiterung der inneren Stadt Wien mit Rücksicht auf eine entsprechende Verbindung derselben mit den Vorstädten ehemöglichst in Angriff genommen und hiebei auch auf die Regulierung und Verschönerung meiner Residenz- und Reichshauptstadt Bedacht genommen werde. Zu diesem Ende bewillige Ich die Auflassung der Umwallung der Fortifikationen der inneren Stadt sowie der Gräben um dieselbe.

Mit (...) der Ausfüllung der Stadtgräben ist in der Art zu beginnen, daß längs dem Donaukanale ein breiter Quai hergestellt und der vom Schottentore bis zum Volksgarten gewonnene Raum teilweise zur Regulierung des Exerzierplatzes benützt werden kann.

Der Platz vor Meiner Burg nebst den zu beiden Seiten desselben befindlichen Gärten hat bis auf weitere Anordnung in seinem gegenwärtigen Bestande zu verbleiben.

Die fernere Erweiterung der inneren Stadt ist bei dem Kärntnertor, und zwar auf beiden Seiten desselben in der Richtung gegen die Elisabeth- und Mondschein-Brücke bis gegen das Karolinentor vorzunehmen.

Auf die Herstellung öffentlicher Gebäude, namentlich eines neuen General-Kommandos, einer Stadt-Kommandantur, eines Opernhauses, eines Stadthauses, dann der nötigen Gebäude für Museen und Galerien ist Bedacht zu nehmen und es sind die hiezu bestimmten Plätze unter genauer Angabe des Flächenmaßes zu bezeichnen.

Um die innere Stadt soll ein Gürtel in der Breite von mindestens 40 Klaftern, bestehend aus einer Fahrbahn mit Fuß- und Reitwegen zu beiden Seiten, auf dem Glacisgrunde in der Art angelegt werden, daß dieser Gürtel eine angemessene Einfassung von Gebäuden abwechselnd mit freien, zu Gartenanlagen bestimmten Plätzen erhalte.

Franz Joseph, 25. 12. 1857

Sehr lieblich

Die Ringstraße nimmt sich an lauen Wintertagen sehr lieblich aus. Auf den Trottoirs spazieren viele Damen und Kinder im Sonnenschein; auf dem Fahrwege rollen in ihren blanken Geleisen die klingelnden Pferdebahnwagen, und räderblitzende Fuhrwerke fliegen an ihnen vorbei. An den heiteren Gebäuden öffnen sich schüchtern die Fenster, welche den ganzen Winter geschlossen waren; farbige Teppiche und Decken hängen zum Lüften heraus und an den Scheiben bewegt sich das emsige Wischtuch zum Klären. Je später es nach Mittag wird, desto mehr bevölkert sich die schöne Straße; Reiter kommen angetrabt; rote, blaue, weiße und grüne, goldverbrämte Offiziere zeigen sich und ihre Säbel zwischen den schwarzen, braunen und grauen Steuerzahlern; das Gedränge wird immer dichter; und manchmal wird ein ganzes Rudel Pensionsmädchen paarweise in langer Reihe spazieren geführt, alle gleich gekleidet.

Johannes Ziegler, 1897

Verkleidungen

Er, Hans Makart, war das große Original in einer nicht originalen Welt. Die ganze Welt und die ganze Kunst war durch die fünfzigjähre historische Kunstentwicklung kostümiert. Es gab nichts anderes. Was blieb ihm also übrig, dem Selbstmenschen, dem Willkürlichen, dem innerlich Ursprünglichen? Er kostümierte das Kostüm. Er war stärker als die herrschende Lüge und belog sie. Er betrog den Trug. Er verkleidete die Dinge ineinander, indem er einem Ding die Farbe eines anderen gab. Seine Kürbisse sehen aus wie getriebenes Goldgerät, seine Meeresbrandung wie Schwärme von Perlmuttmuscheln, sein Wald wie altersbraunes Tropfgestein und silberschimmerndes Korallengezweig, seine Vögel wie Schmucksachen für Giganten, seine Menschen wie Arabesken, die lachen und umarmen können und sich in verliebten Anspielungen auf die schönsten Wienerinnen und ihre abenteuerlichsten Abenteuer bewegen. Und auch die Nacktheit war, wie alles Makartische, ein Phantasiekostüm: Traum, Schaum, Seifenblase. Der Traum der Sehnerven, das ist ja Makarts ganzes Werk.

Ludwig Hevesi, 1906

Vom südlichen Winde erregt

Je näher der Frühlingsstimmensammler der Stadt kommt, desto größere Kreise sind vom südlichen Winde und der Sonne erregt, und wenn man erst gar auf jener wunderschönen, breiten, monumentalen Straße steht, die den Vorort von der inneren Stadt trennt, auf jener einzigen Straße, die wie ein See ist, dessen jenseitiges Ufer man an klaren Tagen sucht, vollzieht sich in den Nerven eine süße Begebenheit.

Der Schritt wird langsamer, ja, man steht still und atmet. Atmet angesichts der eleganten Straße, die sich jenseits auftut, atmet das Aufflammen hoher Caféhausfenster, die eine ganze Front entlang hüpfen.

Die gewölbten Kuppeln der vielen Kirchen wölben die Brust, und ein langer Atemzug wie viele ferne geläutete Glocken strömt heraus.

Die ersten Inseln wahrhaft vornehmer Menschen bringen den Duft ihrer Kleider über den See herüber.

Man weiß, daß sie jetzt alle in die Stadt geeilt sind, den Frühling zu sehen, der in dieser Stadt keine gewöhnliche und angenehme Jahreszeit ist, sondern eine Sehenswürdigkeit, ein Kunstwerk, ein Wunder. In die schöne blaue Straße geht man wie in einen Wald. Feierlich still ist es hier.

Die groben Fuhrwerke müssen diese Straße meiden; nur unhörbare Automobile und leichtgebaute Equipagen führen ihre reinen Gesichter hindurch.

Auf den breiten Trottoirs promeniert ein vornehmes Volk auf und ab in der geistvollen, sprechenden Monotonie des Korsos.

Die blaue Decke des Himmels macht den Raum unten so intim. Die Gespräche sind alle sordiniert, und nur für den Allernächsten bestimmt.

Keiner versucht es, ein Lachen wie einen gelben Riesenkarton durch die Reihen zu drängen.

Jedes Lächeln ist oval, im Lächeln wird das Aug' oval, und alles gleitet an dieser persönlichsten aller Kurven ab.

Es ist eine Stunde, die alle Bande ganz leise lockert: Das Weib gehört nicht ganz dem Gatten, die Geliebte nicht ganz dem Geliebten, die Kinder fühlen von der Mutter nur den Abguß ihrer Hand.

Das leise Bewußtsein eines kaum angedeuteten Wortes ist in allen. Alle sind bereit, sich dem Ersten hinzugeben, der das Meiste bietet.

Nichts soll beim alten bleiben.

Der Frühling hat sie alle in der Hand und schüttelt sie durcheinander, und verteilt an den und jenen.

Albert Paris Gütersloh, 1911

Zinshäuser

Wenn ich den ring entlang schlendere, so ist es mir immer, als hätte ein moderner Potemkin die aufgabe erfüllen wollen, jemandem den glauben beizubringen, als würde er in eine stadt von lauter nobili versetzt. In Wien verschandeln die architekten die stadt, ohne von der polizei dazu veranlaßt zu werden. Aus freien stücken. Alle größe ist dadurch aus der stadt verschwunden. Wenn ich mich bei der oper aufstelle und zum schwarzenbergplatz hinunterblicke, so habe ich das intensive gefühl: Wien! Wien, die millionenstadt, Wien, die metropole eines großen reiches. Wenn ich aber die zinshäuser am stubenring betrachte, so habe ich nur ein gefühl: fünfstöckiges Mährisch-Ostrau.

Adolf Loos, 1914

Sommertage 1939

An den Vormittagen gab ich in diesem Sommer und frühen Herbst auf einen kleinen Jungen acht. Ich holte ihn ab und ging mit ihm in den Stadtpark, wenn das Wetter schön war. Daran änderten auch der 1. und 2. September nichts, und das Wetter war schön. Seine Mutter stand in der Flurtür und schärfte uns ein, in den nächsten Luftschutzkeller zu gehen, sobald die Sirene ging. Aber sie lachte, sie glaubte nicht daran. Wenige glaubten daran, und die Sirene ging auch nicht. Das frühere österreichische Kriegsministerium ließ seine Fenster in der Sonne spiegeln, und auf seinem First stand *si vis pacem para bellum*. Vor dem Stadtpark waren die Obststände, die bald verschwinden sollten, mit Äpfeln und Birnen beladen, und auf dem Spielplatz saß auf der Bank neben mir ein Mädchen mit weißen Socken und weißen Handschuhen und las *Lederstrumpf*. Später stand dieser Tag oft in der grauen, trüben und kriegerischen Luft vor mir, und das weiße Mädchen mit dem *Lederstrumpf*buch fehlte nie darinnen. Vielleicht auch seinethalben erscheint mir dieser Tag heute noch wie der letzte Friedenstag. Und das, obwohl der Krieg für uns und viele andere, als er begann, schon eine Weile begonnen hatte. Meine Mutter hatte ihre Stellung als Schulärztin schon verloren, Praxis und Wohnung aufgeben müssen, wir waren zu unserer Großmutter gezogen, meine Schwester war mit einem der Transporte, die die Quäker für bedrohte Kinder und

Jugendliche aus Wien durchführten, am 4. Juli nach England gefahren. Der Transport ging vom Wiener Westbahnhof um die Mittagszeit, und wenn ich zurückdenke, so scheint mir dieser 4. Juli mit seiner flimmernden Hitze, seiner Hoffnung, nachzukommen, auch auszuwandern, uns wieder zu treffen in England oder Amerika, viel länger gedauert zu haben, als ein Tag dauern kann. Während der ersten Septembertage ging er zu Ende. Verdüstert hatte er sich schon kurz vorher. Obwohl ich ihr nicht angehörte und nicht angehören durfte, hatte ich, um auszuwandern, eine Genehmigung der Hitlerjugend gebraucht. Es war eine – vielleicht regionale – Bestimmung für unter 18 Jährige. An einem der letzten Augusttage ging ich hin, um mir die Genehmigung zu holen. Ich wurde in ein Zimmer gewiesen, in dem ein Junge hinter einem Schreibtisch saß, kaum älter als ich, ein Rotten- oder Gebietsführer. Er fragte mich, wofür ich die Erlaubnis wolle. Ich weiß nicht, was ich ihm darauf sagte, aber ich weiß, daß er auf meine Antwort hin aufstand und eine Weile zum Fenster hinaussah. Dann drehte er sich wieder zu mir herum und sagte: Genehmigungen werden im Augenblick nicht gegeben. Er sagte es nicht unfreundlich, nicht in dem Ton, an den wir uns bei den ziemlich einseitigen Verhandlungen mit den nationalsozialistischen Behörden inzwischen gewöhnt hatten. Er war nachdenklich, fast eine Spur ratlos, und als ich die Treppe wieder hinunterging, hatte ich das Gefühl, als hätte ich ihm eine Erlaubnis verweigert und nicht er mir.

Ich nahm es auch nicht zu ernst, und am Morgen des 1. September dachte ich am wenigsten daran, der Tag begann glücklich. Kurz vor sieben klingelte es, zwei Männer schoben einen alten Schiffskoffer in unser finsteres Vorzimmer und verschwanden ohne ein Wort. Wir hatten ihn schon lange erwartet. Ein Bruder meines Großvaters wollte ihn uns aus den Restbeständen seines Koffer- und Taschengeschäftes billig abgeben. Mein Großonkel – er hieß Julius und entging zwei Jahre später der Deportation, weil er starb – war nicht eher dazugekommen, den Koffer zu schicken. Wir schoben ihn in den fast unbewohnten Salon, und ich begann meine Bücher und alten Schulhefte hineinzuwerfen, Strümpfe, Schuhe und die Klavierschule von Bayer. Keiner von uns ahnte damals, daß er uns nie in ein fremdes Land folgen würde, sondern nur von einem unserer schwierigen und immer bedrohteren Quartiere zum nächsten.

Ilse Aichinger, 1987

Präsentable Atmosphäre

Die präsentable Atmosphäre der Logenränge und Parkettreihen in der großen Oper hauchte in mir empor, eine Atmosphäre von reinem, aber totem Samtgeruch mit hängengebliebenem Parfum aus fünfzig Jahren... Da hatte sich allabendlich das Haus gefüllt, aus den Logen und Rängen knisterte schon im weiten Runde verhaltene Bewegung, leuchtete ein Kleid, blitzte ein Schmuck aus tiefschwarzem Haar, während gleichzeitig eine maßvolle Strömung unten durch den Mittelgang zog, links und rechts in die Reihen abfallend. Hierher kam man aus Umgebungen und Haltungen, die nicht wesentlich von diesem Hier und Jetzt verschieden waren, nur eben eine andere Seite des ein und selben Lebens darstellten, mit seinen festen aber leichthin geübten Bräuchen und seinen unausgesprochenen, ja kaum gewußten Übereinkünften, nur eben eine andere Seite solchen Seins, etwas näher vielleicht dem Prunk der großen alten Formen, etwas entrückter vielleicht dem nur familiären und geselligen Kreise, schon durch das kaiserliche Haus, das hier die Gemeinschaft der Zuhörer umschloß. Und eine solche Gemeinschaft hatte wieder jeden einzelnen umschlossen gehalten, der ein Bewußtsein eines außerhalb ihrer möglichen Lebens nicht eigentlich mehr besaß. (...)

Wie ein Gegenspiel dazu zeigte sich mir inwärts jetzt das

maßvoll und vielfältig bewegte Bild, welches sich jedesmal auf den räumigen Freitreppen und in der rund und glatt aufstrebenden breiten Säulenhalle nach dem Schlusse einer Vorstellung geboten hatte: von zwei Seiten wallen die Gruppen der Logenbesucher langsam auf die große Mitteltreppe herab, während draußen an der Auffahrt schon Hufschläge der Equipagenpferde unter dem Vorbau hallen und Automobilmotoren pfauchen. Die zarten und bunten Farben der Frauenkleider sinken als eine wohltuende Kaskade, gehöht durch das scharfe Schwarzweiß der Herren, belebt durch das farbige Feuer von Brillanten aus blondem oder tiefschwarzem Haare: diese blitzenden Steine aber, an welche sich das Auge unbewußt hält, zeigen mit ihrer auf einen Punkt zusammengezogenen Kraft gerade am deutlichsten die ständige gleitende und glitzernde Unruhe an. Sie steigen die Stufen hinab, diese Frauen, und wie in ein Bad hinein in das Geräusch und die Bewegung der unteren Vorhalle. Hier dringt bereits der Lärm der Straßen durch die schwingenden Klapptüren ein. Es ist in den weiblichen Bewegungen für ein schärferes Auge bei alledem eine gewisse Ergebenheit zu sehen, sie folgen einem führenden Zwang wie in Schienen, ganz und gar, jedoch wissen sie davon durchaus nichts... Sie steigen in diese Brandung, die doch nur der letzte Ausläufer einer größeren ist, nämlich der einer ganzen nächtlichen Stadt, dieses unendlich verzweigten Bergwerkes der Wollust, aber sie haben einen schmalen vorgezeichneten Weg vor sich, nur wenige Schritte trennen mehr vom heranrollenden Wagen...

Heimito von Doderer, 1956

Oase, orientalisch

Die Opernpassage, im Volksmund gerne als Jonaschgrottn bezeichnet, ist ein wahrhafter Walfischbauch. Alles, was uns aus dem tiefen Süden via Mittelmeer erreicht, wird hier aufgeschluckt. Vielleicht ist es die Ähnlichkeit mit den heimatlichen Basaren, in denen man, vor Regen und Sonne geschützt, die Zeit mit dem Hammer der gepflegten Unterhaltung totschlagen kann. Was steht da nicht alles in den Nischen, Säulen, vor der Buchhandlung, in den Wasch- und Nebenräumen, was sitzt da nicht alles, und vor allem im Espresso. Kaum daß ein Plätzchen frei ist von der sarazenischen Besetzung, trifft ein andres Kontingent ein. Zu zweit, zu dritt, zu viert oder einzelgängerisch treten sie auf. Selbstbewußt, gelassen, kühl bis heiter, jeder Zoll ein Khalif...

«Und mein Fuad sei Vata hat bei Kairo in der Näh zwanzg Dörfer. Die ghörn alle einmal ihm, wann der Alte stirbt, hat er gesagt. Stell dir vor, wann mir heiraten, hab i zwanzg Dörfer mitsamt den Burgermaster...»

«Geh, geh, geh, des is doch alles nur a Lawendlschmäh, was die dir derzähln. I glaub eahm ka Wort. Hauptsach is, daß er brennt, der Murl, um was anders scher i mi net...!»

So verschieden sind halt die Ambitionen heutzutag. Die einen wollen einen jungen, reichen Paschah, *nur mit einer Frau*, versteht sich, die sind ja auch schon zivilisiert! Den anderen geht's wieder nur um den Kren. Na ja, die letzteren fahren da meistens schon besser.

Vorige Woche war ich mit meinem Freund Egon unten. Wir wollten auch ein bisserl orientalisch sein, das heißt, wir wollten einen kleinen Braunen zu uns nehmen. Mit Müh und Not fanden wir ein freies Tischerl, von dem wir die Situation gut übersehen konnten. Neben uns saß eine angeregte Gesellschaft Marokkaner mit ihren einheimischen Begleiterinnen. Blicke richteten sich auf uns. Plötzlich merkten wir, daß wir eingeschlossen waren. Eingeschlossen wie zwei verkleidete Kreuzfahrer seinerzeit in der Veste Akkon. Unser Tisch war mit einmal eine schüchterne Insel des Abendlandes geworden.

H. C. Artmann, 1960

Schmetterlingshalber

Dwight war schmetterlingshalber in Wien. Nicht etwa, um hier Schmetterlinge zu fangen; sondern er war interessiert daran, bei der Neuordnung der lepidopterologischen Sammlungen des naturhistorischen Museums mitzuwirken, weil ihm dabei ein für seine Arbeiten erforderliches Material vollständig unter die Augen kommen mußte; und so hatte er sich denn hierher schicken oder eigentlich rufen lassen. Das Museum aber bildete nur den einen Pol seiner Anwesenheit in Wien, einen festen, der so schwer dalag, wie drüben, wenn man aus dem hohen Bogenfenster des Arbeitszimmers sah, das kunsthistorische Museum sich erstreckte, dem Gebäude, worin man sich befand, äußerlich vollends gleichartig: ein auf der anderen Seite grüner Anlagen stehendes Spiegelbild. Darüber viel Himmel. Darunter das hohe Standbild oder eigentlich Sitzbild der Kaiserin, mit ihren berittenen Paladinen am Sockel. Es markierte einen Bezugspunkt, es nabelte, was man hier sah, in ein Zentrum zusammen.

Heimito von Doderer, 1956

Parlamentarischer Bilderbogen

Die Ringstraße liegt in strotzendem, blaugoldenem Frühsommerglanz gebadet, eine Prachtkulisse für gehobenen Müßiggang. Drinnen aber unter dem wienerisch-hellenischen Säulendach der Politik, bekommt die lyrische Witterung einen Arbeitsdämpfer. Soigniertes, mäßig durchkühltes Halblicht. Es schließt eine Welt ab, die von der Straße und dem Tag nichts wissen darf, wenn sie an ihre heilige Wichtigkeit glauben soll. Und sie weiß auch nichts davon, folgt vielmehr im Sitzungssaal, im Vestibule und der Kreuz und Quer durch alle Wandelgänge ihrem eigenen Rhythmus: dem der Sachlichkeit ohne Schweiß, der Emsigkeit ohne Abhetzung, der pathetischen Nüchternheit. Nur die Galerie schwitzt, ist hochrot vor Exaltation und wölbt die Hände und beide Ohren, um keinen Abänderungsantrag zu verpassen. Die Herren Abgeordneten aber überweisen – sofern ihre Gesinnung nicht zum Schreien verpflichtet – ihre Affekte den Ausschüssen…

– Das ist überhaupt die Überraschung des neuen Parlaments: die Affektlosigkeit. Kenner behaupten, sie sei identisch mit der Arbeitswilligkeit. Wo Ruhe ist, wachsen die Gesetze. Andere sind skeptisch und warten die Formalitäten ab. So trauen sich Rekonvaleszente oder Kerkerentlassene noch nicht zu, daß sie von hier über die Gasse können. Sie orientieren sich erst über das Terrain. Hier heißt das: parlamentarische Sammlung.

Anton Kuh, 1917

Steinerne Pferde

Die steinernen Pferde der Reiterstandbilder und mythischen Denkmalszenen waren nach Ferdinands Meinung eine der Attraktionen des unbeachteten oder vergessenen Wien. In Zeiten entstanden, da Pferde die den Menschen vertrautesten und alltäglichsten aller nützlichen und schönen Tiere waren, wirkten sie heute und wohl schon seit langem als Mahnung an den beinahe vollzogenen Untergang ihrer Gattung und schlossen in diese auch jene an die drohende Vernichtung des Menschengeschlechtes.

Als Untersatz von Macht- und Rechthabern hatten Künstler sie einst geschaffen. Als in einer wilden Gebärde vermeintlich für immer Gefangene, verwunschen, mitten im Sturz dem Aufprall entsagen zu müssen. Oder mit geblähten Nüstern und himmelwärts schlagendem Schweif dreihundertfünfundsechzig Tage und Nächte im Jahr zu scheuen vor etwas, das nur die Gedanken des Bildhauers kannten.

Weiten und schmaleren Plätzen gaben sie einen Mittelpunkt, Palästen und Amtsgebäuden symmetrische Kontur, pathetischen Brunnen groteske Wasserkavallerie.

In seltenen Fällen standen sie direkt auf ebener Erde, wo sie stets größer wirkten und unnahbarer als auf den für eben diese Wirkung erdachten Postamenten. Ein- oder zweimal im Fasching oder zu Silvester versuchten Betrunkene, sie zu erklettern, klammerten sich grölend an die Kruppen, suchten Halt an den grünspanverwitterten Hufen, und wenn sie endlich den Sattel bestiegen hatten und ihre Hände von der harten, spitzen Mähne bluteten, wich alle Fröhlichkeit von ihnen, und sie bemerkten, wie schwierig und undankbar es selbst für wenige Augenblicke war, Teil eines Monuments zu sein.

Ferdinand hatte sich oft gefragt, womit den Rössern die unendliche Leistung des ewigen Stillhaltens gelohnt würde, deren wahres Ausmaß jeder begreifen kann, den einmal ein Fotograf um Unbewegtheit gebeten hat. Da bemerkte er eines Morgens, daß die steinernen Leiber auf dem Parlament dampften. Ebenso die bronzenen im Burghof und am Josefsplatz. Und er begriff, daß gelegentlich für eine kurze Spanne zwischen Traum und Tag der Bann gehoben war. Alle Erstarrung der Skulpturen verwandelte sich in mannigfaches Gliederspiel, und die Rappen und Schimmel galoppierten ungezügelt und lustvoll wiehernd durch die Straßen des ersten Wiener Bezirks, in dem Legionen von Polizisten dafür sorgten, daß nichts und niemand die wilde Jagd behinderte. Bei dem Turnus dieses Vorfalls mußte es sich um ein unbeirrt vom Wechsel der Staatsformen, betulich von Regierung zu Regierung weitergereichtes Geheimnis handeln. Es ließ tief in die unter Politikern verbreitete Angst vor aller Wirklichkeit blicken, daß auch der derzeitige Kanzler es für klüger hielt, die Bevölkerung in dieser Angelegenheit nicht aufzuklären, sie vielmehr – wie man in Österreich zu sagen pflegt – «blöd sterben ließ».

André Heller, 1987

Juniabend

Zwei junge Herren gehen unter den blühenden Kastanien des Volksgartens auf und ab.

DER ERSTE JUNGE HERR. Wie schön ist das alles! Weiße Kastanienblüten und blaßrote liegen auf unserem Weg, und daneben leuchtet das smaragdgrüne, dichte, kühle Gras. Auf den Wiesen schaukeln sich die runden, blütenüberquellenden Fliedersträuche; ringsum laufen Wände von dunklem Laub, und aus dem Dunkel leuchten weiße Blütentrauben der Akazien und funkeln die vergoldeten Lanzenspitzen des Eisengitters. Über den schwarzen Baumwipfeln aber silhouettieren sich auf dem glutroten Abendhimmel die wundervollen Linien phantastischer Steinfirste, bronzener Viergespanne, marmorner Götter und vergoldeter Bekrönungen. Und weithin leuchten goldgrün und kupferrot Kuppeln und Turmknäufe, in der fernen Dämmerung verschwimmend. Die Luft ist eigentümlich leuchtend und bringt in den gigantischen Raum einen rätselhaft intimen Zauber.

DER ANDERE JUNGE HERR schweigt.

DER ERSTE JUNGE HERR. Ein leiser lauer Wind raschelt in den Wipfeln und wirft sich manchmal kopfüber herab, stößt über die Wiese hin und regt einen flüchtigen Duft von Jasmin und Flieder und Akazien auf. Dann ist wieder alles still. Wie schön ist das alles, wie lebendig, erfaßbar, wie wirklich! Wie schön ist Schönheit!

DER ZWEITE. Für uns. Für ein paar Menschen. Siehst du dort unter dem Goldregen die beiden jungen Leute? Er hat den Arm hinter ihrem Nacken auf die Banklehne gelegt, und sie hat die Augen halbgeschlossen und die kleinen Füße ausgestreckt. Nichts existiert für diese beiden als das vage Glücksgefühl, aller irdischen Schwere ledig im Raum zu schweben. Wer auf der Bank der Liebe sitzt, braucht die Schönheit der Dinge nicht.

Hugo von Hofmannsthal, 1893

Anschluß – Abschluß

Das Menschenmeer, das die Bürgersteige der durchfahrenen Straßen bedeckt und sich in den Seitengassen auf Leitern und Stühlen zu wahren Ameisenhaufen aufgebaut hat, reißt nicht mehr ab bis zum Rathaus.

Der Führer verläßt dort den Wagen und geht langsam die steinernen Stufen hinan. Als er mit seinen engsten Mitarbeitern und der Begleitung, die ihn am Bahnhof empfangen hatte, den Festsaal betritt, wird ihm auch hier ein jubelnder Willkomm zuteil. Er begibt sich in die Mitte des Saales, als von der Empore herab der Chor aus den Meistersingern «Wacht auf!» erklingt, gesungen vom Staatsopernchor. Danach spricht der Bürgermeister; der Führer dankt mit herzlichen Worten:

«Herr Bürgermeister!

Ich danke Ihnen für Ihre Begrüßung. Ich glaube, es ist der Gruß der Stadt Wien und damit der Gruß ganz Deutsch-Österreichs.

Seien Sie überzeugt: diese Stadt ist in meinen Augen eine Perle! Ich werde sie in jene Fassung bringen, die dieser Perle würdig ist und sie der Obhut des ganzen Deutschen Reiches, der ganzen deutschen Nation anvertrauen. Auch diese Stadt wird eine neue Blüte erleben.

Wir alle empfinden die Größe der geschichtlichen Ereignisse, die wir erleben durften und die wir morgen zum Abschluß bringen werden. Auch diese Stadt wird morgen – das ist meine Überzeugung – ihr ‹Ja› zu diesem Abschluß aussprechen. Es ist ein geschichtliches und unabänderliches ‹Ja›; denn das einzige, was sein und bleiben muß, ist das deutsche Volk gewesen, ist das deutsche Volk heute und wird das deutsche Volk immer sein.

In die Obhut dieses deutschen Volkes aber lege ich auch das künftige Geschick dieser Stadt und dieses Landes.»

Völkischer Beobachter, 10. April 1938

Allein auf der Kaiserstiege

Ich schleiche mich zu Anfang des zweiten Aktes aus der Loge – und ich habe eine halbe Stunde, sozusagen in königlicher Einsamkeit, in der Burg. Denn auch die braunbefrackten Diener sind nicht zu sehen, das Büfett ist abgeräumt. Großartig, in Intervallen, hebt sich die Kaiserstiege herauf in den spiegelnden Glanz des Marmors und der Kristalle. Es ist Entweihung, daß ein anderer als der Kaiser sie beschreitet. Die abertausend unkaiserlichen Füße ließen keine Spur – und wie viele ihrer noch heraufsteigen, sie drücken sich nicht ein. Die Stiege wartet auf den Kaiser, der nicht wiederkehrt: es warten alle die in Wahrheit Anwesenden – denn anwesend bin nicht ich, sowenig wie die Garderobieren, die Diener, das von der Geschichtsrevue geplagte Publikum; anwesend in Erwartung Seiner Majestät sind die Großen der Szene: die Rachel und Rettich und Ristori, Kainz, Talma, Kean, Thimig. Der Hofstaat ist vollzählig, repräsentiert in Büsten und liebevollen, zum Teil bedeutenden Porträts; der Hofstaat wird, nach menschlichem Ermessen, noch lange versammelt bleiben. Der Kaiser kommt nicht. Er geruht nicht, die Stiege zu betreten. Das Klima der Welt sagt ihm nicht zu. Und wir und alle Regisseure und Autoren und das düpierte Publikum treiben wesenlos durch den glänzenden Wartesaal. Diese sonderbare Situation: das Ausbleiben des Kaisers, die unbeirrbare Anwesenheit seines Hofs, die Verlassenheit seiner Stiftungen, kommt in der Geschichtsoper nicht zur gebührenden Geltung. Aber – vergessen wir es nicht – die Majestät hat für normale Fälle eigene Einfahrt, eigenes Foyer und private Treppe zur Loge. Vielleicht ist Majestät schon auf dem Wege. Sie steht schon hinter dem Vorhang der Hofloge – aber sie teilt ihn nicht – sowenig wie es der Spielleiter zulassen würde – nach einem nicht geglückten Aktschluß. – Denn wir blicken nicht empor.

Reinhold Schneider, 1958

Verdrängung

Ich bohre in mir herum, ich finde sie nicht: die Ringstraße. Wie man hört, macht sie immer noch Eindruck, auf viele Fremde. Ganz ungeeignet bin ich für Vieles, besonders ungeeignet wäre ich als Fremdenführer, für Freunde und Andere: ich kann nicht zeigen, was ich nicht sehe. Was keinen besonderen Eindruck auf mich macht. Die Ringstraße: Fehlanzeige in mir.

Verdränge ich so viele Wien in mir, daß nicht einmal die Ringstraße in mir vorkommt? Also bohre ich weiter, irgendwo muß sie sich doch finden lassen, in mir, ohne daß ich ihr, der Ringstraße, ohne daß ich mir zu viel Gewalt antue, bei diesem Suchen nach der in mir verlorenen Ringstraße.

Komisch ist das auch deshalb: Ich gehe seit vielen Jahren täglich über die Ringstraße, ich bin in Wien am liebsten Fußgänger und Straßenbahnfahrer. Fällt mir noch immer nichts ein?

Endlich. Es rührt sich etwas. Das Kind betastet die für das Kind viel zu großen Quadersteine der Burg, des Neuen Traktes, ringseitig, am Heldenplatz. Diese Häuser am Ring sind für das Kind viel zu groß, um ihm Eindruck zu machen. Diese großen Häuser gehen mich nichts an. Auch heute nicht.

Friedrich Heer, 1978

IM KAFFEEHAUS

Clair obscur

Es ist warm und ein wenig üppig und auch ein wenig kahl; es ist bräunlich und golden und ein wenig nachgeräuchert – und es ist auch einfach, ja fast ein bißchen nüchtern. Eine merkwürdige Mischung – warmbraun und üppiggolden, und dennoch ein bißchen nüchtern. Fast sage ich: sachlich. Ja, sachlich: denn offenbar ist dieses Lokal nicht ein pseudoästhetischer Zweck, sondern es dient einer Sache. Welcher Sache? Dem Kaffeetrinken. Gewiß. Aber beileibe nicht nur dem Kaffeetrinken, sondern noch vielen anderen Sachen dazu. Sicher ist vorab nur dies: das «Kunstgewerbe» ist hier nicht Zweck geworden. Es ist da nicht so, daß im Café die «Ausstattung» beinahe schon die Hauptsache würde und die Menschen eigentlich nur herumsäßen wie Staffage; wie eine Menge, die da wäre, um dem blendenden Dekor durch menschliche Anwesenheit mehr Relief zu geben. Es ist auch nicht so, wie sonst manchmal in der «neusachlichen» Welt: daß man die Hygiene spürt und in ein Lokal geht, um dem vom Standpunkt aseptischer Existenz einwandfreien Bilde der Lokalität zu huldigen. Jemand hat einmal gesagt, es gebe Cafés so neusachlich und so weiß wie ein Sanatorium. Nun, dies Wiener Café ist kein Sanatorium. Es ist nicht aseptisch. Es ist altmodisch, wie unsere Väter waren. Es hat noch die Haltung von 1870, 1880. Renaissance mit Braun und räucherigem Gelb und mit Vergoldungen und mit Plüsch. Es macht mir Freude; es tut mir wohl. Ich brauche an keine «Kunst» zu denken und kann mich den Sachen hingeben. Den Sachen. Dem Kaffeetrinken (und natürlich ist der Kaffee ausgezeichnet). Und den anderen Sachen. Welchen? Wir werden sehen.

Da leuchtet es uns scharfgrün in die Augen, viel schärfer als eine Wiese mit zuviel Licht. Das Grüne empfängt einen Schlagschein von niedrig hangenden Lampen. Das Grüne – das sind die Billards. Leise und langsam gehen die Spieler um die Billardtische, deren viele sind, und man hört in unregelmäßigen Abständen, die doch zusammen einen Rhythmus machen, das Anklopfen des Elfenbeins der einen Kugel am Elfenbein der anderen. Es ist ein trockener, kurzer, ganz und gar präziser Ton.

Ich schaue auf den kleinen runden Marmortisch vor mir und gewahre einen Schachgrundriß. Er ist fest eingefärbt – oder gar eingelegt? Gleichviel. Man kann ihn nicht wegschieben. Da sitze ich nun, allein und talentlos. Wie gerne würde ich spielen. Ich schaue neidisch an die anderen Tische. Da spielen sie Schach. Es ist erstaunlich: ich zähle fünf Tische in meiner nächsten Nähe, an denen sie Schach spielen – mit der ganzen wunderbaren Versenktheit der Menschen, die vom Schach einmal ergriffen sind und es lebenslänglich bleiben. Sie haben die Ruhe von Buddhisten. Da sitzen sie: reine Anschauung, die mathematisch und ein wenig mystisch ist. Viel mehr als Entdecker: Mönche des Spiels, Eremiten, die einander besuchen und dabei allein bleiben, dabei immer ihre Eremitage herumtragen.

Es ist kein Konzert.

Es ist nicht strahlend hell, sondern dämmerig, «clair obscur».

Es surrt kein Ventilator, wohl aber ziehen bläulichweiße Rauchfähnchen fein umher, fein und langsam, wie in die Unendlichkeit entsandt und in ihr umherträumend, während sie ziehen.

Der Kellner sieht mich sitzen und fühlt, wie allein ich

bin, und ungebeten bringt er mir Zeitungen. Ich müßte meinen, es sei System dabei: denn die Auswahl, die er mir bringt, ist vollkommen. Es ist eine Enzyklopädie der Parteien und der sogenannten Weltanschauungen; Illustriertes und Unillustriertes; Inländisches und Ausländisches. Ich bin dem Kellner noch undurchsichtig; er macht Stichproben mit mir. Offenbar wird er von morgen ab genau wissen, was ich brauche. Ich bewundere ihn. Er ist ein Diplomat, ein Psychologe; ein fürsorgender Verwandter ohne Grad; er hat es mit meiner Seele zu tun; er ist ein Freund ohne Namen – kurz ein guter Kellner; Verkörperung des Ideals, das diesem schönen Beruf gesetzt ist. Denn es ist ein schöner Beruf; man braucht lediglich die Meisterschaft in ihm zu haben, um es zu wissen; man braucht lediglich die Möglichkeiten dieses Berufes zu begreifen, um dessen gewiß zu sein. Schön ist, was man ernst nimmt und ganz und gar kann.

Wilhelm Hausenstein, 1932

Vollkommen gut serviert

Am Ende kam ich gar nicht unerwünscht zu einer kleinen Kaffeegesellschaft im trefflichen Hartlschen Hause. Man hat hier die eigene Gewohnheit, gegen Abend um sechs, sieben Uhr noch einmal Kaffee zu trinken, so daß in Häusern, wo auch der Abendtee eingeführt ist, dieser leicht dem zweiten Kaffee gleich nachfolgt. Beides, Kaffee und Tee, wird hier ganz vollkommen getrunken, und auch das ist auszeichnend: denn gewöhnlich findet man nur eins von beiden so vollkommen gut serviert: den Kaffee im Süden, und den Tee im Norden. Sonderbar kommt es mir aber immer noch vor, daß mit der Tasse Kaffee zugleich, wie in Italien mit der Schokolade, auch ein Glas frisch Wasser präsentiert wird, und die Damen wenigstens ganz unfehlbar das kalte Wasser gleich hinter dem heißen Kaffee trinken, und zwar so oft, als sie sich Kaffee eingießen lassen. Unbegreiflich ist's, wie sie dabei ihre schönen Zähne so gut erhalten: denn nirgends, selbst in Frankreich nicht, sieht man schönere Zähne als hier, oft an ziemlich bejahrten Frauen ebenso schön, als an jungen Frauen und Mädchen.

Johann Friedrich Reichardt, 1809

Das Kabinett Auersperg und die Kaffeehäuser

Das Rundschreiben des Herrn Ministerpräsidenten Fürsten Auersperg, welches den Behörden einschärft, die Zeitungen mit größerer Sorgfalt zu konfiszieren als bisher, und die Beamten, damit ihnen kein Zeitungsblatt entgehe, auffordert, «die Kaffeehäuser zu besuchen» und jene so lange zu lesen, bis sie ein Preßvergehen darin entdecken, hat bei allen Kaffeesiedern, die jetzt einem größeren Absatz ihrer anregenden Getränke entgegensehen, eine freudige Überraschung hervorgerufen. Selbstverständlich wird nunmehr jeder Kaffeehausbesitzer bemüht sein, die Herren Beamten, welche zur Aufrechterhaltung der öffentlichen Ruhe einen «kleinen Schwarzen» zu trinken beauftragt sind, als Gäste zu gewinnen, und viele unter ihnen schaffen schon jetzt die «Wiener Zeitung» sowie die offiziösen Zeitungen, die kein Beamter als nicht konfiskationsfähig wird lesen wollen, ab und abonnieren dafür Blätter mit destruktiven Tendenzen, um die Bestrebungen der Regierung bestens zu unterstützen. Wenn jetzt ein Beamter durch seinen Eifer die Aufmerksamkeit seiner Vorgesetzten auf sich ziehen will, um endlich das Quartiergeld seiner Träume zu erreichen, kann er begreiflicherweise nichts Klügeres tun, als von einem Kaffeehaus ins andere gehen, und ein Hofrat, der einen seiner Untergebenen für ein Avancement vorschlagen will, wird demselben nächstens nachrühmen: Herr X. ist einer der tätigsten und verwendbarsten meiner Beamten, denn er ist fast nie im Büro zu sehen, und es gibt wenige Kaffeehäuser, in welchen er nicht Stammgast ist. Er ist so unermüdlich in seiner Pflichterfüllung, daß er es schon an manchem Tag auf vier Portionen Kaffee mit sechzehn Kaisersemmeln gebracht hat, und wiederholt hat ihn die hereinbrechende Nacht noch bei einem Glas Eierpunsch überrascht. Die Slibowitze aber, die er dem Staat geleistet, sind so unzählig, daß sie allein schon genügen, seine Beförderung in eine höhere Diätklasse zu rechtfertigen.

Daniel Spitzer, 1876

Der Kaffeehausleser

Der Kaffeehausleser gelangt dahin, jeden Artikel, jedes Feuilleton, Alles, was mehr als hundert Zeilen lang ist, ungenießbar zu finden. Er hört überhaupt auf zu lesen, er «blättert» nur mehr. Zerstreuten Blickes durchfliegt er die Zeitungen – ein Dutzend in einer Viertelstunde – und nur das Unterstrichene, das «Großgedruckte», nur gesperrte Lettern vermögen sein Auge noch ein Weilchen zu fesseln. Er wird unausstehlich blasirt. Er braucht, um aus seiner öden Gedankenlosigkeit aufgerüttelt zu werden, etwas «Sensationelles», wie der erlebte Wüstling raffinirter Ausschweifungen bedarf, um noch eine Reizung zu empfinden.

Das Wiener Kaffeehaus verschlingt unsere Intelligenz und unsere Bildung. In diesem dunstigen, rauchigen Schlunde liegt unser literarisches Leben begraben.

Edmund Wengraf, 1891

Die Demolirte Litteratur

Wien wird jetzt zur Großstadt demolirt. Mit den alten Häusern fallen die letzten Pfeiler unserer Erinnerungen, und bald wird ein respektloser Spaten auch das ehrwürdige Café Griensteidl dem Boden gleichgemacht haben. Ein hausherrlicher Entschluß, dessen Folgen gar nicht abzusehen sind. Unsere Literatur sieht einer Periode der Obdachlosigkeit entgegen, der Faden der dichterischen Production wird grausam abgeschnitten. Zu Hause mögen sich Literaten auch fernerhin froher Geselligkeit hingeben, das Berufsleben, die Arbeit mit ihren vielfachen Nervositäten und Aufregungen spielte sich in jenem Kaffeehause ab, welches wie kein zweites geeignet schien, das literarische Verkehrszentrum zu repräsentieren. Mehr als ein Vorzug hat dem alten Locale seinen Ehrenplatz in der Literaturgeschichte gesichert. Wer gedenkt nicht der schier erdrückenden Fülle von Zeitungen und Zeitschriften, die den Besuch unseres Kaffeehauses gerade für diejenigen Schriftsteller, welche nach keinem Kaffee verlangten, zu einem wahren Bedürfnis gemacht hatte? Braucht es den Hinweis auf sämtliche Bände von Meyers Conversationslexikon, die, an leicht zugänglicher Stelle angebracht, es jedem Literaten ermöglichten, sich Bildung anzueignen? Auf das reiche Schreibmaterial, das für unvorhergesehene Einfälle stets zur Hand war? Namentlich die jüngeren Dichter werden das intime, altwienerische Interieur schmerzlich entbehren, welches, was ihm an Bequemlichkeit gefehlt, jederzeit durch Stimmung zu ersetzen vermocht hat. Nur der große Zug, der hin und wieder durch diese Kaffeehausidylle ging, wurde von den sensiblen Stammgästen als Stilwidrigkeit empfunden, und in der letzten Zeit häuften sich die Fälle, daß junge Schriftsteller angestrengte Productivität mit einem Rheumatismus bezahlten.

Karl Kraus, 1897

Ins Kaffeehaus!

Du hast Sorgen, sei es diese, sei es jene – – – ins Kaffeehaus!

Sie kann, aus irgendeinem, wenn auch noch so plausiblen Grunde, nicht zu dir kommen – – – ins Kaffeehaus!

Du hast zerrissene Stiefel – – – Kaffeehaus!

Du hast 400 Kronen Gehalt und gibst 500 aus – – – Kaffeehaus!

Du bist korrekt sparsam und gönnst dir nichts – – – Kaffeehaus!

Du findest keine, die dir paßt – – – Kaffeehaus!

Du stehst innerlich vor dem Selbstmord – – – Kaffeehaus!

Du haßt und verachtest die Menschen und kannst sie dennoch nicht missen – – – Kaffeehaus!

Peter Altenberg, 1918

Eine platonische Akademie

Als ich Student war, glich noch jedes Wiener Café, wenn auch mit etwas verrauchten Zügen, auffällig einer platonischen Akademie. Das ist gar nicht spöttisch gemeint: die Wiener Begabung, in losen Gesprächen den geringsten Anlaß, irgendein hingeworfenes Wort, den Doppelsinn irgendeiner Wendung plauschend zu benützen, um daran unmerklich bis zu den letzten Fragen emporzuklettern, freilich nur, um droben dann dem über Leben und Tod entscheidenden Problem geschwind einen sublimen Nasenstüber zu geben, ist ohne den Hintergrund einer großen Kultur undenkbar, einer Kultur von solcher Tiefe, daß sie sich zuletzt auch ihrer eigenen Fragwürdigkeit bewußt geworden und freilich des unbesonnenen Vertrauens zu frischer Tat nicht mehr fähig ist.

Hermann Bahr, 1923

Spieler

Es war ein lärmendes Kaffeehaus, wo die meisten Gäste Karten spielten. Der Rauch der Zigaretten und Zigarren stand kalt über ihren Köpfen, kalt, schwer und fest, in Knäueln, Klumpen und Blöcken. Die Männer saßen in Hemdärmeln, die Kellner standen hinter ihnen, sahen zu, wie sie spielten. Man mischte Karten mit zauberhafter Geschwindigkeit. Man warf sie auf die Tische, sie klatschten auf, als wären sie ins Wasser gefallen. Die Spieler riefen einander harte Worte zu, eine rätselhafte Art fremder Zauberflüche, es sah aus, als stritten sie heftig, indessen sie lachten. Kreide lief kreischend über trockene Täfelchen. Nasse Schwämmchen lagen auf Schalen, merkwürdige Tiere. Vom anderen Ende des Saales kam ein leises Klappern von Billardkugeln herüber.

Der Raum war halb dunkel. Es war das Dämmerlicht einer Grotte, eines Verschwörerhauses, eines Freimaurersaals. Er erregte meine Phantasie. Trat man aus dem Kaffeehaus in das helle Sonnenlicht, so war es, als wäre man mitten aus einem Traum geweckt worden. Saß man drinnen, so hatte die Zeit aufgehört. Über der Kasse hing zwar eine Uhr, sie tickte sogar, wurde jeden Abend vom Oberkellner Franz aufgezogen, aber sie hatte keine Zeiger. Was konnte schrecklicher sein als diese Uhr? Sie ging und ging, in ihrem verborgenen Innern lief die Zeit ihren regelmäßigen Lauf, aber man sah es nicht. Man wußte nur, daß Stunden schwinden, aber wie viele, das wußte man nicht. Die Menschen, die dort saßen, sahen trotzdem jedesmal auf die Uhr, sie bildeten sich wahrscheinlich ein, jetzt wüßten sie die Stunde. Das Ticken, das sie hörten, beruhigte sie offenbar. (...)

Das Kaffeehaus lockte ihn jeden Abend, wie das Gasthaus einen Trinker, wie der Spielsaal einen Spieler. Er konnte nicht mehr leben, ohne den regelmäßigen Anblick der kleinen, weißen, runden und der viereckigen, grünen

Tische; der dicken Säulen, die einmal in der ersten Jugend dieses Kaffeehauses seinen prunkvollen, majestätischen Charakter betont haben mochten, die heute schwarz von Rauch waren, gleichsam von jahrzehntelangen Opferbränden, und an denen Zeitungen hingen wie dürre Früchte in dürren, gelben, klappernden Rahmen; der dunklen Nischen, beschattet von Überkleidern an schwerbehängten Ständern; der Toilette im Korridor, vor der ein ständiges Kommen und Gehen war, vor der man Bekannte traf und begrüßte und vor der man, ohne zu merken, wie die Zeit verstrich, eine halbe Stunde stehen konnte; der blonden Kassierin am Büfett, die jeden beim Namen kannte und die den Stammgästen die Post verteilte, während sie Briefe und Karten, die für die gewöhnliche «Laufkundschaft» gekommen waren, in einer unpersönlichen, dienstlich kühlen Vitrine ausstellte; der Kellner, die niemals wechselten, niemals starben, niemals nach den Wünschen der Gäste fragten, sondern immer das Gewohnte brachten; der Karbidlampen, die um jene Zeit das Gas und die Elektrizität ersetzten und die aussahen wie gezähmte und zum Nutzen der Menschheit verwendete Irrlichter. Sie sangen übrigens – und auch diese Musik war Arnold unentbehrlich. Sie flackerten, wenn sie am Ende ihrer Kräfte waren, und warfen zackige Schatten um die Tische. Dann stieg ein Kellner auf Stühle und hauchte ihnen mit einem Blasebalg neues Leben ein. Fliegen summten, Karten klatschten, Dominosteine klapperten, Zeitungen rauschten, Schachfiguren fielen mit hartem Schlag auf Bretter, Billardkugeln rollten dumpf über gepolstertes Holz, Gläser klirrten, Löffel klangen, Schuhe schlurften, Stimmen murmelten, Wasser tropfte sentimental aus einem fernen, wie geträumten Hahn, der sich niemals schloß – und über allem sangen die Karbidlampen. Manchmal glich das Kaffeehaus einem Lager überwinternder Nomaden, manchmal einem bürgerlichen Speisezimmer, manchmal einem großen Wartesaal in einem Palast und manchmal einem warmen Himmel für Erfrorene.

Denn es war warm, es war eine animalische Wärme, unterstützt von glimmenden Kohlen in drei breiten Öfen, durch deren Gitter es rötlich schimmerte und die aussahen wie Eingänge zu einer Hölle, die nichts Schreckliches hat. Erst wenn Arnold dieses Kaffeehaus betrat, war er seinem Tag endgültig entronnen. Hier erst begann seine Freiheit. Denn obwohl die Drehtür sich unaufhörlich bewegte, konnte Arnold doch sicher sein, in diesem Kaffeehaus keinen Menschen zu finden, der ihn an seine Arbeit oder an eine Arbeit überhaupt erinnerte. Nicht an seine Arbeit, nicht an das Viertel, aus dem er kam, nicht an die Freunde seines Vaters konnte hier irgend etwas gemahnen. Nur dünne, gelbe Vorhänge verhüllten die Straße an den Fenstern. Aber diese Vorhänge waren so dicht, daß man glauben konnte, selbst Steine und Schüsse würden an ihnen wirkungslos zurückprallen. Diese Welt hatte nichts mit der bitteren und nüchternen des Tages zu tun. Auch wenn die Sonne noch am Himmel stand, hier hatte sie nichts zu suchen.

Joseph Roth, 1928

Die Kellnerprüfung

PRÜFER. Sehr brav, mein Sohn, setz dich. Jetzt noch eine Abschlußfrage, bevor ich Sie alle für reif erkläre für den Dienst am Kunden. Stellts euch einmal alle vor, ein Gast ruft «Zahlen!» Was machts Ihr da? *(Alle zeigen auf.)* Na, Franz?

FRANZ. I geh sofort hin und kassier ein.

PRÜFER. Ganz falsch. Ihnen muß ma umschulen auf ein Gaskassier. – Pepi?

JOSEF. Ich schau, ob der Gast zu mein Rayon ghört.

PRÜFER. Schon besser. Was meine Sie, Fräulein Hansi?

HANSI. I scher mit net drum.

PRÜFER. Sehts es, von einer Frau müßts Ihr euch beschämen lassen! Ruft der Gast «Zahlen!» und es hörts, sag ma, der Pikkolo, was is dann? Schurl?

SCHURL *(ratschend)*. Hörts der Pikkolo, kümmert er sich net drum. Kümmert er sich aber ja drum, sagt ers dem ersten Zuträger, der sagts dem zweiten. Wann der Gast Glück hat, geht des jetzt so weiter bis zum Marqueur, der was bekanntlich der Ober is. Wann aber der Gast ka Glück hat –

PRÜFER. Karl, fahren Sie fort!

KARL. Wann daß der Gast kein Glück hat, fangt er halt wieder von vorn an mit sein depperten «Zahlen!»

PRÜFER. Jetzt aber Annahme, bitte: Annahme – in der Praxis kommts ja eh nie vor! – daß es gleich beim ersten Mal der Marqueur hört, was is dann?

KARL. Dann derf der Ober nie sofort hingehen. Sofort hingehen is absolut unfein, das schauert ja aus, als ob ma in St. Pölten ausgelernt hätt und net beim «Sacher». Besser Fliegen fangen oder jede andere Arbeit, nur net hingehn!

PRÜFER. Sehr richtig! Besser Fliegen fangen oder jede andre Arbeit, nur net hingehn! Mit dieser Lebensregel wollen wir unsere heutige Gewerbeförderung beschließen. Alle ohne Ausnahme sind mit Auszeichnung für reif erklärt, österreichische Volksbräuche in alle Winde zu tragen, gemäß dem Wahlspruch auf unserem Panier: Na – –?

ALLE *(erheben sich und sprechen mit dem Prüfer unisono)*. Wiener Kaffee über alles, wenn er nur will!

Rudolf Weys, 1940

Kaffeehausliterat

Was ist ein Kaffeehausliterat? Ein Mensch, der Zeit hat, im Kaffeehaus über das nachzudenken, was die anderen draußen nicht erleben.

Anton Kuh, 1931

Loris

In unserer Stadt entstand über Nacht die Gruppe des «jungen Wien» mit Arthur Schnitzler, Hermann Bahr, Richard Beer-Hoffmann, Peter Altenberg, in denen die spezifisch österreichische Kultur durch eine Verfeinerung der Kunstmittel zum erstenmal europäischen Ausdruck fand. Aber vor allem war es *eine* Gestalt, die uns faszinierte, verführte, berauschte und begeisterte, das wunderbare und einmalige Phänomen Hugo von Hofmannsthal, in dem unsere Jugend nicht nur ihre höchsten Ambitionen, sondern auch die absolute dichterische Vollendung in der Gestalt eines beinahe Gleichaltrigen sich ereignen sah.

Hermann Bahr erzählte mir oft von dem Staunen, als er für seine Zeitschrift gerade aus Wien einen Aufsatz von einem ihm unbekannten «Loris» – eine öffentliche Publikation unter eigenem Namen war im Gymnasium unerlaubt – erhielt; nie hatte er unter Beiträgen aus aller Welt eine Arbeit empfangen, die in so beschwingter adeliger Sprache solchen gedanklichen Reichtum gleichsam mit leichter Hand hinstreute. Wer ist «Loris», wer dieser Unbekannte, fragte er sich. Ein alter Mann gewiß, der in Jahren und Jahren seine Erkenntnisse schweigsam gekeltert hat und in geheimnisvoller Klausur die sublimsten Essenzen der Sprache zu einer fast wollüstigen Magie kultiviert. Und solch ein Weiser, solch ein begnadeter Dichter lebte in derselben Stadt, und er hatte nie von ihm gehört! Bahr schrieb sofort dem Unbekannten und verabredete eine Besprechung in einem Kaffeehaus – dem berühmten Café Griensteidl, dem Hauptquartier der jungen Literatur. Plötzlich kam mit leichten raschen Schritten ein schlanker, noch unbärtiger Gymnasiast mit kurzen Knabenhosen an seinen Tisch, verbeugte sich und sagte mit einer hohen, noch nicht ganz mutierten Stimme knapp und entschieden: «Hofmannsthal! Ich bin Loris». Nach Jahren noch, wenn Bahr von seiner Verblüffung erzählte, überkam ihn die Erregung. Er wollte es zuerst nicht glauben. Ein Gymnasiast, dem solche Kunst, solche Weitsicht, solche Tiefsicht, solche stupende Kenntnis des Lebens vor dem Leben zu eigen war! Und beinahe das gleiche berichtete mir Arthur Schnitzler.

Verse solcher Vollendung, solcher fehlerloser Plastik, solcher musikalischer Durchfühltheit hatten wir von keinem Lebenden je gehört, ja seit Goethe kaum für möglich gehalten. Aber noch wunderbarer als diese einmalige (und seitdem von niemandem in deutscher Sprache mehr erreichte) Meisterschaft der Form war die Weltkenntnis, die nur aus magischer Intuition kommen konnte bei einem Knaben, der tagsüber auf der Schulbank saß.

Stefan Zweig, 1940

Ein zweites Zuhause

Es wäre mir schwer zu rekonstruieren, wann immer der erste Weg ins Café «Hawelka» erfolgte, das «Hawelka» war einmal einfach da, als Student, Beginnender, am Anfang, also eine selbstverständliche Bastion gegen unsere provinzielle Metropole, denn hier passiert noch Stadt, Abend, Morgen, Nacht, ein wahres Wiener Kaffeehaus als Erbe und wahrscheinlich Ende einer Tradition, und diese Welt der Thonetsesseln und Kugellampen und Tapeten ist bis heute in Ordnung, wird alternierend gehalten vom Tagregenten Herrn Hawelka himself... Ein Platzerl, ein Platzerl... und jener alterslosen Frau Josephine Hawelka, welche abends unermüdlich (mögliche Neuinkarnation von Anna Sacher?) die jeweiligen Gäste empfängt, verteilt, ordnet, schlichtet, plaziert, verabschiedet, beide lieben sie Malerei und schätzen sie Dichter, ihre Bildersammlung überwuchs alles im Lande Vergleichbare, und Arbeit und Mühe und Einsatz zeigen ihre Ernte an den Wänden.

Sonntags nachmittag ist vielleicht zu viel Jeunesse odorante, und manchmal überfluten die Möchteungerns, dem Paß nach höchstens 20jährigen Lodengreise, die Szenerie, dann mußt du dir Geduld auferlegen und kannst eine Runde ziehen im aufgerissenen, leeren Herzen Wiens und eine halbe Stunde später wiederkommen zum Geruch von Buchteln, Melange und rauchendem Zeitungswald, auch ein Gespräch; am liebsten sind mir die späten Momente der nahenden Sperrstunde, wenn die Lichter bis auf ein Minimum abgeschaltet sind und die Sessel unwirklich verzaubert auf den Marmortischen stehen und Frau Hawelka, flankiert vom hosenträgertragenden Herrn Ober, sitzend – die Brille an der Grenze der Nasenspitze –, die Bons zählt.

Sobald du auch in langer Abwesenheit an diese deine Heimatstadt denkst, mit Angst und Furcht und kritischer Sehnsucht, etwas Heimweh, ist es nicht das Hawelka, dieser in der Welt unvergleichliche Ort, der das Zurückkommen erleichtert? – denn ob du drei Wochen oder drei Jahre weg warst, hier bleibt alles (fast) unverändert, immobil, es ist ein zweites Zuhause auch der Einsamen.

Hubert Aratym, 1977

Belanglose Gedanken

Das Café ist ein Ort des Verhaltenseins, des Flüsterns, des Lesens und Denkens, des stummen Wahrnehmens, der Ort der Ruhe. Nicht der hastige Konsum ist hier das Ziel – es passiert etwas, etwas anderes – irgendetwas geschieht hier, aber es geschieht, und zwar nur hier, im Café, nirgends sonst. Alles, was nicht, nicht mehr oder nebenbei geschieht, verdient Beachtung, ja, die volle Achtung und Aufmerksamkeit. Im Café habe ich vieles gedacht, denkt der ältere Herr und nimmt einen Schluck.

In einem bürgerlichen Traum sitze ich jeden Tag hier, sinniert er weiter, und verweigere mich ernst und ruhig der obligaten Forderung nach Leistung und Erfolg. Veränderungen, Revolutionen sind mir fremd geworden. Hier, im Kaffeehaus, lebe ich als sanfter Rebell der Ruhe.

Der ältere Herr hebt das Glas.

Wenn ich das Café betrete, habe ich meine Ziele vergessen. Erst, wenn ich wieder draussen bin, denkt er weiter, lächelt und blickt aus dem Fenster auf die Strasse, erst, wenn ich hinaus gehe, weiss ich, wohin ich muss.

Er nimmt den letzten Schluck Armagnac und winkt dem Ober.

Helmut Eisendle, 1982

Zurückdenkend, was ein Caféhaus sein soll

Bekannt, aber nicht berühmt, beruhigend, aber nicht erregend, besucht, aber nicht bummvoll.

Nicht gut gelüftet, aber nicht stinkend.

Angenehm beleuchtet, aber in keinem Fall sonnig.

Kellner, die ihre Gäste ein klein wenig überschätzen, aber nie verachten.

Ein Gespräch führen können, aber niemals müssen.

Einen guten Bekannten am Nebentisch haben, aber ohne Beleidigung mit diesem stundenlang kein Wort wechseln.

Wolfgang Hutter, 1981

DAS BELVEDERE

Durchs Hintertürl ins Paradies

Vom Schwarzenbergplatz gehe ich den Rennweg aufwärts – dorthin wollen Sie mir, bitte, folgen – und hier stehen wir im Garten des Belvederes. Nun werden wir wieder ganz still. Ja, Barock, wieder, diesmal den freien Raum, das Gelände mit einbeziehend. Welch ein Garten! Wurden je Landschaft und Baukunst derart mit- und gegeneinander komponiert? Wie ist da die sanfte Erhebung in die Gestaltung einbezogen – das kleine, untere Schlößchen gegen das große, beherrschende gesetzt! Und wie still alles! Vielleicht, wenn wir viel Zeit und Kräfte haben, besichtigen wir die Sammlungen, die barocken Plastiker und Maler, die gerade hier auf dem rechten Platz vereinigt sind, oder die Maler des neunzehnten Jahrhunderts, in deren fade Bravheit die Explosion namens Klimt verwirrend einbricht – zunächst aber gehen wir und schauen, gewinnen selbst Sammlung in uns. Und wieder: erinnern Sie sich der kleinen, unscheinbaren Pforte, die zu all dieser Herrlichkeit führt – durchs Hintertürl ins Paradies. Wien offeriert sich nicht, Wien versteckt sich.

Und nun sind wir oben, auf der Terrasse, und sehen hinunter auf den Garten und hinüber über die Stadt zur Linie des Wienerwalds. Ein Gnadengeschenk der Geographie, wie diese Stadt im Rund von Hügeln gehegt, in sie gebettet ist!

Hans Weigel, 1956

Das Gezelt eines Feldherrn

Über Wien südlich steigt eine sanfte Anhöhe auf: da ragte zu alten Römerzeiten die Zitadelle Fabiana. Eben auf dieser Höhe ließ sich Eugen von einem der besten Baumeister seiner Zeit, mit Namen Lucas Hildebrand, seine Sommerresidenz, das Belvedere, erbauen. So stand auf dem alten Kriegshügel, von wo die römischen Adler gegen Osten Wacht gehalten hatten, wiederum das Gezelt eines Feldherrn: an dieses sollte nach des Baumeisters Willen der Palast gemahnen, wenngleich er aus Steinen aufgerichtet war anstatt aus Plachen und Stangen, und mit Kupfer eingedeckt anstatt mit seidenen Teppichen wie jenes Zelt des Kara Mustapha, das die Wiener hatten der Löwelbastei gegenüber vor dreißig Jahren mit bebendem Herzen aufrichten sehen. Betrachtet man aber diesen leichten sommerlichen Bau genauer, so tritt jenes geahnte fürstliche Prunk- und Lustgezelt hervor, wie es vor der Seele des Baumeisters gestanden haben mag: in der Mitte das Hauptzelt, die beiden Flügel nochmals jeder in einem runden Zelt endend, von dessen leichtem vergoldetem Dach deutlich die Zeltschnüre mit Quasten als steinerne Ornamente herabhängen. Hier sollte der Feldherr eine kurze Ruhe finden zwischen Kriegszug und Kriegszug. Die Stadt seines Kaisers, dem er glorreich und gehorsam diente, sollte sich vor den Fenstern seines Ruhegemaches ausbreiten und der uralte ehrwürdige Dom zu ihm hinaufgrüßen. Das gewaltige Treppenhaus, die hellen Säle sollten von Bildern erfüllt sein, die seine Taten verherrlichten, von Statuen, die in ihrer allegorischen Sprache von seinem Ruhm und seiner Größe, seiner Weisheit und Bescheidenheit redeten: so wollte es der Geist jener Zeit, in der alles, was im Menschen und in der Welt vorging, zu bedeutungsvollen Bildern wurde, alle Bildwerke aber und noch die Ornamente im Knauf eines Schwertes oder in der Klinke einer Türe in einer geistigen Sprache redeten.

Hugo von Hofmannsthal, 1913

Größe und Einfachheit

Eugens Bibliothek ist groß und besteht aus vielen guten, schön gebundenen Büchern. Erstaunlich ist, daß sich fast kein Buch in ihr findet, das der Prinz nicht gelesen oder wenigstens durchgeblättert hat, bevor es zum Buchbinder gekommen ist. Sollte man glauben, daß ein Mann, der die Last fast aller öffentlichen Geschäfte von Europa auf seinen Schultern trägt, oberster Feldherr des Reiches und erster Minister des Kaisers ist, ebenso viel Zeit zum Lesen findet als einer, der gar nichts zu tun hat? Er versteht von allem etwas, ohne für etwas Besonderes Vorliebe zu zeigen. Aber er weiß aus seiner Lektüre ebenso wie aus seiner amtlichen Beschäftigung jeden möglichen Nutzen zu ziehen. Sein Urteil ist von einer wunderbaren Treffsicherheit, sein Betragen von einer höchst anziehenden Einfachheit. Er ist ein kriegerischer Philosoph, der seine Würden und seinen Ruhm mit aller Gleichgültigkeit betrachtet und begangene Fehler mit so unbefangener Offenheit erzählt, als ob von einem anderen die Rede wäre. Kalt bei der ersten Begegnung, bei längerem Umgang vertraulich, bewundert er die Vorzüge anderer viel mehr als seine eigenen. Ich finde ihn im Privatleben noch bewunderungswürdiger als an der Spitze der Heere. Niemals habe ich in einem Manne so viel Größe und so viel Einfachheit vereinigt gesehen.

Jean Baptist Rousseau, um 1700

Schöner Garten schöner Träume

Durch die Seitengänge dieses Gartens bin ich oft gegangen. Manchmal vom dritten Bezirk in den vierten, das heißt also, bergauf und über die Steintreppe, wo wir als Kinder spielten. Zwischen einer Doppelstiege sind Steinplatten in einer Schräge gelegt, und alle Kinderspiele, die dort gespielt werden, gipfeln in dem einzigartigen Versuch, ohne Hilfe jene Schräge aufwärts zu gehen, oder auch abwärts zu laufen, was gilt schon ein wundes Knie, ein verbeulter Kopf!

Weiter unten der Irrgarten für Mädchenträume, erstes Wehgefühl, frühes Sinnen. Oder die einsamen Wanderungen an Spätsommernachmittagen, an den Sphinxen vorbei, die beschnittene Laubwand zur Linken. «Warum sind Sie traurig? Ist Ihnen etwas zugestoßen?», Begegnungen mit Freunden, eine Bank in der Sonne, vorüber an den müßigen Gartenbesuchern, die Fontänen sprühen, ja es ist wieder Frühling, aber von jeder Bank schauen einen fünf Augenpaare an: unangenehmes Gefühl: die Strumpfnaht sitzt nicht, die Absätze an den Schuhen sind nicht tadellos, ob man meine vorgeneigte Haltung bemerkt, wohin soll ich im Vorübergehen schauen, vielleicht gibt es hier Leute, die mich kennen, nichts von mir halten, über mich spotten, mich auslachen, was macht man eigentlich mit den Armen und mit den Händen?

Endlich an der Steintreppe. Hier sind die Allegorien der zwölf Monate, die ich sehr gern habe. Zu dreien stehen sie oberhalb der Stiege und zeigen, was sie mitbringen: die Jagd und die Lese, den Karneval und die Früchte.

Selten benütze ich den jenseitigen Gang; er ist schattig und einsam. Obwohl ich die Menschen auf der andern Seite fürchte, suche ich sie auf. Beide Seitenwege münden im oberen Teil des Parks in jenen wunderschönen weiten Platz, eine Stätte früher Eindrücke: der Blick auf den Teich, eine geahnte Bläue des leise gekräuselten Wassers, ein Schwan, das große schmiedeeiserne Tor; nicht den Gang dorthin, nur die Erwartung hinzukommen. Jetzt sind es die steinernen Rosse mit den fliehenden Mähnen zu beiden Seiten des Schlosses, die mich vor allem erfreuen.

Schöner Garten schöner Träume: Belvedere.

Friederike Mayröcker, 1956

Staatsvertrag

G'freit hab i mi scho ... an den Tag, wo ma'n bekommen ham ... den Staatsvertrag ... Da san ma zum Belvedere zogn ... san dag'standen ... unübersehbar ... lauter Österreicher ... wie im Jahr achtadreißig ... eine große Familie ... a bissel a klanere ... weil's Belveder is ja klaner als der Heldenplatz. Und die Menschen waren auch reifer geworden ...

Und dann is er herausgetreten ... der ... der ... Poldl und hat die zwa andern Herrschaften bei der Hand genommen und mutig bekannt: «Österreich ist frei!» Und wie i des g'hört hab, da hab i g'wußt: Auch das hab ich jetzt geschafft. Es ist uns gelungen – der Wiederaufbau ...

Ich mein', nicht daß ich blind wär' gegen die Fehler der Regierung ... i war ja immer kritisch. Ich hab immer alles durchschaut ... auch a Regierungsmitglied, wann i mir's so anschau ... der is aa net anders wie i. Und i kenn mi.

Helmut Qualtinger, 1961

Die Sphinx mit dem Apfelgesicht

Im Park des Belvedere hockt sie gegen Nordwesten gewandt, hockt da seit zweihundert Jahren, vollbusig, mit einem artigen Diadem über der nicht allzu hohen Stirn: die Sphinx mit dem Apfelgesicht. Irgendein unbekannter Bildhauer hat sie in Stein gemeißelt nach dem Ebenbild seines Mädchens, eine Wäscherin mag es gewesen sein oder eine kleine Modistin oder vielleicht auch eines der feinen Dämchen, eine junge Frau jedenfalls, die keine Geheimnisse zu haben schien oder nur so getan hat, als hätte sie nichts zu verschweigen; runde, freundliche Wangen, runde Augen, die spitze Nase ein wenig zu klein, der heiter geschwungene Mund noch kleiner: eine Wienerin, ganz gewiß, eine Sphinx ohne Geheimnis, jedenfalls ohne Geheimnistuerei.

In wie vielen Gestalten tritt sie hinaus auf die Straße, spaziert sie durch die Prater-Hauptallee, hantiert sie geschäftig in den Läden, wartet daheim auf einen Telefonanruf, singt todestraurig süßliche Lieder am grünen Tisch einer Heurigenschenke, weint, jammert, verflucht sich – nein, sie jammert nur selten, verflucht sich niemals, dazu ist sie zu nüchtern, zu gefühlvoll, zu vernünftig. Manches Mal scheint es so, als hätte jede Tageszeit ihre eigene Wienerin.

György Sebestyén, 1971

Die Brüste der Sphinx

Das Belvedere also. Das ist für das Kind nicht das übergroße Haus, das Schloß Belvedere, das «zu» ist, geschlossen, verschlossen, kalt, kalte blinde Fenster (blind für das Kind), das Belvedere ist der Garten. Reifenspiel im Garten. Das Belvedere ist die Sphinx. Nicht «die Sphinx mit dem Apfelgesicht», wie im Belvedere im Blick auf seine vielen Sphinx-Frauen viel später ein Mann, der aus Ungarn kommt, die Wienerin sieht. Die Sphinx sieht den Knaben ausdruckslos an, ganz leer, ganz leer ist ihr Blick. So unheimlich leer, daß es den Knaben unheimlich anzieht, 1921 wie heute. Wie heute?

Gewiß ist dies, soweit dem Kinde in Wien Gewißheit zukommt, in der Stadt, die aus lauter Ungewißheiten auch besteht: der Knabe lehnt sich an die Sphinx, an ihre kugelrunden, weißen Brüste, die meist grau sind wie der Himmel, der Himmel von 1921, er greift an eine gelbe Ader im Stein ihrer Brust, er setzt sich zu den Füßen der Sphinx und schaut auf die Stadt, und schaut auf das große Haus, «das Schloß».

Friedrich Heer, 1978

Alles einsam und still

Am 25. kam der Oncle frühmorgens zu uns, um uns zu einem Spaziergange abzuholen. Wir gingen in den Schwarzenbergischen Garten hinaus. Herrlicher Palast mit Säulen und der großen Terrasse vorn, von welcher herrliche Aussicht über die Glacis auf die Stadt und die Berge. Im Garten vor dem ganzen Schlosse ungeheure Pomeranzenbäume, ein Olivenbaum mit dem traurigen Grün und Granatbäume, die eben blühten.

Die Stiege ganz mit roten Blumen besetzt. Alles einsam und still, nur mehrere Lesende. Der Garten erhebt sich in fünf oder sechs Terrassen, wovon jede ein eigener Garten, immer höher. Im obersten Garten großer Teich, wo ein Schwan mit zwei Jungen. Seitwärts dort ein versteckter einsamer hölzerner Sitz an der Mauer, wo man ins Feld hinaussieht, wo eben Mandel standen.

8. Juli: Abends nach halb 8 Uhr zum erstenmale mit Wilhelm allein zum Stubenthore hinaus, Birnen gekauft und einsamer Spaziergang über die Glacis durch die schöne unendliche Allee mit den herrlichen Ansichten auf den Stephansturm und die Vorstädte mit ihren Palästen. Auf den Rasen der Glacis legten wir uns dem Schwarzenbergischen Palais gegenüber und lagen dort bis es finster wurde.

Joseph von Eichendorff, 1811

Wie verzaubert

Wie eine angeschlagene Stimmgabel auf ein Musikinstrument, so wirkt sein Name auf denjenigen, der ihn kennt. Das Wort benennt einen Garten, der sich vor anderen durch die geistige Verfeinerung auszeichnet, die die sinnlich wahrnehmbaren einfachen Dinge in ihm während des Verlaufes einer langwährenden Entwicklung erfuhren; seine

Atmosphäre reizt geheime Kräfte im Besucher auf; und wer noch die Zeit und die Fähigkeit dazu hat, sich dem Kultus seelisch wirkender Sensation hinzugeben, die dem Empfindlichen aus dem Erfühlen der scheinbar ganz einfachen Dinge erwachsen kann, dem wird sich im Schwarzenberg-Garten der Anlaß zu einer Fülle davon auftun, schier kaum zu bewältigen. Das Gelb und das Braun seiner Erde ist anders als sonstwo; im Sonnenrauch über grünen Wiesenmatten und im Blau des über den Baumgruppen hängenden Dunstes bricht sich das Licht anders, die ihn durchziehenden Gerüche sind anders gemischt als in anderen Gärten. Mit dem eigenartigen Licht und dem linden Pflanzenduft, der wie das halbverflogene Parfüm aus alten Laden schweifliniger Schubkasten in alten Stuben berührt, fließt einem in diesem Garten auch eine seltsame Stimmung der Stille und Abgeschiedenheit zu.

An seiner langen, grauen und verbröckelnden Mauer entlang, über deren Rand grüne Baumwipfel nicken, fahren viele Leute, von Wanderlust und Schaudrang getrieben, süd- und ostwärts in ferne Länder, ohne des Gartens sonderlich zu achten, ohne vielleicht zu wissen oder zu glauben, daß sie hier unter Umständen Schöneres sehen können als hundert Meilen weiter. Der Schwarzenberg-Garten ist fast immer nur von wenigen Leuten besucht. Aus den schmalen und düsteren Seitengassen, hinter deren Bauten sich viele unzugängliche Herrschaftsgärten verbergen, schicken bekümmerte Eltern ihre kleinen und blassen Kinder zum Spiele hierher. Erwachsene Menschen betreten ihn meistens nur dann, wenn ihnen das Herz voll ist und der Sinn schwer, oder wenn ihnen im Traum, dieser feineren Form der Erinnerung, wieder einmal das Bild dieses Gartens aufgetaucht war, in dem auch sie als Kinder manch sonnigen Tag verlebten. Dabei muß es nicht einmal eine Geschichte sein, was sie da erlebten, und doch durchzittert sie ein Nachgenußglück bei dem Gedanken an den Garten ihrer Jugend.

Wie verzaubert liegt der stille Garten da mit seinem verlassen ruhenden Schloß, einem wahrhaften Dornröschenschloß voll hoher und prächtiger Säle mit weißgoldenen Stuckoschnörkeln am Plafond, geblümten und streifmustrigen Tapeten an den Wänden. Ja, wie verzaubert liegt er da; als hätte das laute und rege Leben hier keine Geltung, sondern nur die Träumerei und Beschaulichkeit. Und wirklich: das Leben braust draußen an den hohen Mauern vorbei, es findet den versteckten Weg nicht, der durch ein dunkles und schwüles Schwibbogentor hereinführt.

Dieser Garten ist jener merkwürdige Ort der merkwürdigen Stadt, die Wien ist, der von jenen Menschen aufgesucht wird, die noch vor dem Leben oder bereits nach dem Leben sind. Er ist der Garten der Kinder und der Greise; derjenigen, die noch nichts wollen, und derjenigen, die nichts mehr begehren, – außer das eine: friedlich im Augenblick aufzugehen.

Arthur Rössler, 1909

ZWISCHEN GÜRTEL UND RING

Magnetfeld Ungargasse

Es gibt, und das ist leicht zu erraten, viel schönere Gassen in Wien, aber die kommen in anderen Bezirken vor, und es geht ihnen wie den zu schönen Frauen, die man sofort ansieht mit dem schuldigen Tribut, ohne je daran zu denken, sich mit ihnen einzulassen. Noch nie hat jemand behauptet, die Ungargasse sei schön, oder die Kreuzung Invalidenstraße-Ungargasse habe ihn bezaubert oder sprachlos gemacht. So will ich nicht erst anfangen, über meine Gasse, unsre Gasse unhaltbare Behauptungen aufzustellen, ich sollte vielmehr in mir nach meiner Verklammerung mit der Ungargasse suchen, weil sie nur in mir ihren Bogen macht, bis zu Nummer 9 und Nummer 6, und mich müßte ich fragen, warum ich immer in ihrem Magnetfeld bin, ob ich nun über die Freyung gehe, am Graben einkaufe, zur Nationalbibliothek schlendere, auf dem Lobkowitzplatz stehe und denke, hier, hier müßte man eben wohnen! Oder Am Hof! Selbst wenn ich trödle in der Inneren Stadt und vorgebe, nicht nach Hause zu wollen, mich eine Stunde lang in ein Kaffeehaus setze und in Zeitungen blättere, weil ich insgeheim schon auf dem Weg und zurücksein möchte, und wenn ich einbiege in meinen Bezirk, von der Beatrixgasse her, in der ich früher gewohnt habe, oder vom Heumarkt aus, dann ist es nicht wie mit dem Kranksein an der Zeit, obwohl die Zeit plötzlich mit dem Ort zusammenfällt, aber nach dem Heumarkt steigt mein Blutdruck und zugleich läßt die Spannung nach, der Krampf, der mich in fremden Gegenden befällt, und ich werde, obwohl ich schneller gehe, endlich ganz still und dringlich vor Glück. Nichts ist mir sicherer als dieses Stück der Gasse, bei Tag laufe ich die Stiegen hinauf, in der Nacht stürze ich auf das Haustor zu, mit dem Schlüssel schon in der Hand, und wieder kommt der bedankte Moment, wo der Schlüssel sperrt, das Tor aufgeht, die Tür aufgeht, und dieses Gefühl von Nachhausekommen, das überschwemmt mich in der Gischt des Verkehrs und der Menschen schon in einem Umkreis von hundert, zweihundert Metern, in dem alles mir mein Haus ankündigt, das nicht mein Haus ist, sondern natürlich einer A.G. gehört oder irgendeiner Spekulantenbande, die dieses Haus wiederaufgebaut hat, zusammengeflickt vielmehr, aber darüber weiß ich so gut wie nichts, denn in den Reparaturjahren habe ich zehn Minuten entfernt gewohnt, und die längste Zeit ging ich an der Nummer 26, die lange auch meine Glücksnummer war, bedrückt und schuldbewußt vorüber, wie ein Hund, der seinen Herrn gewechselt hat, seinen alten wiedersieht und nun nicht weiß, wem er mehr Anhänglichkeit schuldet. Aber heute gehe ich an der Beatrixgasse 26 vorbei, als wäre da nie etwas gewesen, beinahe nichts, oder ja, es war einmal an dieser Stelle, ein Duft aus alter Zeit, er ist nicht mehr zu spüren.

Ingeborg Bachmann, 1971

Das besondere Gebäude

Er nimmt mich mit dem Taxi mit, wir fahren über den Schwarzenbergplatz, wo er mich auf die Französische Botschaft aufmerksam macht.

«Kommt es Ihnen nicht sehr eigenartig vor, daß dieses Gebäude dort, ausgerechnet dort steht?» fragt er.

«Nein», antworte ich.

«Fällt Ihnen an diesem Gebäude nichts auf?» fragt er weiter.

«Nein.»

«Es fällt Ihnen gar nichts Besonderes auf?»

«Ich wüßte nicht, was mir Besonderes auffallen sollte.»

«Glauben Sie denn, daß dieses Gebäude auch woanders stehen könnte?»

Ich wisse es nicht.

«Ist Ihnen nie die Idee gekommen, daß dieses Haus irrtümlich dort steht, irrtümlicherweise dort aufgestellt worden ist?»

«Nein».

«Sehn sie, schaun Sie, dieses Gebäude steht aber irrtümlicherweise dort, diese Französische Botschaft ist irrtümlich hier, gerade hier aufgestellt worden, obwohl zuerst niemand eine solche Absicht gehabt hatte; aber man hat den Baumeistern die falschen Pläne übergeben; den Baumeistern der Französischen Botschaft in Wien hat man die Pläne für das Gebäude der Französischen Botschaft in Bangkok, und den Baumeistern des Gebäudes der Französischen Botschaft in Bangkok hat man die Pläne für das Gebäude der Französischen Botschaft in Wien übergeben; man hat die Pläne verwechselt; das Gebäude der Französischen Botschaft, das in Wien stehen sollte, steht in Bangkok, und das Gebäude der Französischen Botschaft, das in Bangkok stehen sollte, steht hier in Wien, hier, dort drüben! Und so etwas haben wir hier auf dem Schwarzenbergplatz!»

Gert Jonke, 1970

Vorposten Venedigs

Die Wiener Karlskirche ist für die aus dem Osten, aus Bukarest, Warschau oder Prag Anreisenden eine Art allererster Vorposten Venedigs. Ein Versprechen auf gleißende

Mosaikböden, heisere Signalrufe von Gondolieri, geflochtene Badezelte und auf Holzstäbchen gespießte kandierte Früchte. Von den Stufen des ausladenden barocken Hauptportals, das sich zwischen zwei hohen, reliefumrankten, architektonischen Zwittern aus Turm und Säule erstreckt, kann man, wenn man der gewaltigen, wie vom Sturm geblähten blau-grünen Kuppel den Rücken zuwendet, die byzantinisch wirkenden Stadtbahnstationen Otto Wagners sehen.

Ferdinand dachte immer, von dort aus müßten Schnellzüge zum Lido fahren, direkt in die Rezeption des Grand Hotel des Bains, und es hätte ihn auch nicht gewundert, wenn zumindest während der Sommermonate auf den Flachdächern der prachtvollen Haltestellen Fahnen und Tafeln Auskünfte über Wind- und Wellenverhältnisse der adriatischen Strände gegeben hätten. (...)

In dem der Karlskirche schräg vorgelagerten Resselpark, der in den ersten Jahren nach dem Zweiten Weltkrieg den Schwarzhändlern als Freiluftgeschäftsstelle diente, lehnte an der Rückseite des Denkmales von Siegfried Markus, des österreichischen Erfinders des Dampfautomobils, um die Mittagsstunde bei jeder Witterung und zu jeder Jahreszeit eine blinde, von einem Wolfshund begleitete Greisin. Sie war es, die Ferdinand und einigen seiner Bekannten vor vielen Jahren von der Möglichkeit des «vollkommenen Reisens» erstmals Mitteilung gemacht hatte. Gegen einen symbolischen Betrag von drei Schilling versetzte sie sich, wenn sie bei guter Laune war, blitzartig in Gedanken auf den Hauptplatz von Ragusa oder in das Innere der Kathedrale von Reims und schilderte, was sie sah, so plastisch, daß Ferdinand, der die Augen schloß, um sich ihrer Führung auszuliefern, jedesmal darüber erschrak, sich am Wiener Karlsplatz zu befinden, wenn er sie Minuten später wieder öffnete.

André Heller, 1987

Der Musik ganz nahe

Der Wiener Karlsplatz ist ebensowenig ein Platz wie die Pariser Place de la Concorde. Er ist ein freier Raum von fröhlicher Unregelmäßigkeit, der hier und dort von Gebäuden begrenzt und unterbrochen wird. Hier zu gehen – langsam und ohne rechtes Ziel –, das ist so eindrucksvoll, weil man dabei im Sinn hat, daß man der Wiener Musik ganz nahe ist. Da, links neben der Karlskirche, hat Schubert gewohnt, gar nicht weit davon Moritz von Schwind, der zu Schuberts Freundeskreis gehörte, und drüben, in der Karlsgasse, wo jetzt ein Zubau zur Technischen Hochschule steht, Brahms. Und wieder nicht weit von hier, in einem Nebengebäude des Belvederes, war Bruckners Wohnung und ein Stück weiter die Villa, die Richard Strauss vom österreichischen Staat zur Verfügung gestellt wurde. In etwa zehn Minuten sind Sie beim letzten Wohnhaus des Johann Strauß, sie alle sind hier gegangen, wo Sie jetzt gehen, sie haben diese Karlskirche genau so gesehen wie Sie jetzt, diese Karlskirche, die eigentlich nichts weiter ist als ein Anblick, eine Kuppel, die sich selbständig gemacht hat, eine Dekoration, ein Effekt. Hier ist viel Platz, weil hier der Geist der Wiener Musik seinen Ort hat, in diesem unregelmäßigen weiten Raum, der noch hinüberreicht zum Theater an der Wien, wo «Fidelio» und auch viele Operetten zum erstenmal gespielt wurden, und auf der anderen Seite zu dem Gebäude, das die Säle des Konzerthauses und der Musikakademie beherbergt.

Hans Weigel, 1956

Um die Neue Wiener Schule

[Wien, Mitte Januar 1905]

Lieber Schönberg!
Unsere Hoffnungen sind schnell und gründlich zu Wasser geworden! Rothschild läßt mir eben durch seinen Sekretär

telephonieren, daß er Ihrem Vereine 1000 Kronen zur Verfügung stellt – in Anbetracht dessen, daß er für Musik kein Interesse hat, und daher auch – kein Geld. In sehr verbindlicher – aber ganz apodictischer Art – gegen die jeder Recurs unmöglich. Ich beeile mich, Ihnen diese Hiobspost zu melden, und bedaure, daß ich Ihnen nichts Erfreulicheres mitzutheilen hatte. Die 1000 Kronen stehen Ihnen zur Verfügung, bis Sie sie brauchen! Was nun?

Herzlichst grüßend – in Eile

Ihr Mahler

Newyork, Jänner 1909

Mein lieber Freund Schönberg!

Das war lieb von Ihnen, mir so ausführlich zu schreiben. Was Sie mir über Ihre Eindrücke – früher und jetzt – sagen, verstehe ich sehr gut, und habe es mir im Grunde genommen immer genau so gedacht. – Sie sind da ganz anders als ich. Ich lasse mich ohne Bedenken umrennen – ohne Furcht und auf die Gefahr hin, mich an Jemanden zu verlieren. (Ich weiß nämlich innerlich doch genau, daß ich mich schon wiederfinden werde.) – Was liegt eigentlich daran, wer die Werke schreibt? Wenn sie nur zur rechten Zeit da sind! (...) Ihr Quartett habe ich mit und studire es zuweilen. Aber hart wird es mir. Es thut mir so schrecklich leid, Ihnen so schlecht folgen zu können; und hoffe auf die Zukunft, wo ich mal mehr «zu mir» (also auch zu Ihnen) kommen kann. Meine erste Symphonie ist hier ziemlich durchgefallen – Sie sehen daraus, daß ich ziemlich incognito herumwandle. Und wie sehr ich mich eigentlich nach der Heimath sehne (worunter ich nämlich die wenigen Menschen meine, von denen ich verstanden werden möchte und die ich lieb habe). Und dazu zählt Sie in vordester Reihe

Ihr Freund *Gustav Mahler*

Appell an die modernen Künstler

Liebe Freunde!

Ihr habt ein Recht, stolz zu sein. Ihr habt ja Wunder getan in unserem Vaterland. Eine solche Ausstellung haben wir noch nicht gesehen. Eine Ausstellung, in der es kein schlechtes Bild gibt! Eine Ausstellung in Wien, die ein Resümee aller modernen Malerei ist! Eine Ausstellung, die zeigt, daß wir, wir armen Wiener, Leute haben, die neben die besten Europäer treten und sich mit ihnen messen dürfen! Wer hätte sich das träumen lassen! Ihr dürft stolz sein. Aber, Freunde, seid nicht bös: mitten in der herrlichen und grandiosen Freude über Euch wird mir bange.

Ich will Euch sagen, was mir bange macht. Ich habe Angst, daß Ihr Euch zu früh zufrieden gebt. Um Gotteswillen, das dürft Ihr nicht. Ihr dürft Euch nicht beruhigen, Euch nicht beschwichtigen lassen. Ihr dürft nicht glauben, daß jetzt schon alles geschehen ist. Ihr dürft nicht rasten. Es ist noch gar nichts geschehen, sondern jetzt fängt es erst an! Mit dieser ersten Tat habt Ihr uns ein Versprechen gegeben. Löst es ein! Dieser erste Erfolg legt Euch Pflichten auf, ungeheure Pflichten. Zeigt Euch würdig, erfüllt sie.

Mit dieser ersten Ausstellung ist noch gar nichts getan, jetzt fängt es erst an! Diese erste Ausstellung von Euch ist eine große Frage an das Publikum gewesen. Man hatte Euch vorgelogen, jahrelang: unser Publikum will die Kunst nicht. Da habt Ihr es durch diese Ausstellung gefragt: willst du die Kunst, Ja oder Nein? Und es hat Ja gesagt, es hat Ja geschrien! Es rennt zu Euch, es jauchzt Euch zu, es ist wie in einem heiligen Rausch. Es will die Kunst, es will sie! Nun ist es an Euch, sie ihm zu geben.

Kunst geben, das ist aber mehr, als die schönste Ausstellung der modernsten Bilder vermag. Ihr müßt große Zauberer sein. Was wir Wiener an subtilen Freuden, an innigen und delikaten Wünschen, an unruhigen Hoffnungen in unseren Seelen haben, das müßt Ihr uns in Linien und in Farben sehen lassen. Ihr müßt schaffen, was noch nicht dagewesen ist: Ihr müßt uns eine österreichische Kunst schaffen. Könnt Ihr das nicht, dann wäre es besser gewesen, uns ruhig weiter schlafen zu lassen. Ihr habt unsere Sehnsucht aufgeweckt. Nun erfüllt sie! Eine österreichische Kunst! Jeder von Euch fühlt, was ich meine. Wenn Ihr durch unsere milden, alten Straßen geht oder wenn Ihr die Sonne auf das Gitter vom Volksgarten scheinen seht, während der Flieder riecht und kleine Wienerinnen über die Schnur hopsen, oder wenn im Vorbeigehen aus einem Hof ein Walzer klingt, dann wird Euch so merkwürdig und keiner kann sagen, warum ihm so zum Weinen froh im Herzen ist, sondern er lächelt nur: Das ist halt Wien! Dieses: was halt Wien ist, müßt Ihr malen. Die moderne Kunst hat ungeheure Mittel in Eure Hand gegeben; nehmt sie, um durch sie die Seele unserer Heimat auszudrücken. Ihr müßt Bilder malen, die weit draußen in der Welt die fremden Leute, die nichts von uns wissen, fühlen lassen, wie sie sind: Bilder, die wie die Ouvertüre zum Don Juan oder die Volkshymne sind.

Und noch mehr. Mit dem Malen ist's noch nicht getan. Eine österreichische Kunst werden wir erst haben, wenn sie unter uns allen in unserer täglichen Existenz lebendig geworden ist. Seht! Indem ich dies schreibe, schaue ich über meinen Tisch weg durchs Fenster in den Liechtensteingarten hinab: da ruht der graue Palast in seiner ernsten Eleganz, hinten wird der Kahlenberg schon grün; dies ist eine Schönheit, die es auf der ganzen Welt nicht wieder gibt. Ich bin so froh. Aber dann sehe ich auf den Tisch, an dem ich schreibe, und dieser Tisch ärgert mich. Er könnte auch in einem Berliner Haus stehen. Ich möchte aber einen Tisch haben, der zu meinem Liechtensteingarten und zu meinem Kahlenberg gehört, der als Tisch so wienerisch ist, wie jener ein Wiener Garten und dieser ein Wiener Berg ist, und so wienerisch sollte mein Tisch, so wienerisch meine Lampe, so wienerisch mein Stuhl sein. Versteht Ihr, was ich meine? Unter lauter Sachen einer Wiener Kunst möchte ich leben, einer Kunst, die durch ihre Linien und ihre Farben mir das sagt, was ich in seligen Stunden des Wiener Frühlings bei mir empfunden habe. Diese müßt Ihr uns geben, nicht mir, nicht diesem oder jenem Kenner, sondern unserem ganzen Volk. Hüllt unser Volk in eine österreichische Schönheit ein! Früher dürft Ihr Euch nicht beruhigen, Euch nicht beschwichtigen lassen. Ihr habt Großes getan, Größeres steht noch aus. Jetzt fängt es erst an. Zögert nicht! Vorwärts!

Hermann Bahr, 1898

Land der Melancholie

Ich brauche nur in Schwechat oder am Westbahnhof auszusteigen oder von Zürich zum Ring zu fahren. Spätestens in der Mariahilfer Straße geschieht es: Ich brauche mir nur die Leute anzusehen, die sich die Schaufenster anschauen, und ich bin wieder ganz daheim im Land der Melancholie.

Anderen ergeht es vielleicht anders. Ich werde traurig, etwas müde, und mir ist sofort fad. Und dabei bin ich noch nicht einmal am Ring angelangt. Die Häuser sind zu hoch, zu groß. Überall Geschichte. Monumente. Andenken. Erinnerungen. Zum Weinen kein Grund, zum Lachen kein Anlaß. Ein schneller Blick in ein Geschäft, und ich höre das: «Bitte sehr, womit kann ich dienen?» oder solche dummen Worte wie: «Das ist fesch. Das paßt Ihnen wie angegossen. Auf Wiedersehen. Küß die Hand» usw. usw. Ich brauche es nicht zu hören und habe die Worte im Ohr. Ich weiß, was jeder hier sagt und denkt, betont. Es hat sich nichts geändert. Nur ist alles so schön ausstaffiert, und jeder so schön angezogen. Man sieht viele und viele grüne Hüte, die mir vor allem bei Damen um die Fünfzig auffallen, man sieht viele alte und wenig junge Gesichter. Kindern in Dirndkleidern und Lederhosen muß ich nachstarren. Das gibt es also alles noch? Ja, so was gibt's. Es hat sich nichts geändert. Die Gesichter sind die gleichen, der Ausdruck derselbe. Launisch, mißtrauisch, etwas gelangweilt, sehr höflich, keineswegs dumm.

Jakov Lind

Das Arbeitsprogramm der Wiener Werkstätten

Das grenzenlose Unheil, welches die schlechte Massenproduktion einerseits, die gedankenlose Nachahmung alter Stile andrerseits auf kunstgewerblichem Gebiete verursacht hat, durchdringt als Riesenstrom die ganze Welt. Wir haben den Anschluß an die Kultur unserer Vorfahren verloren und werden von tausend Wünschen und Erwägungen hin und her geworfen. An Stelle der Hand ist meist die Maschine, an Stelle des Handwerkers der Geschäftsmann getreten. Diesem Strome entgegen zu schwimmen wäre Wahnsinn.

Dennoch haben wir unsere Werkstätte gegründet. Sie soll uns auf heimischem Boden, mitten im frohen Lärm des Handwerks einen Ruhepunkt schaffen und dem willkommen sein, der sich zu Ruskin und Morris bekennt. Wir appellieren an alle, denen eine Kultur in diesem Sinne wertvoll erscheint, und hoffen, daß auch unvermeidliche Fehler unsere Freunde nicht beirren werden, unsere Absichten zu fördern.

Wir wollen einen innigen Kontakt zwischen Publikum, Entwerfer und Handwerker herstellen und gutes, einfaches Hausgerät schaffen. Wir gehen vom Zweck aus, die Gebrauchsfähigkeit ist uns erste Bedingung, unsere Stärke soll in guten Verhältnissen und in guter Materialbehandlung bestehen. Wo es angeht, werden wir zu schmücken suchen, doch ohne Zwang und nicht um jeden Preis. (...)

Die Surrogate der stilvollen Imitationen können nur dem Parvenü genügen. Der Bürger von heute, ebenso wie der

Arbeiter, müssen den Stolz besitzen, ihres Wertes voll bewußt zu sein, und dürfen nicht mit anderen Ständen wetteifern wollen, deren Kulturaufgaben erfüllt sind und die mit Recht auf eine herrliche Vergangenheit in künstlerischer Beziehung zurückblicken. Unser Bürgerstand hat seine künstlerische Aufgabe noch lange nicht erfüllt. (...) Solange nicht unsere Städte, unsere Häuser, unsere Räume, unsere Schränke, unsere Geräte, unsere Kleider und unser Schmuck, solange nicht unsere Sprache und unsere Gefühle in schlichter, einfacher und schöner Art den Geist unserer eigenen Zeit versinnbildlichen, sind wir unendlich weit gegen unsere Vorfahren zurück, und keine Lüge kann uns über alle diese Schwächen täuschen.

Es sei noch gestattet, darauf aufmerksam zu machen, daß auch wir uns bewußt sind, daß unter gewissen Umständen mit Hilfe von Maschinen ein erträglicher Massenartikel geschaffen werden kann; derselbe muß dann aber unbedingt das Gepräge der Fabrikation tragen. Wir halten es nicht für unsere Aufgabe, jetzt schon dieses Gebiet zu betreten. Was wir wollen, ist das, was der Japaner immer getan hat. Wer würde sich irgend ein Werk japanischen Kunstgewerbes maschinell hergestellt vorstellen können? Was in unseren Kräften liegt, werden wir zu erfüllen trachten, wir können aber nur durch die Mitarbeit aller unserer Freunde einen Schritt weiterkommen.

Josef Hoffmann, 1905

Kindheit

Josefstadt, Kindheit, Heimat! Mit Worten ist dieser Erlebensdreiklang nicht nachzubilden. Und wär' er dies selbst, es ist zu viel des Geräusches in der Welt, als daß gerade er vernehmlich würde. Aber noch redet die alte Vorstadt ja selbst. Noch gibt es hier und dort in ihr altväterische Häuschen, deren Torflure mitten in das Märchen verträumter

Gartenhöfe führen. Sandsteinfiguren stehen noch bemoost und verwittert unter uralten Bäumen. Windschief gewordene Gartenhäuser lehnen noch hie und da baufällig an den Feuermauern zudringlicher Zinskasernen, und es sind noch unkrautüberwucherte Wege genug, die, ehemals zierlich bekiest und an Taxushecken vorüber, durch verwachsene Lattentüren hinaus in die Freiheit der Wiesen und Felder führten. Die hofwärtigen Fronten mancher Häuser zeugen noch von dem italienischen Baugeschmack eines früheren Jahrhunderts. Säulengetragene Arkaden, oft mehrere Stockwerke übereinander, schmücken sie, und die kinderreiche Armut, von der solche Häuser meist bewohnt sind, versetzt unwillkürlich in ferne, viel südlichere Gegenden. Urwienerisch aber ist der Werkelmann, der auch heute noch die Kinder um sich versammelt, und der Geiger, den ein Ziehharmonikaspieler zu alten Weisen und längst verjährten Gassenhauern begleitet. In meiner Kindheit freilich gab es noch den Italiener, der einen rotuniformierten Affen Gewehrgriffe machen und Feuer geben ließ, den Dudelsackpfeifer, der mit Armen und Beinen nebstbei noch einen ganzen Mechanismus von Trommeln, Tschinellen und Klappern betätigte, den Bosniaken, der Dolche, Zigarrenspitzen und Tschibukrohre verkaufte, und den sogenannten Rastelbinder, der alles schadhafte Geschirr an Ort und Stelle mit Draht und Blech zusammenflickte. Vom Krawaten, der Kochlöffel und Holzflöten feilbot, und vom Pinkeljuden, der sein «Handle!» zu den oberen Stockwerken emporschnarrte, ganz zu schweigen! Die liebste und traulichste Erscheinung unter den Straßenverkäufern und Hausierern war aber doch die Lavendelfrau, die ihr Anbot himmelblauer, zartduftender Blüten nach einer uralten hochsommerschläfrigen Melodie in den Hof sang: Kaufts an Lavendl! Drei Kreuzer das Büscherl Lavendl! An Lavendl kaufts!

Anton Wildgans, 1928

Alte Frauen

Schon winkt der achte Bezirk mit warmer Heimatnotdurft, im Stall frisches Heu. Die Mutter atmet auf, sie bugsiert die Tochter, vorbei an Boutiquen, in die Einflugschneise der Josefstädterstraße. Die Mutter freut sich, daß der Spaziergang auch diesmal nicht mehr gekostet hat als ihre Schuhsohlen. Besser abgetretene Sohlen, als daß sich einer an den Damen Kohut die Schuhe abputzt.

Dieser Wohnbezirk ist, was seine engere Bevölkerung betrifft, ziemlich überaltert. Vor allem alte Frauen. Zum Glück hat diese eine alte Frau, die Mutter Kohut, ein jüngeres Anhängsel ergattert, auf das sie stolz sein kann und das für sie sorgen wird, bis der Tod sie scheidet. Nur der Tod kann die beiden trennen, und er steht auf dem Kofferanhänger Erika als Zielhafen angegeben. Manchmal kommt in diesem Bezirk eine Mordserie vor, und ein paar alte Weiberln sterben in ihren mit Altpapier völlig zugewachsenen Fuchsbauten. Wo ihre Sparbücher geblieben sind, weiß nur Gott allein, und der feige Mörder weiß es auch, der unter der Matratze nachgeschaut hat. Der Schmuck, das bißchen Schmuck, ist ebenfalls weg. Und der einzige Sohn, Vertreter für Eßbestecke, kriegt nichts. Der achte Wiener Gemeindebezirk ist ein beliebtes Viertel, was das Morden angeht. Es ist nie schwer auszukundschaften, wo eine dieser alten Damen wohnt. Faktisch wohnt zum Gespött der Mitmieter in jedem Haus mindestens ein so ein altes Muatterl und öffnet brav dem Gaskassier, der sich falsch als Amtsperson legitimiert. Sie sind schon oft gewarnt worden, aber immer noch öffnen sie ihr Herz und ihre Tür, denn sie sind einsame Menschen. So spricht die alte Frau Kohut zum Fräulein Kohut, um diese davon abzuschrecken, ihre Mutter je allein zu lassen.

Ansonsten kleine Beamte und ruhige Angestellte. Wenig Kinder. Die Kastanien blühen und im Prater wieder die Bäume. Im Wienerwald grünt schon der Wein. Leider müssen die Kohuts alle Träume fahrenlassen, es sich einmal gründlich anzuschauen, denn sie haben kein Auto.

Elfriede Jelinek, 1983

Das neue Theater

Das alte Theater in der Josefstadt, durchschwebt von freundlichen Schatten aus Wiens guten Theatertagen und glorreich behaftet mit Erinnerungen an Wiens musikalische Heroenzeit, hat der Architekt Witzmann zu einem neuen Theater gemacht, in dem des Raums Vergangenheit reizvoll gegenwärtig wird. Zartfühlend war der Baumeister bestrebt, die Ruine so aufzufrischen, daß ihren Geistern das Umgehen nicht verleidet würde. Es geriet eine liebliche Komposition aus heute und ehegestern, ein Neubau mit Patina, eine Lokalität für Fest und Spiel, die, strahlend in funkelnagelneuer Gewesenheit, dem Geschmack von damals mit allem Witz von heute dient. Architektur ist bekanntlich gefrorene Musik; dann wäre das Musik-Gefrorne, das hier erzeugt worden, ein gemischtes: Menuett und Romanze. Form und Maße des Zuschauerraums sind geblieben, wie sie waren: er bekam nur neue rot-goldene Bekleidung, die den weichen graziösen Schwung seiner Linien schmeichlerisch unterstreicht. Ein warmer, froher Raum, durchatmet von aller sinnlichen Lust des Theaters. Sollte hier auch die Not des Menschen tragiert werden, so hätte sie wohl nur den Sinn des Bittern, das die Speise würzt. Über den stilgerechten Reiz der Nebenräume, erhöht durch Bilder, Kristall, Barocköfen, Reliefs, Fresken und alte Türen, deren Reiz wiederum dadurch erhöht wird, daß Professor Reinhardt sie persönlich in Italien eingekauft hat, ist Wien aus den Gesängen der Harfner (die im Festzug, der Reinhardt einholte, voranschritten) ausreichend unterrichtet. Ich kann nur sagen, daß alles sehr wohlgefällig, heiter und deliziös ist, angefangen von dem vielbelobten Kassenraum bis zu den charmanten Sträußl-Sälen, in denen man speisen wird, in denen also die Idee einer Restauration des Theaters ihren wiengerechtest-sinnfälligen Niederschlag findet. Das Ganze macht durchaus harmonischen, vornehmen, nirgendwo protzigen Eindruck. (...)

Für sein Wiener Theater haben sich die besten Leute deutscher Bühne, wie es heißt um bescheidenen Sold, Reinhardt zur Verfügung gestellt. Es spricht für die Stärke seiner Persönlichkeit, daß die Menschen, die ihm dienen, die Freude an solchem Dienst als einen Großteil ihres Lohnes erachten (was diesen Teil betrifft, stoßen sie auch niemals auf engherzige Knausrigkeit bei der Leitung der Reinhardt-Bühnen). (...) Aber es sind nicht nur Schauspieler, die von dem theatralischen Ingenium dieses Mannes so kräftig angezogen werden. Das dumpfe Geschlecht der Dramaturgen, Beamte, Helfer jeglicher Art am Werk, verströmen sich bis zur völligen Anämie für den herzlichen Menschenfresser.

Alfred Polgar, 1924

Trieb und Kultur

Die Tatsache, daß die kulturelle Zügelung des Liebeslebens eine allgemeinste Erniedrigung der Sexualobjekte mit sich bringt, mag uns veranlassen, unseren Blick von den Objekten weg auf die Triebe selbst zu lenken. Der Schaden der anfänglichen Versagung des Sexualgenusses äußert sich darin, daß dessen spätere Freigebung in der Ehe nicht mehr voll befriedigend wirkt. Aber auch die uneingeschränkte Sexualfreiheit von Anfang an führt zu keinem besseren Ergebnis. Es ist leicht festzustellen, daß der psychische Wert des Liebesbedürfnisses sofort sinkt, sobald ihm die Befriedigung bequem gemacht wird. Es bedarf eines Hindernisses, um die Libido in die Höhe zu treiben, und wo die natürlichen Widerstände gegen die Befriedigung nicht ausreichen, haben die Menschen zu allen Zeiten konventionelle eingeschaltet, um die Liebe genießen zu können. Dies gilt für Individuen wie für Völker. In Zeiten, in denen die Liebesbefriedigung keine Schwierigkeiten fand, wie etwa während des Niederganges der antiken Kultur, wurde die Liebe wertlos, das Leben leer, und es bedurfte starker Reaktionsbildungen, um die unentbehrlichen Affektwerte wiederherzustellen. In diesem Zusammenhange kann man behaupten, daß die asketische Strömung des Christentums für die Liebe psychische Wertungen geschaffen hat, die ihr das heidnische Altertum nie verleihen konnte. Zur höchsten Bedeutung gelangte sie bei den asketischen Mönchen, deren Leben fast allein von dem Kampfe gegen die libidinöse Versuchung ausgefüllt war.

Man ist gewiß zunächst geneigt, die Schwierigkeiten, die sich hier ergeben, auf allgemeine Eigenschaften unserer organischen Triebe zurückzuführen. Es ist gewiß auch allgemein richtig, daß die psychische Bedeutung eines Triebes mit seiner Versagung steigt. Man versuche es, eine Anzahl der allerdifferenziertesten Menschen gleichmäßig dem Hungern auszusetzen. Mit der Zunahme des gebieterischen Nahrungsbedürfnisses werden alle individuellen Differenzen sich verwischen und an ihrer Statt die uniformen Äußerungen des einen ungestillten Triebes auftreten. Aber trifft es auch zu, daß mit der Befriedigung eines Triebes sein psychischer Wert allgemein so sehr herabsinkt? Man denke z.B. an das Verhältnis des Trinkers zum Wein. Ist es nicht richtig, daß dem Trinker der Wein immer die gleiche toxische Befriedigung bietet, die man mit der erotischen so oft in der Poesie verglichen hat und auch vom Standpunkte der wissenschaftlichen Auffassung vergleichen darf? Hat man je davon gehört, daß der Trinker genötigt ist, sein Getränk beständig zu wechseln, weil ihm das gleichbleibende bald nicht mehr schmeckt? Im Gegenteil, die Gewöhnung knüpft das Band zwischen dem Manne und der Sorte Wein, die er trinkt, immer enger. Kennt man beim Trinker ein Bedürfnis, in ein Land zu gehen, in dem der Wein teurer oder der Weingenuß verboten ist, um seiner sinkenden Befriedigung durch die Einschiebung solcher Erschwerungen aufzuhelfen? Nichts von alldem. Wenn man die Äußerungen unserer großen Alkoholiker, z. B. Böcklins, über ihr Verhältnis zum Wein anhört, es klingt wie die reinste Harmonie, ein Vorbild einer glücklichen Ehe. Warum ist das Verhältnis des Liebenden zu seinem Sexualobjekt so sehr anders?

Ich glaube, man müßte sich, so befremdend es auch klingt, mit der Möglichkeit beschäftigen, daß etwas in der Natur des Sexualtriebes selbst dem Zustandekommen der vollen Befriedigung nicht günstig ist. Aus der langen und schwierigen Entwicklungsgeschichte des Triebes heben sich sofort zwei Momente hervor, die man für solche Schwierigkeit verantwortlich machen könnte. Erstens ist infolge des zweimaligen Ansatzes zur Objektwahl mit Dazwischenkunft der Inzestschranke das endgültige Objekt des Sexualtriebes nie mehr das ursprüngliche, sondern nur ein Surrogat dafür. Die Psychoanalyse hat uns aber gelehrt: wenn das ursprüngliche Objekt einer Wunschregung infolge von Verdrängung verlorengegangen ist, so wird es häufig durch eine unendliche Reihe von Ersatzobjekten vertreten, von denen doch keines voll genügt. Dies mag uns die Unbeständigkeit in der Objektwahl, den «Reizhunger» erklären, der dem Liebesleben der Erwachsenen so häufig eignet.

Zweitens wissen wir, daß der Sexualtrieb anfänglich in eine große Reihe von Komponenten zerfällt – vielmehr aus einer solchen hervorgeht – von denen nicht alle in dessen spätere Gestaltung aufgenommen werden können, sondern vorher unterdrückt oder anders verwendet werden müssen. Es sind vor allem die koprophilen Triebanteile, die sich als unverträglich mit unserer ästhetischen Kultur erwiesen, wahrscheinlich, seitdem wir durch den aufrechten Gang unser Riechorgan von der Erde abgehoben haben; ferner ein gutes Stück der sadistischen Antriebe, die zum Liebesleben gehören. Aber alle solche Entwicklungsvorgänge betreffen nur die oberen Schichten der komplizierten Struktur. Die fundamentellen Vorgänge, welche die Liebeserregung liefern, bleiben ungeändert. Das Exkrementelle ist allzu innig und untrennbar mit dem Sexuellen verwachsen, die Lage der Genitalien – inter urinas et faeces – bleibt das bestimmende unveränderliche Moment. Man könnte hier, ein bekanntes Wort des großen Napoleon variierend, sagen: die Anatomie ist das Schicksal. Die Genitalien selbst haben die Entwicklung der menschlichen Körperformen zur Schönheit nicht mitgemacht, sie sind tierisch geblieben, und so ist auch die Liebe im Grunde heute ebenso animalisch, wie sie es von jeher war. Die Liebestriebe sind schwer erziehbar, ihre Erziehung ergibt bald zuviel, bald zuwenig. Das, was die Kultur aus ihnen machen will, scheint ohne fühlbare Einbuße an Lust nicht erreichbar, die Fortdauer der unverwerteten Regungen gibt sich bei der Sexualtätigkeit als Unbefriedigung zu erkennen.

So müßte man sich denn vielleicht mit dem Gedanken befreunden, daß eine Ausgleichung der Ansprüche des Sexualtriebes mit den Anforderungen der Kultur überhaupt nicht möglich ist, daß Verzicht und Leiden sowie in weitester Ferne die Gefahr des Erlöschens des Menschengeschlechts infolge seiner Kulturentwicklung nicht abgewendet werden können. Diese trübe Prognose ruht allerdings auf der einzigen Vermutung, daß die kulturelle Unbefriedigung die notwendige Folge gewisser Besonderheiten ist, welche der Sexualtrieb unter dem Drucke der Kultur angenommen hat. Die nämliche Unfähigkeit des Sexualtriebes, volle Befriedigung zu ergeben, sobald er den ersten Anforderungen der Kultur unterlegen ist, wird aber zur Quelle der großartigsten Kulturleistungen, welche durch immer weiter gehende Sublimierung seiner Triebkomponenten bewerkstelligt werden. Denn welches Motiv hätten die Menschen, sexuelle Triebkräfte anderen Verwendungen zuzuführen, wenn sich aus denselben bei irgendeiner Verteilung volle Lustbefriedigung ergeben hätte? Sie kämen von dieser Lust nicht wieder los und brächten keinen weiteren Fortschritt zustande. So scheint es, daß sie durch die unausgleichbare Differenz zwischen den Anforderungen der beiden Triebe – des sexuellen und des egoistischen – zu immer höheren Leistungen befähigt werden, allerdings unter einer beständigen Gefährdung, welcher die Schwächeren gegenwärtig in der Form der Neurose erliegen.

Die Wissenschaft hat weder die Absicht zu schrecken noch zu trösten. Aber ich bin selbst gern bereit zuzugeben, daß so weittragende Schlußfolgerungen, wie die obenstehenden, auf breiterer Basis aufgebaut sein sollten, und daß vielleicht andere Entwicklungseinrichtungen der Menschheit das Ergebnis der hier isoliert behandelten zu korrigieren vermögen.

Sigmund Freud, 1912

Die Couch

Es hatte damit begonnen, daß sie früher bei bestimmten Wörtern fromme Fratzen schnitt. Sie entwickelte dazu aber auch das weitaus bedenklichere Faible des heimlichen Knabenkneifens. Zuerst lachte man noch darüber, aber als die ersten Knaben, die sie bald immer ungenierter nicht mehr in die Waden, sondern in die Hintern kniff, deutlich zu meutern begannen, gab Tante Theodora nicht eher Ruhe, bis der damals in Wien praktizierende Dr. Sigmund Freud einwilligte, sie für eine psychoanalytische Behandlung anzunehmen. Es galt bei reichen Leuten als äußerst schick, bei Dr. Freud in Behandlung zu sein. Die Psychoanalyse galt als «erlaubt revolutionär», wie Tante Theodora fand, außerdem hatte sie einen Zug ins ideale Gespann von Intelligenz und Inzest, es tat nicht weh und es wurden, vor allem, keinerlei bedrohliche Gegenstände wie Injektionsspritzen, scheußliches OP-Besteck oder das leise Grauen erregende Stirnokular, das eklige dritte Auge der Götter in Weiß, verwendet, Außerdem gab es bei Dr. Freud nicht diese Schläuche und Abbindegurte, nichts dergleichen. Man hatte sich auf eine Couch zu legen und man durfte Dinge sagen, die man sonst unter keinen Umständen jemand gesagt hätte.

Nach wenigen Liegevisiten hatte Dr. Freud ihr mit Bedauern unterbreitet, er könne sie nicht weiterhin psychoanalysieren, beim besten Willen nicht. «Sie leiden ja überhaupt nicht», hatte der Arzt ihr eröffnet. Tante Theodora war darüber sehr enttäuscht, aber seitdem lebte sie ohne die Anwandlung, Knaben zu kneifen; statt dessen frömmelte sie, mit einem leichten Dünkel.

Ernst Herhaus, 1983

Leichte Schuh und schwere Tritte

Wenn die Blätter auf den Stufen liegen
herbstlich atmet aus den alten Stiegen
was vor Zeiten über sie gegangen.
Mond darin sich zweie dicht umfangen
hielten, leichte Schuh und schwere Tritte,
die bemooste Vase in der Mitte
überdauert Jahre zwischen Kriegen.

Viel ist hingesunken uns zur Trauer
und das Schöne zeigt die kleinste Dauer.

*

Noch war Neumond, seit dem 19. des Monats. Das aus der Straßenschlucht gehobene Aug' sieht den Himmel zunächst dunkel, auf den zweiten Blick erst: daß er klar und gestirnt ist. Melzer verließ das Haustor der Miserowsky'schen Zwillinge, welches sich hinter E. P. schloß. Im Treppenhause eingeschaltetes Licht fiel oben durch den Bogen. Der Major querte die Porzellangasse schräg, jedoch nicht in der Richtung auf seine Wohnung zu. Er bog in die Fürstengasse, schritt an dem schweren geschlossenen Barock-Portal vorbei, und es währte nicht lang, so stand er am unteren Ende der Stiegen.

Und hörte des Brunnens Geträtsch oben auf dem Absatz, zu welchem die Treppen hinauf pirouettierten. Die Rampen lagen hell. Mond oder Neumond, es machte hier nicht viel aus, das Gestirn mochte, wenn es aufstieg, mehr zusehen dem, was hier etwa vorging, als dazu leuchten: denn oben und unten taten's die hohen Kandelaber auf ihren schlanken, gegitterten Masten, und an der Wendung der Rampen stand auch je einer, von Blattpflanzen umschlungen, die er grün durchhellte.

Langsam ging Melzer hinauf, durch die Schichten gleichsam emportauchend, als stiege er vom Grunde, nicht also wie hinabtauchend in die Tiefe der Zeit. Ihm lag die Vergangenheit oben, als ein Helles, Schäumendes, daraus die Sonne gewesener Tage zu gewinnen war, kein Dumpfes und Dunkles. Aus diesem aber wollt' er sich bäumen, «die süße Luft der Oberfläche zu schmecken», wie Gütersloh einmal sagt.

Er blieb erst auf der oberen Rampe stehen, weil sich unten ein Paar küßte, an dem Melzer rasch vorbeigeglitten war. Sonst blieb's leer. Sein Besuch der Stiegen jetzt zur Nachtzeit stellte nicht die paar Schritte dar, die man gerne vor dem Zubettgehen noch tut; und auch nicht ein wehmütiges Erinnern oder dergleichen. Sondern nichts anderes denn eine Anfrage. Ihn hatte ein letzter, verschütteter Rest dessen hingetrieben, was einst fromme, heidnische Wallfahrer nach Delphi führte. So ihn zu dem genius loci hier. Der schwieg: für diesmal. Das Köpfchen geneigt, schlief die Dryas der Strudlhofstiege tief im Holz eines Stammes oder auch sonst wo.

Heimito von Doderer, 1951

An die Bewohner Wien-Alserbachstraße

Liebe Hausbewohner!

Wir freuen uns, einen Beitrag zur Verbesserung der Lebensqualität in Ihrem Bereich leisten zu können. In Ihrem Haus werden fünf Baummieter nach Entwürfen von Hundertwasser einziehen. Die Baummieter bewohnen einen zirka vier Quadratmeter großen loggiaartigen Wohnbereich, welcher vom menschlichen Wohnraum fachgerecht getrennt wird. Es werden drei Baummieter aus Fenstern im ersten Stock direkt über der Zentralsparkasse und zwei Baummieter zu ebener Erde direkt aus der Bank herauswachsen. Die Vorteile hauseigener Baummieter sind unbestritten und vielfältig.

Da die Straße wegen dem Verkehr und den Untergrundeinrichtungen für Baumpflanzungen weitgehend ausfällt, Dachbepflanzungen jedoch meist Penthousecharakter annehmen und für den Mann der Straße unsichtbar bleiben und auch aus konstruktionellen Gründen oft unmöglich sind, bieten sich die senkrechten Hausfassaden zu einer Bewaldung der Stadt an.

Hier nun einige der Vorteile:

1. Baummieter, das heißt Bäume, die aus dem Fenster wachsen, sind weithin sichtbar und kommen vielen Menschen zugute.
2. Baummieter erzeugen Sauerstoff.
3. Baummieter verbessern das Stadt- und Wohnklima beträchtlich durch Milderung der feucht-trocken-warm-kalt-Gegensätze. Weniger Kopfweh – mehr Wohlbefinden.
4. Baummieter sind eine perfekte Staubschluck- und Staubfilteranlage. Besonders der feine, giftige Staub, den auch die Staubsauger nicht schlucken können, wird von den Baummietern in ihrem Bereich weitgehend neutralisiert und abgebaut. Die Hausfrau hat weniger Staub in der Wohnung.

5. Der Straßenlärm wird bedeutend gemildert, da die Echowirkung der senkrechten Häuserschluchten eingedämmt wird.
6. Baummieter bilden einen teilweisen Sichtschutz und erzeugen Geborgenheit.
7. Da die Baummieter mit wenigen Kubikmetern Erde auskommen müssen, können sie sich nicht zu großen Bäumen entwickeln. Daher wird die schattenspendende Eigenschaft sehr beschränkt bleiben. Sonne und Licht gelangen also gut auch an die Fenster, vor denen Baummieter wachsen, insbesondere im Winter, wenn die Blätter abgefallen sind.
8. Keine Belästigung durch Spinnen und Ameisen, da diese nicht in Bäumen wohnen. Hoffentlich kommen jedoch Schmetterlinge und Vögel.
9. So kommt die Schönheit und Lebensfreude wieder im Zusammenleben mit einem Stück hauseigener Natur.

Friedensreich Hundertwasser, 1980

SCHÖNBRUNN

Barockhimmel

Wunderbar, wie die ganze Anlage von Schönbrunn auf die reine menschenmäßige Begreiflichkeit hin komponiert und gezügelt ist. Indem man von dem ursprünglichen, allerdings beinahe phantastisch großen Plan des Fischer von Erlach abwich, dem Plan, nach dem ein Hauptschloß auf jene bezaubernde Wiener Höhe gesetzt werden sollte, auf der jetzt das Belvedere der «Gloriette» steht: indem man also in mäßigere und übersichtlichere Maße zurücktrat, gewann man die zugleich bedeutende und sympathische Wirkung des heutigen Zustandes. Von der Gloriette angeschaut liegen das lichtockerfarbene Schloß mit den grünen Läden, dem dunkeln, durch ein patinagrünes Mittelstück angenehm belebten Dach und der mit Geraden wie mit Diagonalen straff, doch auch liebenswürdig geordnete Garten als ein wahres humaniores Schauspiel in der Tiefe: breit gelagert, doch wohltuend eingeschränkt, eine planimetrische Besitzergreifung, die ein Bild der Weite ist, aber auch in einer einzigen zusammenfassenden Anschauung Platz findet. An solcher Stätte ist das Behagen vorstellbar, und dies, obwohl das Prinzip der vollkommenen Übersichtlichkeit für einen einzigen menschlichen Blick da wahrlich das maximale Maß gefunden hat. Selbstverständlich, daß Wien in dieser barocken Anlage sich zur rechtwinkligen Ordnung bekennen muß – das weiche, runde, agglomerierte Wien; fast auch überflüssig, zu sagen, daß der süßblaue, ein wenig veilchenfarbene Himmel dieses kaiserliche Schloß und seine Gärten mit der verbindlichsten Aura umwebt, und daß die Gloriette, von der man sanfte Hügel, lichte Wälder und Felder erblickt, in der Höhe steht wie ein schier durchsichtiges Diadem – von der Tiefe des Schlosses und des Gartenparterres her leicht und anmutig wie ein Gedicht.

Wilhelm Hausenstein, 1932

Eintritt verboten

Das Schloß ist großartig angelegt. Die grauen hechtfarbenen Soldaten halten Wache davor. Man darf in den Schloßhof hinein- und hindurchfahren, aber nicht das Schloß, nicht die Gemächer besehen. In Wien ist das oft versagt. Der Kaiser war abwesend. Wie leicht hätte ich durch die Gemächer streifen, das Rosazimmer Maria Theresias, ihr Gemälde, sogar ihr Kabinett betrachten können. Aber nein! Das negative Prinzip ist an der Tagesordnung; auch das, daß es nur gewisse Tage, gewisse Stunden für den Eintritt zu dieser oder jener Sehenswürdigkeit gibt, wobei dem Reisenden, der zufällig zu früh oder zu spät kommt, das Nachholen fast zur Unmöglichkeit wird. In Schönbrunn heißt es: «Es ist nicht erlaubt, das Schloß zu sehen.» Warum nicht, da der Kaiser abwesend ist! Die Staatsgeheimnisse hätte ich nicht von den Mauern herablesen können, wohl aber Napoleons Empfangssaal und daneben das Zimmer gesehen, in dem der Herzog von Reichstadt gestorben ist.

Therese Bacheracht, 1848

Maria Theresia

Diese Durchkreuzung des höchst Individuellen mit dem höchsten Natürlichen ist Maria Theresias Signatur. Immer wieder gab es Krisen, gefährliche und verworrene Situationen, denen zu Trotz sie ein ungeheures Maß von konstruktiver Arbeit leistet; die ruhigen Momente, die ein schwächerer Geist abgewartet hätte, kamen niemals oder waren sehr kurz; und sie ist sechzehnmal Mutter geworden. Das eine wie das andre nahm sie auf sich: mit Bereitwilligkeit, ja, mit Begierde. Die Begierde ging aus der Komplettheit der Fähigkeiten hervor, die in beiderlei Betracht unvergleichliche waren. Ihr Gebet war, Gott möge ihr für die politischen Geschäfte die Augen öffnen. Sie betete nur um die Entfaltung dessen, was in einem unvergleichlichen Maße in ihr lag. Mit diesem Gebet ging sie daran, aus den deutschen und böhmischen Erbländern ein Lebendiges zu schaffen. Sie folgte darin ihrem Genius, das dämonisch Mütterliche in ihr war das Entscheidende. Sie übertrug auf ein Stück Welt, das ihr anvertraut war, ohne Reflexion ihre Fähigkeit, einen Körper zu beseelen, ein Wesen in die Welt zu setzen, durch dessen Adern die Empfindung des Lebens und der Einheit fließt.

Hugo von Hofmannsthal, 1917

Das Wunderkind

[Wien, Oktober 1762]

Nun sind wir schon aller Orten in Ruf. Und als ich alleine den 10ten in der Opera war, hörte ich den Erzherzog Leopold aus seiner Loge in eine andere hinüber eine Menge Sachen erzählen, daß ein Knab in Wien sei und so trefflich das Klavier spielte. Selbigen Abend noch um 11 Uhr erhielt ich den Befehl, den 12ten nach Schönbrunn zu kommen. Den anderen Tag aber erhielt ich erneut den Befehl, den 13ten dahin zu gehen, weil am 12ten das Fest Maximiliani, folglich ein unruhiger Gallatag war; dann, wie ich höre, will man die Kinder gelegentlich hören. Hauptsächlich erstaunet alles ob dem Buben, und ich habe noch niemand gehört, der nicht sagt, daß es unbegreiflich sei. (...)

Nun läßt die Zeit mehr nicht zu in Eil zu sagen, als, daß wir von den Majestäten so außerordentlich gnädig sind aufgenommen worden, daß, wenn ich es erzählen werde, man es für eine Fabel halten wird. Genug! Der Wolferl ist der Kaiserin auf die Schoß gesprungen, sie um den Hals bekommen, und rechtschaffen abgeküßt. Kurz wir sind vor 3 Uhr bis 6 über bei ihr gewesen und der Kaiser kam selbst in das andere Zimmer heraus, mich hinein zu holen, um die Infantin auf der Violin spielen zu hören. Den 15ten schickte die Kaiserin durch den geheimen Zahlmeister, der in Galla vor unser Haus gefahren kam, 2 Kleider: eins für den Buben und eins fürs Mädl. Sobald Befehl kommt, müssen sie bei Hofe erscheinen, und der geheime Zahlmeister wird sie abholen. Heute um ½3 Uhr müssen sie zu den 2 Jüngsten Erzherzogen. Um 4 Uhr zum Graf Caunitz und vorgestern sind sie bei der Gräfin Küntzgin und dann später beim Grafen v. Ulefeld gewesen. Wir sind schon auf 2 Täge wieder verstellt. Sagen Sie es zur Gnade aller Orten, daß wir, Gott Lob, gesund und glücklich sind. Ich empfehle mich und bin der alte

Leopold Mozart

Keuschheitskommission

Alles in Wien war schön; es gab dort viel Geld und viel Luxus, aber große Hemmnisse für die Anbeter der Venus. Schändliche Spione, die man Keuschheitskommissare nannte, waren die unerbittlichen Quälgeister aller hübschen Mädchen; die Kaiserin hatte alle Tugenden, nicht aber die der Duldsamkeit, wenn es sich um unerlaubte Liebe zwischen Mann und Frau handelte. Die große, sehr fromme Herrscherin haßte die Todsünde ganz allgemein, und in dem Wunsch, sich vor Gott durch deren Ausrottung ein Verdienst zu erwerben, glaubte sie füglich, man müsse jede einzelne streng bestrafen. Sie nahm also das Verzeichnis der sogenannten Todsünden in ihre königlichen Hände, fand ihrer sieben und beschloß, daß sie sechs übersehen könne; die Unzucht aber erschien ihr unverzeihlich, und gegen diese wandte sich ihr Eifer und überschlug sich.

Giacomo Casanova, 1750

Der französische Kaiser

Der Kaiser Napoleon ist einige Täg früher bei der Nacht beim Tabor herein, und bei der Mari Hülferlini wieder hinaus nach Schönbrunn gfahrn, und da ist unsre berittene Burgerschaft mitten unter seiner Gardi hinten drein geritten. Nach der Zeit hat sich der Französische Kaiser in Wien nimmer zeigt; aber bei Schönbrunn hat er ein Paar Mal mit sein Truppen ein Revü ghalten, und da hats immer ein Paar hundert neugierige Zuschauer dabei gebn.

Jetzt haben wir mit unsern Gästen (ein Paar kleine Rauferein abgrechnet) auf ein recht ein freundschaftlichen Fuß glebt. Unsre Kaufleut habn ihnen so gar an Sunn- und Feirtagen d' Gwölber aufgmacht, damit s' ihre Banco-zettel für schöne Tücher und andre Waarn habn umsetzen können.

So gern wir auch unsre lieben Gäst ghabt habn, so hätten wirs doch gern gsehn, wenn s' fort wärn, und da habn wir schon ein kleine Freud ghabt, wie wir ghört habn, daß bis zum 10 Januari die gute Wienstadt gramt sein muß.

Josef Richter, 1805

Audienz

Er ließ den Wagen in einer Entfernung halten, die ihm angemessen erschien. Und er ging, mit seinen blendenden Handschuhen an beiden Seiten des schwarzgrünen Fracks, sorgfältig einen Fuß vor den andern setzend, um die glänzenden Zugstiefel vor dem Staub der Allee zu bewahren, den geraden Weg zum Schönbrunner Schloß empor. Über ihm jubelten die morgendlichen Vögel. Der Duft des Flieders und Jasmins betäubte ihn. Von den weißen Kastanienkerzen fiel hier und dort ein Blättchen auf seine Schulter. Er knipste es mit zwei Fingern weg. Langsam ging er die strahlenden flachen Stufen empor, die schon weiß in der Morgensonne lagen. Der Posten salutierte, der Bezirkshauptmann von Trotta betrat das Schloß.

Er wartete. Er wurde, wie es Vorschrift war, von einem Beamten des Obersthofmeisteramtes gemustert. Sein Frack, seine Handschuhe, seine Hosen, seine Stiefel waren tadellos. Es wäre unmöglich gewesen, einen Fehler an Herrn von Trotta zu entdecken. Er wartete. Er wartete in dem großen Raum vor dem Arbeitszimmer der Majestät, durch dessen sechs große, gewölbte und noch morgendlich verhangene, aber bereits geöffnete Fenster der ganze Reichtum des Frühsommers drang, alle süßen Gerüche und alle tollen Stimmen der Vögel von Schönbrunn.

Er schien nichts zu hören, der Bezirkshauptmann. Er schien auch den Herrn nicht zu beachten, dessen diskrete Pflicht es war, die Besucher des Kaisers zu mustern und ihnen Verhaltungsmaßregeln zu geben. Vor der silbernen unnahbaren Würde des Bezirkshauptmanns verstummte er und unterließ seine Pflicht. An beiden Flügeln der hohen, weißen, goldgesäumten Tür standen zwei übergroße Wächter wie tote Standbilder. Der braungelbe Parkettboden, den der rötliche Teppich nur in der Mitte bedeckte, spiegelte den unteren Teil Herrn von Trottas undeutlich wider, die schwarze Hose, die vergoldete Spitze der Degenscheide und auch die wallenden Schatten der Frackschöße. Herr von Trotta erhob sich. Er ging mit zagen, lautlosen Schritten über den Teppich. Sein Herz kopfte. Aber seine Seele war ruhig. In dieser Stunde, fünf Minuten vor der Begegnung mit seinem Kaiser, war es Herrn von Trotta, als verkehrte er hier seit Jahren, und als wäre er gewohnt, jeden Morgen Seiner Majestät Kaiser Franz Joseph dem Ersten persönlich Bericht zu erstatten über die Vorfälle des vergangenen Tages im mährischen Bezirk W. Ganz heimisch fühlte sich der Herr Bezirkshauptmann im Schlosse seines Kaisers. Höchstens störte ihn der Gedanke, daß er es vielleicht nötig hätte, noch einmal mit kämmenden Fingern durch seinen Backenbart zu fahren, und daß jetzt keine Gelegenheit mehr war, die weißen Handschuhe abzustreifen. Kein Minister des Kaisers und nicht einmal der Obersthofmeister selbst hätte sich hier heimischer fühlen können als der Herr von Trotta. Von Zeit zu Zeit blähte der Wind die sonnengelben Vorhänge vor den hohen gewölbten Fenstern, und ein Stück sommerliches Grün stahl sich in das Gesichtsfeld des Bezirkshauptmanns. Immer lauter lärmten die Vögel. Schon begannen ein paar schwere Fliegen zu summen, im törichten, verfrühten Glauben, der Mittag sei gekommen, und allmählich fing auch die sommerliche Hitze an, fühlbar zu werden. Der Bezirkshauptmann blieb in der Mitte des Raums stehn, den Krappenhut an der rechten Hüfte, die linke, weißblendende Hand am goldenen Degengriff, das Angesicht gegen die Tür des Zimmers starr gerichtet, in dem der Kaiser saß. So stand er wohl zwei Minuten. Durch die offenen Fenster wehten die goldenen Glockenschläge entfernter Turmuhren herein. Da gingen auf einmal die zwei Flügel der Tür auf. Und mit gerecktem Kopf, vorsichtigen, lautlosen und dennoch festen Schritten trat der Bezirkshauptmann vor. Er machte eine tiefe Verbeugung und verharrte ein paar Sekunden so, das Angesicht gegen das Parkett und ohne einen Gedanken. Als er sich erhob, war die Tür hinter seinem Rücken geschlossen. Vor ihm, hinter dem Schreibtisch, stand Kaiser Franz Joseph, und es war dem Bezirkshauptmann, als stünde hinter dem Schreibtisch sein älterer Bruder. Ja, der Backenbart Franz Josephs war etwas gelblich, um den Mund besonders, aber im übrigen genauso weiß wie der Backenbart Herrn von Trottas. Der Kaiser trug die Uniform eines Generals, und der Herr von Trotta die Uniform eines Bezirkshauptmanns. Und sie glichen zwei Brüdern, von denen der eine ein Kaiser, der andere ein Bezirkshauptmann geworden war. Sehr menschlich, wie diese ganze, in den Protokollen niemals verzeichnete Audienz Herrn von Trottas beim Kaiser, war die Bewegung, die Franz Joseph in diesem Augenblick vollführte. Da er befürchtete, ein Tropfen könnte an seiner Nase hängen, zog er sein Taschentuch aus der Hosentasche und fuhr damit über den Schnurrbart. Er warf einen Blick auf den Akt. Aha, der Trotta! dachte er.

Joseph Roth, 1932

Unter Palmen

Palmenhaus: eine Glas-Eisenkuppel über der anderen, so baut sich das auf, quillt, wie in Blasen. Ein kühler Raum vornean, Himmel von Blumenduft, Buntgewoge reinster Seelen – am Ende aber führt eine Tür in die Dschungel.

Der Duft verlöscht, wie ein Licht, das man ausbläst; hier ist es weniger hell, fast dämmrig. Feuchtes Dampfbad, aus dessen engwucherndem Grund einzelne Geschöpfe wie emporgepreßt hoch aufschießen, bis unter die schwindelnd hohe Decke treibt sie der feuchte Saft, dessen Kraft jedes Blatt steif und prall hält. Andere wieder sinken in Kaskaden nieder, zwischen Stämmen verschlungen, schwer aneinandergedrängt. Ein hängender Palmwipfel hoch oben scheint bereit, schon das Glasdach zu durchstoßen, der Stamm flieht schräg durch den riesigen Raum. Feuchte

Kieswege leiten, die in Wärme Begrabenen tiefer und tiefer hinein. Überall tropft es, dampft es. «Haben diese Gewächse eigentlich ‹warmes Blut›?» fragt sie, und staunt dann wortlos ins Dickicht. Ihr Parfüm, das er schon draußen gespürt und immer wieder mit den Nüstern gesucht hat, ohne es selbst recht zu wissen, dieser Duft wird hier in der Hitze schwer herausgetrieben. – Sie lacht kurz auf: «Ja – da sieht man's: der Herr der Schöpfung – stellen Sie sich einen von den Menschen, die hier herumgehen, zwischen den Gestrüppen da vor – im entsprechenden Kostüm – haha! wie kläglich!» Sie streift ihn mit dem Blick. Er hat tausend Einwände gegen das, was sie eben gesagt hat, es stimmt nicht, es ist nicht richtig gesehen: aber er kann das jetzt nicht entwirren und fühlt sich bei alledem noch persönlich herabgesetzt. Nun hilft er ihr aus der Jacke, und sieht durch das dünne Gewebe der Bluse die Kompliziertheiten ihrer Wäsche; das ernüchtert ihn plötzlich und rächt ihn gleichsam an ihr, seine Mundwinkel fahren ein wenig herab und er hat wieder Oberwasser. – Gegen Mittag mit ihr in die schon dunstige Stadt zurückfahrend, kommt ihm Müdigkeit nach Anspannung. – Lächerlich! geweckte Ambitionen da, blonde, kleine Frau – was denn Besonderes? Nichts zu versäumen. Handkuß, Verbeugung: den Trambahnwagen, der sie entführt, verschlingt rasselnde Straßenferne, und Fritzerl fällt in einen leeren Tag, womit doch bewiesen ist, daß dieser erfüllt war bisnun – –

Heimito von Doderer, 1924

Donnerouvertüren

Es kam der Mai und brachte die Hitze eines verfrühten Sommers mit sich, reich an kupfernen Wolkenkulissen und Donnerouvertüren. Eines klebrig heißen Abends hatte Streysand in Schönbrunn zu tun gehabt und hastete durch den

Schloßpark nach Hause. Vom Himmel zuckte ununterbrochenes Wetterleuchten. Ein makabres Glockengeläute im fernen Flachland gegen Ungarn verhieß nichts Gutes. Durch die vorzeitig verfärbten Prospekte der riesigen Alleen kreisten Staubwirbel. Ein verirrtes Windspiel mit jammervoll eingezogenem Schweif brach aus einer Hecke und heulte klagend zum Himmel. Kein Zweifel: etwas Katastrophales stand bevor, vielleicht gar ein Erdbeben. Ein glühender Windstoß drohte Streysand den hohen grauseidenen Hut vom Kopf zu reißen; mit vorgesenktem Haupt eilte er weiter – und wäre fast in einen Mann hineingerannt, der aus der entgegengesetzten Richtung kam. Kam? Nein, er stand vor ihm, wehenden Fracks, ein düsteres Bildnis, ein zweiter Paganini, mit der Hand gegen das staubfarbene Kalkgestein eines monumentalen Trophäengebildes gestützt, wie sie vor der Prunkhalle der Gloriette zu finden sind.

Einen Augenblick lang herrschte Totenstille. Nur ein paar kleine Steinchen lösten sich von der Skulptur, dieser Hybris aus Römerhelmen, Panzern, Standarten und anderem Trödel südländischer Eitelkeit. Dann mischte sich dem bröckeligen Geräusch ein leises Ächzen aus der Kehle des Dastehenden bei. Streysand erkannte in der verwitterten Erscheinung Herrn von Hahn.

«Sollten Sie», klang es mit Grabesstimme, «demnächst in den Gazetten etwas von einem grausigen Fund im Donaukanal lesen, so mögen Sie wissen, daß es Philipp Bogumil Hahn gewesen ist!»

Ein unheimlich langgedehntes Donnergrollen schien seinen Worten fürchterlichen Nachdruck zu geben, und der nun hemmungslos heranfegende Sirokko modellierte ihn zu grausiger Skelettplastik unter schlotterndem Frack.

«Sie schauen ja ganz miserabel aus, lieber Hahn», sagte Streysand obenhin. «Aber jetzt g'schwind, bevor uns das Wetter erwischt. Kommen S' mit mir in die Gloriettehalle.»

Fritz von Herzmanovsky-Orlando, um 1930

Geräusch von geharktem Kies

Eine Weile hatten wir an der Gloriette gestanden und hinunter auf das Schloß Schönbrunn geschaut, das lang und leicht und hell in das Panorama von Wien eingezeichnet war. Die Gloriette ist ein Saal mit zwei Flügeln offener Bogen, durch deren Rund der Himmel scheint; Schönbrunn ist eine Landschaft, durch deren Schloß und Garten die Weite der Geschichte schimmert. Wir ahnen zum mindesten, daß wir hier mehr erfuhren, als sich mit den Augen allein wahrnehmen ließ. Die historische Bühne verlangsamt zwar den Schritt, doch hemmt sie ihn nicht; jedermann meint, noch etwas an jener Freigebigkeit teilzuhaben, die den Park zu Lebzeiten des alten Kaisers immer den Wiener Bürgern offengehalten hat. Wie Kinder hier spielen mochten – auf diesen achsenstrengen Wegen, die einst der Holländer Adriaan van Steckhoven aus der Sala terrena der Schloßdurchfahrt wie aus einer Grotte ins Gelände zog, so daß die Taxushecken die Wände der kaiserlichen Behausung im Freien fortsetzten –, so waren wir ohne Plan nur ein wenig hin und her gelaufen, hatten uns gleich einem Märchen von den hundertneununddreißig Küchen des Schlosses erzählen lassen und waren doch ganz vertraut an den einfachen Türen gelehnt, die zu ebener Erde gehen und die den unabsehbaren Sockel des Gebäudes fast in eine Reihe von ländlichen Villen zu verwandeln schienen, zu welcher freundlichen Empfindung vielleicht auch die alte Form der Laternen beigetragen haben mochte, das Geräusch von geharktem Kies und der Vogelruf überall.

Wir führten, während wir von den schönen und den kuriosen Gewächsen des Gartens hörten, von den Tulpen zum Beispiel, die hier wachsen, ohne zu blühen, oder von einer seltenen Mistelart in den Eichenkronen, daß die Strenge, die einer absolutistischen Architekturanlage nun seit Versailles anhaftet, hier unmerklich in eine lässige Ruhe übergegangen ist, die vermutlich das echteste Kennzeichen der Souveränität bedeutet. Die Gloriette stellt nur eine Kulisse, ein Phantasiegebäude dar, und doch rafft sie den Aspekt und beherrscht so das Bild des Ganzen. Sie ist eine Wolke, aber nicht eine, die dorthin, auf den Hügel gegenüber dem kaiserlichen Schloß kommandiert wäre, sondern eine, die sich freiwillig niedergelassen hat und so der kaiserlichen Gnade ein Echo gibt. Die Historie dieser Landschaft aber war nur ein fern klingender, einsamer Trompetenton durch den sanften Vorfrühlingsabend.

Benno Reifenberg, um 1940

Das Hofauto

Gäbe es ein Museum «Altösterreich», worin alle Gegenstände ausgestellt wären, an die sich k.k. oder k.u.k. Denkwürdigkeiten knüpfen, ich wünschte in ihr vor allem das letzte Hofauto des letzten Kaisers zu sehen. Warum? Weil dieses Auto nicht bloß das Sinnbild einer Jahrtausendgeschichte von netter Umgänglichkeit, sondern, weil es ein Denkmal auf die einzig dastehende, liebenswürdige Form des österreichischen Zusammenbruchs ist. – Hören Sie:

Es war in den Tagen der österreichischen Staats-Agonie. Wilson hatte sein Manifest erlassen, Habsburger Völker zerstreuten sich – aber jetzt zum erstenmal nicht bloß im bildlichen Sinne.

Viktor Adler, der bejahrte Führer der österreichischen Sozialdemokraten – und trotzdem oder deshalb: der letzte Altösterreicher! – war zum erstenmal, Aug' in Aug', dem jungen Kaiser gegenübergestanden.

(Damals trug sich jene historische Unterredung zu, an deren Ende Adler, vom Kaiser zur Vermittlung aufgefordert, achselzuckend die erschütterten Worte sprach: «Habsburg hat den Krieg begonnen, Habsburg soll den Krieg beenden!»)

Adler war zu dieser Zeit bereits schwerkrank; er litt an Herzschwäche, Asthma, Wassersucht, seine aufgeschwollenen Beine mußten mehrmals täglich bandagiert werden. Aber die Staatslage erlaubte ihm keine Ruhe; er mußte hierhin und dorthin, hatte bald eine Unterredung mit dem Grafen Andrassy im Ministerium des Äußeren, bald eine Besprechung im Parteiklub und wurde dazwischen wieder nach Schönbrunn zitiert.

Kaiser Karl, der mit Adler damals in ständiger Fühlung bleiben mußte, bot dem kranken, abgehetzten Mann an einem dieser Tage zur Fahrt ins Ministerium, von wo er ihn wieder zurückerwartete, sein Auto an.

Adler steht unschlüssig, ein bißchen verlegen.

«Ja, warum denn nicht? ... Was ist?»

«Majestät ... heute kommt mein Bub aus Stein zurück ... ich wollte ihn von der Bahn abholen ...»

Der «Bub»: das war Friedrich Adler, Viktor Adlers Sohn, der Mörder des Grafen Stürgkh; er war zu lebenslänglichem Kerker verurteilt worden – der junge Kaiser hatte ihn ein paar Tage zuvor begnadigt.

«Aber das macht doch nichts», sagt der Kaiser, «holen Sie ihn halt zuerst ab und fahren Sie dann zu mir!»

Und es geschah:

Daß Viktor Adler im Auto Seiner Majestät Karl I. den wegen Ermordung von Seiner Majestät Franz Joseph I. Ministerpräsidenten verurteilten Sohn vom Bahnhof abholte – ihn im Auto nach dem Ministerium des Äußeren mitnahm (um ihn gleich in die neuartigen und schwierigen Parteigeschäfte einzuführen) – und dann wieder ins Schloß Schönbrunn mit ihm zurückfuhr.

Und während Viktor Adler oben mit dem Kaiser sprach, wartete unten Friedrich Adler im Hofauto. – –

Eine Woche später war Viktor Adler tot und Karl I. nicht mehr Kaiser von Österreich.

Anton Kuh, 1931

Ach, wissen Sie...

Schönbrunn lag in Finsternis gehüllt, ganz ausgestorben. Es gab keine Schloßwache, keine Leibgarde mehr. Ich bog zum linken Trakt ein, stieg eine kleine Hintertreppe hinauf, die zum ersten Stockwerk führte. Kein einziger Lakai war zu sehen. Es war 23 Uhr, doch nicht ein einziger Diener begegnete mir. Ich kam bis zum Vorzimmer; hier saß im großen leeren Raum der Flügeladjutant seiner Majestät, Korvettenkapitän Schonta, und las in einem Buch. «Der Kaiser wartet schon», sagte er.

Der Kaiser war allein. Er war wirklich schon allein. Schönbrunn lag tot, die Wachen zerstoben, die Diener pflichtvergessen, die weiten Prunksäle menschenleer. Die Pracht um ihn hatte ihren Sinn verloren, die Stadt zu seinen Füßen hatte sich entfesselt, sein Thron wankte, von seinen drei Stützen, der Generalität, dem Klerus, dem Adel, verlassen – er war allein. Wo waren jetzt alle die Großen des Reiches – Fürsten, Grafen –, militärische, zivile, geistliche Würdenträger, die durch Jahrhunderte an den Stufen des Thrones das Knie gebeugt und von der Gunst des Hofes gelebt hatten? (...)

Der Kaiser empfing mich in seinem Arbeitszimmer, dem sogenannten Gobelinsaal, in dem der Schreibtisch steht, den einst Napoleon benutzt hatte. Darauf stand das Telefon, durch das Karl so viele Gespräche geführt, so viele tiefgreifende, schicksalsschwere Staatsakte angeordnet hatte. (...)

Ich brachte die Frage der Sicherheit der kaiserlichen Familie zur Sprache, die, von allen Hofleuten verlassen, in Schönbrunn den Angriffen des aufgehetzten Mobs ausgeliefert war.

«Ach, wissen Sie, Windisch-Grätz, uns wird schon nichts geschehen, von morgen an bezieht das Zöglingsbataillon der Theresianischen Militärakademie aus Wiener Neustadt die Wache. Und daß die Dienerschaft ausgerissen ist, begreife ich. Immer ist die Angst der treibende Faktor des Gehabens der meisten Menschen, und die allgemeine Panik ist nun einmal da. Was ich weniger verstehe, ist das vollkommene Versagen der Generalität, des Adels und des Klerus – das heißt aller jener, die ja die Nutznießer des alten Regimes waren. Ich selbst war ja ein Gegner dieses Systems, aber alle die guten Leute, die von einer völkerverbindenden sozialen Politik, die ich verfolge, nichts wissen wollten, werden sehr bald erfahren, daß die Vorrechte, die sie genossen haben, verlorengehen und die einzige Rettung für sie gewesen wäre, sich ehrlich meinen Bemühungen anzuschließen!»

Es war spät geworden, und ein Unteroffizier brachte aus einer Gastwirtschaft in Hietzing dem Kaiser ein bescheidenes Mahl, da die Hofküche nicht mehr funktionierte.

Ich fuhr in die Stadt zurück und fand im «Hotel Sacher» noch meine Schwägerin Haugwitz mit einigen Freunden in einem Séparée. Meine alte Freundin, Frau Sacher, ließ mir ein verspätetes Nachtmahl bereiten.

Lajos Windisch-Grätz, 1918

Goldener Käfig

Gibt es historische Geister? Geister, die von einem Haus ausgehen, von einem Menschen, der in diesem Haus gelebt, der es beatmet, mit seinen starken Kräften durchstrahlt hat? Ich lächle. Ein halbes Jahrhundert nach meinem ersten Besuch in Schönbrunn denke ich über meine stille, schweigende, auch im Kindermund sich nicht äußernde Abneigung gegen «Schönbrunn» nach. Hat Franz Ferdinand, den ich doch gar nicht kannte, mich infiziert? Mit tiefem Unbehagen geht der Knabe durch die «Schauräume» des Schlosses, geht an den großen Rädern der kaiserlichen Prunkkaleschen vorbei, geht an Samt und Seide der Tapisserien vorbei. Kälte weht ihn an. Unfreundlich erscheint ihm das ganze Haus. Unfrei. Extrem unfrei. Ein goldener Käfig. Ein Käfig in Stuck, in Eis, in Elfenbein. Wieviel freier leben da draußen die Tiere, die Tiere im Tiergarten in Schönbrunn.

Gibt es das? Es gab das: Dem Knaben kamen die Tiere als freie, ungeheuer freie, frei-starke Lebewesen zu, obwohl sie doch hinter Gittern waren, der riesige Braunbär, der schlafende Löwe, und das unbändige rot-blau-ärschige Volk der mächtig stinkenden Affen.

Glanz der Gloriette? Schön, wirklich schön ist der Wind, der einem da oben auf der Gloriette um die Ohren bläst, wirklich herzerfrischend. Mit den pompösen Trophäen, mit den Kriegermasken, mit den Waffen in Stein, mit dieser steinernen Beute aus längst versteinerten Siegen kann das Wiener Kind nichts anfangen, will sie auch nicht anfassen.

Die römische Ruine, das ist etwas anderes. Es wird mir zeitlebens unerklärbar bleiben, wie so vieles in meinem Wien, das nicht mir gehört, Wien meine ich natürlich, nicht die Ruine: Was zog mich an, was zieht heute mich noch an an diesem künstlichen Bau einer Ruine, im Garten in Schönbrunn? Rom als Ruine, in einem Schloßgarten in Wien.

Friedrich Heer, 1978

Schembrun

waun e noch schembrun gee
ge r e bein haubtdoa r eine
und omad bein maxingdial
ge r e wida r ausse..

schembrun:
    bein haubtdoa r eine
schembrun:
    bein maxingdial wida r ausse
schembrun..

en früjoa scheint d sun
und da mond
und de schdean

waun e in s boemanhaus kum
schdüü i da r a boa bluman!

schembrun . .

en suma rengd s olawäu nua
waun s ned soi –
en diagoatn schaun d ölefauntn
med eanare aung en d woikn . .

schembrun . .

en heabst is da himö blau
und de blaln schleiffm umadum

waun e endlech duat drom
bein maxingdial wida r aussekum
daun muas e *linx* ume iwa d *maua!*

schembrun . .

bein eigaung unt
schrein en naboleaun seine goidan odla
bein ausgangl om owa
is nua mea da fridhof
met de fün liachtaln . .

H. C. Artmann, 1958

DIE VORSTÄDTE

In einer anderen Welt

Nichts ist trauriger, als wenn man abends die glühende, leuchtende Innenstadt verlassen und wieder in die Vorstädte muß. Die langen Spaziergänge mit ihren sich am Horizont überkreuzenden Laternenzeilen gilt es zu überqueren; ein beständiger Wind läßt die Pappeln erzittern; stets hat man einen Bach oder einen Kanal mit dunklem Gewässer zu übersetzen, und allein der von allen Seiten kommende schauerliche Glockenton erinnert daran, daß man sich inmitten einer Stadt befindet. Sobald man bei den Vorstädten angelangt ist, glaubt man sich in einer anderen Welt, freier atmet sich's hier, denn dies ist der Ort eines guten, klugen und vergnügten Volkes; belebt und ruhig zugleich sind die Straßen; noch verkehrt mancher Wagen, doch kennt er nur ein Ziel: die Bälle und die Theater; Tanz- und Musiklärm erklingen bei jedem Schritt und Gruppen froher Gesellen singen Opernchöre; Keller und Tavernen laden mit erleuchteten Schildern und seltsamen Transparenten; steierische Sängerinnen hört man hier, italienische Improvisateure dort; da ist ein Affen-Theater, dort einige Kraftmänner, dort wieder eine Sängerin von der Pariser Oper; ein mährischer Van-Amburg mit seinen Tieren; Gauklergruppen, – kurz: was wir in Paris nur zu den großen Festtagen kennen, wird hier den Tavernenbesuchern ohne Bezahlung geboten.

Gérard de Nerval, 1840

Das Mädel aus der Vorstadt

THEKLA *(allein).* Also Gesellschaft is hier? – Dann kann ich nicht bleiben. – Heiterkeit und Schmerz tun nicht gut unter einem Dach, es muß eins das andere verletzen. Ich hab zwar versprochen – ich werd mich morgen entschuldigen, aber fort muß ich! *(Will zur Mitte ab.)*

GIGL *(kommt traurig aus der Seitentüre rechts mit einer Kaffeemühle im Arm).* Ich halt's nicht aus bei die Mädln, mir g'schicht leichter, wenn ich allein bin!

THEKLA *(Gigl erblickend).* Seh ich recht?

GIGL. Thekla! *(Läßt die Kaffeemühle fallen, daß die Kaffeebohnen herumrollen.)* Da haben wir den Kaffee!

THEKLA. Sie sind hier?

GIGL. Und Sie sind da?

THEKLA. Nicht mit Willen, meine Nachbarinnen haben mich völlig gezwungen!

GIGL. Nachbarinnen? Triumph, jetzt hab ich so viel als die Adress!

THEKLA. Was kann Ihnen das helfen? Sie haben eine Braut!

GIGL. Ich habe keine mehr, ich hab sie feierlich verschmäht!

THEKLA. Dann werden Sie gewiß unter den vielen Mädln hier eine nach Ihrem Sinn finden!

GIGL. Glauben Sie, ich bin wegen die Mädln da? Mein Freund hat mich hergezaxelt, daß ich mich zerstreuen soll. Ich kann mich aber nicht zerstreuen; sein Sie versichert, ich hab hier nichts getan als Kaffee g'rieben, das ist doch g'wiß eine unschuldige Sach! Thekla, ich bin jetzt frei, bin unabhängig, hab Geld, Sie müssen mich heiraten, es kann kein Hindernis mehr sein!

THEKLA. O ja, es ist eines!

GIGL. Sie müßten nur einen heimlichen Mann haben, von dem ich nix weiß, Thekla, reden Sie!

THEKLA. Sie verdienen mein Vertrauen, so will ich Ihnen also offen alles sagen.

SCHNOFERL *(kommt mit Küchenvortuch, ein großes Geschirr, in welchem er Teig abrührt, tragend, aus der Türe links, ohne die beiden zu bemerken).* Der Teig muß nur noch ein wenig abgeschlagen werden, und es wird sich ein Gugelhupf bilden, über den die Nachwelt stau... *(Erblickt Gigl und Thekla.)* Was is denn das? Mamsell!

GIGL. Sie logiert im Haus.

THEKLA. Nur ein Zufall hat mich grad heut hierher gebracht.

SCHNOFERL. Ich führ ihn her, daß er s' vergißt, und der Zufall führt sie her, daß s' ihm wieder einfallt! Ah, ich sag's, der Zufall muß ein b'soffener Kutscher sein – wie der die Leut z'samm'führt, 's is stark!

GIGL. Ich lass' nicht mehr von ihr!

SCHNOFERL. Ob's stad bist. *(Zu Thekla.)* Und dann is noch sehr die Frag, ob das auch wirklich ein Zufall war. Mir scheint, Sie steigen dem jungen Mann nach und delektieren sich an der sukzessiven Abnahme seiner Vernunft.

THEKLA *(beleidigt).* Mein Herr!

GIGL *(böse werdend).* Schnoferl, ich sag dir's...

SCHNOFERL *(zu Gigl).* Ruhig! *(Zu Thekla.)* Glauben Sie, ich genier mich vor Ihnen? Ich sag Ihnen offen, daß ich Sie für eine Versteckte halt. Warum zeigen Sie sich nicht in Ihrer wahren Gestalt?

GIGL *(zu Schnoferl).* Hörst, jetzt wird's mir z' arg!

SCHNOFERL *(zu Gigl).* Ruhig! *(Zu Thekla.)* Sie sind ein Frauenzimmer, die Fuß fassen will in die Herzen der Männer, indem sie ihnen die Köpf verrückt durch melancholischen Anstrich und scheinheilige Kokettur!

THEKLA *(zu Schnoferl).* Was hab ich Ihnen getan, daß...

GIGL *(drohend).* Schnoferl, zum letztenmal...

SCHNOFERL *(zu Gigl.)* Ruhig! *(Zu Thekla.)* Sie werden um kein Haar anders sein, als wie die, die um kein Haar anders sind als wie Sie, spielen aber die Überspannte, die Feine, die Verklärte, als wie die Jungfrau von Orleans, bevor s' zum Militär 'gangen is.

THEKLA. Das is zuviel! *(Bricht in Tränen aus und sinkt in einen Stuhl.)*

GIGL. Jetzt muß ich zu einem verzweifelten Mittel schreiten, Schnoferl, wie du noch ein Wort redst. *(Reißt den Kochlöffel mit einer Portion Teig aus dem Geschirr, welches Schnoferl hält.)* Ich papp dir die Lästerschul zu. Da haben wir's, sie weint. *(Wirft den Löffel in das Geschirr.)*

SCHNOFERL. Richtig, sie weint, ohne mir dabei ein Maul anzuhängen, das kann kein gewöhnliches Wesen sein! – Mamsell, sie tut sich völlig verschluchzen. Mamsell, Sie müssen meine Worte nicht als Beleidigung nehmen.

GIGL. Als was soll sie s' denn nehmen, du Grobian du?!

SCHNOFERL *(zu Thekla)*. Ich hab dadurch nur ... es is reine Freundschaft für meinen Freund, er paßt nicht für Ihnen, er hat eine höhere Bestimmung; drum meiden Sie ihn!

THEKLA. Das hab ich ja so getan, ich bin deßtwegen ausgezogen.

SCHNOFERL. Mit'm Ausziehen allein is es nicht abgetan.

THEKLA. Ich hab ihm g'sagt, daß er keine Hoffnung hat.

SCHNOFERL. Das glaubt er nicht, bis Sie nicht einen andern Liebhaber nehmen. *(Thekla schüttelt traurig den Kopf.)*

SCHNOFERL. Sollt denn das gar so schwer sein?

THEKLA. So schwer, daß ich's nicht übers Herz bring; ich entsag ihm, ich muß ihm entsagen, aber auch kein anderer soll ...

SCHNOFERL. Ja, dann nutzt's nix, und wenn Sie ihn auch bei der Türe hinauswerfen, da bleibt er unt' auf der Gassen stehn und schmacht't Ihnen die Fenster an. Und was kommt am End heraus? Ein zweiter Ritter Toggenburg wird aus ihm, das war der große Liebesmathematiker, der das Fensterln auf die höchste Potenz erhoben hat – der hat auch immer hinüberg'schaut und g'schaut, und so saß er, eine Leiche, eines Morgens da. Sie werden g'hört haben von der G'schicht.

GIGL. Ich heirat s', ich seh nicht ein –

SCHNOFERL. Eben weil du nichts einsiehst, willst du s' heiraten und eine andere aufopfern, die so hoch über dieser steht wie die Zeder überm Petersil, wie die Giraff über der Schopfmeise, wie der Himalaya über der Türkenschanz! *(Zu Thekla.)* Ich sag Ihnen –

Johann Nestroy, 1841

Juli 1683, vor dem Sturm

Während heute der gesamte Troß zurückblieb, zog nach Sonnenaufgang der Roßschweif des Großwesirs voraus. Danach brach er selbst auf und zog zu dem neuen Lagerplatz. Dem Herkommen gemäß zu seiner Rechten und Linken die Sipah und Silihdar sowie die Beylerbeyi von Anatolien und Rumelien und vor ihm die zur Vorhut eingeteilten Paschas, so ritt er in wohlgeordnetem Zug und langsamen Schrittes vor die Festung Wien. Auf freiem Feld gegenüber der Festung wurde ein Schattendach aufgeschlagen, wo er zwei Stunden der Ruhe pflog, bis ein geeigneter Platz für seine hohe Zeltburg ausfindig gemacht wurde.

Inzwischen wurden aus der Vorstadt vier Gefangene eingebracht; einen von ihnen köpfte ein Deli und die drei übrigen der Hautpmann der Pfortenwache. Die Leute, die die Gefangenen eingebracht hatten, wurden beschenkt.

Danach kam die Meldung, daß der Ort für die Zeltburg ausfindig gemacht und nicht weit entfernt sei, so daß der Großwesir wieder aufsaß und in wohlgeordnetem Zug sich in sein Zelt begab, wo er dann eine Stunde lang ruhte.

Nachher bestieg er wieder seinen edlen Renner und ritt zu einer geeigneten Stelle in der Vorstadt; dort stieg er ab, um das Gelände zu bestimmen, wo die Schanzgräben angelegt und die Geschütze in Stellung gebracht werden sollten.

(...) Wenn diese Vorstadt nicht gewesen wäre, so hätte man mit der Anlage der Gräben in großer Entfernung beginnen müssen, und es hätte dann nicht jeder seine Schanze binnen weniger Tage fertigstellen können; so aber konnte jeder, der in die Gräben gehen mußte, zu Pferd bis an die Mündung der Laufgräben hinreiten. Kurzum, noch niemals seit Bestand des Reiches ist es vorgekommen, daß die Gräben und Schanzen so wie hier innerhalb einer Vorstadt und mitten zwischen Palästen mit Gärten und Lusthäusern angelegt wurden. Rings um die Festung Wien, deren Umfang etwa dem der Festung Saloniki gleichkommt, erstreckt sich diese Vorstadt, die die Ausdehnung einer richtigen Stadt aufweist und eigentlich aus vier einander unmittelbar benachbarten Vororten besteht. Allenthalben gibt es hier anmutige Winkel und herzerfreuende Wohnstätten; zwar haben die muslimischen Streifscharen hier schon alles zerstört und verwüstet, so daß nur noch die Mauern und gelegentlich einige Wohnräume stehengeblieben sind, aber trotzdem haben so viel Krieger hier Unterkunft gefunden.

Als sich der Großwesir in der Vorstadt aufhielt, ließ er nach den Vorschriften der erhabenen mohammedanischen Tradition ein Schreiben an den Giaurenkönig aufsetzen: «Entweder Islam oder Tribut – sonst wird die Entscheidung in unserem Streit dem Schwert überlassen! Nehmt das zur Kenntnis!»

Der Zeremonienmeister der Hohen Pforte

An einer unsichtbaren Grenze

Und jenseits dieses Gartens, in ungeheurem Kreise herumgeschlungen, breit hinausgelagert, liegt erst jene Masse der Vorstädte, die dieser Hauptstadt eigentlich ihre Größe gibt, die Masse der Vorstädte, ich glaube, man zählt deren bereits fünfunddreißig – mit größtenteils sehr schönen Fronten stellen sie sich im Kreise gegen das Glacis auf, gleichsam in ihrem Hereinschieben gegen die Stadt hier an einer unsichtbaren Grenze anhaltend und sich anstauend; denn weiter dürfen sie gegen den luftigen, gesundheitbringenden

Garten des Glacis nicht vordringen: aber dafür machen sie sich draußen breit und fressen immer weiter und weiter den Raum hinweg; denn siehst du, obwohl sie dort gegen Südwest über einen Hügel steigen, dann sanft ins Tal sinken, dort breit auseinanderfließen bis ans Gestade des Donauarmes, ja denselben überschreiten, das jenseitige Inselgestade dicht überfüllend, dann wieder steigen und wieder sinken ans Ufer des Flusses Wien und dann schnell jenen ersten Hügel anklimmen – obwohl sie an manchen Stellen fast unübersehlich breit hinausgehen, bis sie sich allmählich mit mehr und mehr Gärten mischen, die weißen Punkte der Häuser einzelner auseinanderstreuend, und endlich an das grüne Gefilde stoßen, das wohl die Grenze der Stadt, nicht aber der Häuser ist; denn weit und breit in dasselbe herumgestreut liegen die Landhäuser, winzige weiße Punkte, herüberleuchtend wie ferne Segel in einem duftigen, grünblau dämmernden Meere – obwohl schon unzählige dereinstige Dörfer um Wien von den Vorstädten verschlungen sind und jetzt als Städte noch meistens ihren einstigen Dorfnamen führen: so ist des Wachsens und des Bauens noch immer kein Ende.

Adalbert Stifter, 1844

Häuserzeilen

Häuserzeilen, dem Rand der Großstadt entwachsen, gespenstisch lang und fahl hingewunden, wie Triebe der Kellerkartoffel. Gewimmel von Menschen, die gehen, als hetzte sie Angst und hemmte sie Furcht vor noch Ärgerem. Vorfrühlings-Spätnachmittag. Eine kühle Sonne leuchtet den Häusern in das welke, rissige Gesicht. Sie werden, je weiter ihre Reihe sich streckt, niedriger und kleiner. Die Straße duckt sich immer tiefer, kriecht in den Erdboden, verschwindet endlich ganz in Sand und zertretenem, entfärbtem Gras.

Alfred Polgar, 1920

Der Rosenkavalier – Hosenrolle rückwärts

Ein Extrazimmer in einem Gasthaus. Im Hintergrunde links ein Alkoven, darin ein Bett. (...) Die Türe rechts wird vorsichtig geöffnet, ein Kopf erscheint, verschwindet wieder, dann kommt eine nicht ganz unbedenklich aussehende, aber ehrbar gekleidete Alte hereingeschlüpft, öffnet lautlos die Tür und läßt respektvoll Octavian eintreten, in Frauenkleidern, mit einem Häubchen, wie es die Bürgermädchen tragen. (...)

BARON *(führt ihn zu Tisch, sie setzen sich).*

Der Lakai am Büfett sieht mit unverschämter Neugierde der Entwicklung des tête-à-tête entgegen, stellt Karaffen mit Wein vom Büfett auf den Eßtisch. Baron schenkt ein. Octavian nippt. Baron küßt Octavian die Hand. Octavian entzieht ihm die Hand. Baron winkt den Lakaien abzugehen, muß es mehrmals wiederholen, bis die Lakaien endlich gehen.

OCTAVIAN *(schiebt sein Glas zurück).*
Nein, nein, nein, nein! I trink kein' Wein.

BARON.
Geh, Herzerl, was denn? Mach doch keine Faxen.

OCTAVIAN.
Nein, nein, i bleib net da.
(Springt auf, tut, als wenn er fort wollte.)

BARON *(packt sie mit seiner Linken).*
Sie macht mich deschparat.

OCTAVIAN.
Ich weiß schon, was Sie glaub'n. Oh, Sie schlimmer Herr!

BARON *(sehr laut).*
Saperdipix! Ich schwör bei meinem Schutzpatron!

OCTAVIAN *(tut sehr erschrocken, läuft, als ob er sich irrte, statt zur Ausgangstür gegen den Alkoven, reißt den Vor-*

hang auseinander, erblickt das Bett. Gerät in übermäßiges Staunen, kommt ganz betroffen auf den Zehen zurück).
Jesus Maria, steht a Bett drin, a mordsmäßig großes.
Ja mei, wer schlaft denn da?

BARON *(führt ihn zurück an den Tisch).*
Das wird Sie schon sehn. Jetzt komm Sie. Setz Sie sich schön. Kommt gleich wer mit'n Essen. Hat Sie denn kein' Hunger nicht?
(Legt ihr die Hand um die Taille.)

OCTAVIAN *(wirft dem Baron schmachtende Blicke zu).*
O weh, wo Sie doch ein Bräutigam tun sein.
(Wehrt ihn ab.)

BARON.
Ach, laß Sie schon einmal das fade Wort!
Sie hat doch einen Kavalier vor sich
und keinen Seifensieder:
Ein Kavalier läßt alles,
was ihm nicht konveniert,
da draußen vor der Tür. Hier sitzt kein Bräutigam
und keine Kammerjungfer nicht:
Hier sitzt mit seiner Allerschönsten ein Verliebter beim Souper.
(Zieht sie an sich.)

OCTAVIAN *(lehnt sich kokett in den Sessel zurück, mit halb geschlossenen Augen).*

BARON *(erhebt sich, der Moment für den ersten Kuß scheint ihm gekommen. Wie sein Gesicht dem der Partnerin ganz nahe ist, durchzuckt ihn jäh die Ähnlichkeit mit Octavian. Er fährt zurück und greift unwillkürlich nach dem verwundeten Arm).*
Ist *ein* Gesicht! Verfluchter Bub!
Verfolgt mich alser wacher und im Traum!

OCTAVIAN *(öffnet die Augen und blickt ihn frech und kokett an).*

Was meint Er denn?

BARON.
Sieht einem ähnlich, einem gottverfluchten Kerl!

OCTAVIAN.
Ah geh! Das hab i no net g'hört!

BARON *(nun wieder versichert, daß es die Zofe ist, zwingt sich zu einem Lächeln. Aber der Schreck ist ihm nicht ganz aus den Gliedern. Er muß Luft schöpfen, und der Kuß bleibt aufgeschoben).*

Hugo von Hofmannsthal, 1911

Bitter und süß

Und hier war
Die enge Tür von dem Friseurgeschäft,
Und dann die Glaserei,
Mit dieser dicken Frau,
Die wie ein Meerschwein saß
Und immer Kekse aß.
Hier war auch die Fabrik.
All die Mauern und Zäune
Waren mein Tagebuch.
Mit Kreide vollgeschmiert,
Mit Herzen und mit Pfeilen.
Ich war gerade zehn.
Die Herzen sind verlöscht,
Die Pfeile blieben stehn.

Meine Kindheit war so
War ein Feuer aus stroh.
Ich spür noch den Geschmack.
Bitter und süß. (...)

Einmal,
Das war an einem 3. oder 4. Oktober,
Da hab ich durch das Fenster vis-à-vis

Die Frau des invaliden Tabakhändlers beobachtet,
Wie sie ihre Strümpfe auszog
Und das Mieder.
Das sind keine Witze!
Paul hat mir die Räuberleiter gemacht,
Ich bin hinaufgeklettert
Und hab geschaut,
Und geschaut.
Das war ein Abenteuer.
Dann ist der Hausmeister Wimmer erschienen
Und hat gebrüllt:
«Kräul oba, teppata Rotzbua,
Sunst watsch i di zwamal uman Häusablock.»
Und ich hab geantwortet:
«Stanhof, Stanhof mach's Türl auf,
Da Wimmer kommt im Dauerlauf,
Er legt sie glei ins erste Bett
Und schreit: ‹I bin da größte Tepp –!›»
Mein Gott,
Das ist alles schon so lang her.

Und hier war...

André Heller, 1980

Der Diwan, das Kabinett

(...) vor den Betten noch ein niederer Diwan mit runden, rosettengesäumten Polstern, die in ihrer tondoförmigen Mitte farbig angestickte Bildergeschichten den darauf sitzenden Gesäßen entgegenhalten; das Polstertondo links zeigt eine Windmühle, davor ein Kanal mit Boot, ein Fischer sitzt darin und angelt. (...) Auf diesem Diwan wird am Abend ein Bett aufgeschlagen. Da schläft das jüngere der beiden Kinder, der Bub.

Das Mädchen schläft im Kabinett neben dem Schlafzimmer, das Messingbett läßt einen schmalen Gang frei, durch den zwängt sich die Tochter bis zum Pult unter dem Fenster, hier werden die Schulaufgben gemacht. Dann ist noch ein Kasten da, weiß gestrichen, und ein Sessel am Kopfende des Bettes, der am Abend neben das Bett gestellt wird, der Wecker darauf, ein zum Nachtkästchen nobilitierter Sessel. Eine spartanische Ausstattung, das Zimmer eines jungen Menschen von heute, das Fenster offen bei Nacht. Einfach sein und einfach leben, das Ausschlaghemd für Burschen, die Leinenbluse für Mädchen, die Sandalen, der gerade Blick, die Jugendbewegung, alkohol- und nikotinfrei, der feste Handschlag. Doch historisch gesehen, im Makro- und Mikrokosmos der Reichs-Haupt- und Residenzstadt des Vielvölkerreiches, hat nach althergebrachter Meinung ein Kabinett mit diesem Firlefanz nichts zu tun. Das Kabinett, ein schlauchartig enges Zimmer mit einem Fenster, ist im Normalfall, nicht hier, ein verpachteter Archipel armer Herrscherfamilien. Ich meine, im Kabinett wohnt sonst ein Zimmerherr, ein Untermieter, ein Aftermieter, jemand ohne Familie; ein Zugereister, der auch irgendwo schlafen muß, treibt dort sein fremdes Wesen, ißt am Abend etwas Wurst aus fettem Papier und bricht sich eine Semmel dazu, schmuggelt sich ab und zu auch eine Frau ein, wenn die Wirtsleute schon schlafen, ist aber voll Angst, wenn das Bett knarrt, bereut fast das gewisse Gefühl in den Lenden, denn sein Zins steht schon drei Monate aus. Das also erwartet man in Kabinetten. Hier auf dem neuen Stern wohnt meist «Jemand», ein «Jemand», der ein «Niemand» ist, im Kabinett. Als Schmölzer aber jemanden als Untermieter für das Kabinett des Wohnungsnachbarn empfehlen wollte, sagt der ab: Ich will nicht vermieten, ich spare lieber. Meine Tochter soll im Kabinett schlafen. Die anderen Waben des neuen Sterns aber beherbergen viele dieser zahlenden, wurstessenden Drohnen im Kabinettschläuchlein.

Wolfgang Georg Fischer, 1970

Im Arsenal

Ich gehe langsam weiter, wandere durch die vertrauten Säle, betrachte die Figurinen in den alten Soldatenuniformen, die in ihren Glasvitrinen so lebendig aussehen, daß man erschrickt. Freilich, aus der Nähe sehen sie weder lebendig noch tot aus, sie sind Puppen und haben das Anziehende und Unheimliche von Puppen an sich. Ich stehe dort immer sehr lange. Sie faszinieren mich. Das ganze Arsenal ist ein anziehender und unheimlicher Ort, vielleicht mag ich es deshalb so gern. Ich besuche den Radetzky-Saal, den Erzherzog-Karl-Saal und den Prinz-Eugen-Saal und staune insgeheim über die wunderbare Ordnung und Sauberkeit, die hier herrschen. Kein Museum in dieser Stadt ist so gepflegt und mit Liebe betreut wie das Arsenal. Man staunt darüber, aber im Grunde ist es ganz natürlich und einleuchtend. Meine Wanderung endet wie meist beim Zelt des Kara Mustapha, dem großen Türkenzelt. Dort ruhe ich mich aus.

Ich wußte, daß draußen die Autos über den Gürtel fuhren und die Verkehrsampeln blinkten, und mit Unbehagen merkte ich, daß ich mich in diesem friedlichen Totenreich mehr daheim fühle als dort draußen in der lebenden Stadt. Ich bin auch nicht ganz sicher, ob die Stadt wirklich lebte oder ob sie nicht ein Tummelplatz ist für Figuren, die noch ein bißchen zappeln dürfen, ehe man sie in Glasvitrinen sperren würde wie die alten Arkebusiere, die ich betrachtet hatte.

Ich habe es gern, von Dingen umgeben zu sein, die mich nicht wahrnehmen und mir nicht nahetreten, Modelle alter Schiffe mit geblähten Segeln, um die nie ein Wind weht, und die vielen Fahnen und Standarten, die einmal alles bedeutet haben und jetzt nichts mehr bedeuten als brüchige alte Seide, die man nicht anfassen darf. Es roch hier sehr alt, nach Leder und zerschlissenen Stoffen und auch nach Bodenwachs.

Marlen Haushofer, um 1960

An der Bassena

Als Lena und Rudolf zurückkamen von der Gasse, hörte Talmayer Lena an der Bassena. Die Wohnung hier in der Ettenreichgasse im 10. Bezirk war, wie alle Wiener Arbeiterwohnungen, eine Bassena-Wohnung: neben der Gemeinschaftstoilette auf dem Treppenabsatz war der einzige Kaltwasserhahn des Flurs. Hier mußten alle Mieter eines Flurs ihr Wasser holen und daher war die Bassena die Gerüchtebörse.

Hans mochte längst schon keine langen Ohren mehr machen. Als er noch gearbeitet hatte, amüsierte er sich mit Lena bei der Vorstellung, wie die Ohren der Nachbarn an langen Schläuchen, Teleskopen der Neugierde gleichsam, ausfuhren, sich fest und anschmiegsam innen um die Schlüssellöcher legten, um nur ja nichts von dem zu verpassen, was an der Bassena gesprochen wurde. Talmayer und Lena hatten sich dann vorgestellt, wie das Umhergehen in den Wohnungen, mit diesen langen und ausgestreckten Ohrenschläuchen, zu allen möglichen Schwierigkeiten führte, wer wann und für wie lange an der Reihe wäre beim Ablauschen. Sie hatten sich eine Lauschordnung vorgestellt und waren dabei sogar in heftigen Streit geraten.

Als Lena und der Junge in die Wohnung kamen, brachte Lena die Neuigkeit mit, daß der Stiegennachbar, Gemeindesekretär Blahaska, kürzlich der nationalsozialistischen Ortsgruppe Hernals beigetreten war. «Die Marie hat's mir eben mitgeteilt!» sagte Lena. «Der kann sich das erlauben, der Blahaska, er steht in Arbeit und Einkommen», sagte Talmayer.

Ernst Herhaus, 1983

i won zimlech weit draust

i won zimlech weit draust
geng schdaahof zua –
anahoeb schdund fost
fon schdeffansbloz wek..

waun e en suma z laung aufbleib
so bis zwaa oda drei in da frua
do lost me da hau fon wisawii
nima r eischloffm –
so schreid a r und singd a
aus seina holaschdaun ausse..
(wisawii is en hean dwoaschak
sei logabloz..)

hinta da blaunkn fon den logabloz
woxn grodnbledschn und brenesln
woxn d hendln und da hau
woxn d uanschliaffa und d ostln
woxn d ziagln und s mäuta
woxt da gruch fon deea
und frischn hoez

woxt da schnee und da reng
und de sun aus *de* holaschdaun ausse
de wos hinta dera blaunkn
aus n hean dwoaschak sein grob
aussewoxn..

i won zimlech weit draust
geng schdaahof zua
und do lost me eftas da hau
en da frua nima r eischloffm...

H. C. Artmann, 1958

Die Häuser und die Leute

Die Ottakringerstraße beginnt beim Gürtel drinnen und endet bei der Vorortelinie draußen. Als ich klein war, wußte ich das nicht. Für mich war die Ottakringerstraße das zwei Straßenbahn-Haltestellen lange Stück vom Gürtel bis zur Kalvarienberggasse. Die Häuser auf der einen Straßenseite gehören zu Hernals, die Häuser auf der anderen Straßenseite gehören zu Ottakring. Die Grenze zwischen den beiden Bezirken dachte ich mir genau in der Straßenmitte. Es war kurz nach dem Krieg und Autos fuhren nur wenige. Man konnte die Straße – genau in der Mitte – entlanggehen. Mit einem Fuß in Ottakring und einem in Hernals. Der Hernalser-Fuß war der Heimatfuß. Ich ging in der Erwartung eines besonderen Gefühls im Heimatfuß. Dieses Gefühl stellte sich nie ein, aber oft bimmelte hinter mir eine Straßenbahn und scheuchte mich auf den Gehsteig und der Fahrer brüllte zur Tür hinaus – damals fuhren die Straßenbahnen mit offenen Türen – daß ich ein total vertrotteltes Kind sei.

Außer mir gab es noch eine, die auch oft in der Mitte der Straße ging. Sie hatte lange, weiße Haare, ein zerknittertes Affengesicht und krumme Beine. Sie hatte einen goßen braunen Schnürschuh am linken Fuß und einen kleinen schwarzen Halbschuh am rechten. Sie schob einen zerlöcherten Kinderwagen. Manchmal waren leere Flaschen drinnen. Meistens war er leer. Ich wollte gern mit der reden, aber sie sagte nur: «Laß mi mit Ruh!» Als ich dann merkte, daß die auch auf anderen Straßen in der Mitte ging, ließ ich sie in Ruhe.

An die Ottakringerseite der Straße kann ich mich nicht mehr erinnern. Sie ging mich nichts an. In Ottakring hatte ich weder Feinde noch Freunde. Wichtig war nur die Hernalserseite. Auf der entging mir nichts.

Es gab vier Sorten Häuser:

Dreistöckige Zinskasernen mit großen Fenstern und abgeblättertem grauen Verputz und zerschlagenen Stuckverzierungen. Die mochte ich nicht. Am meisten störten mich ihre nackten, die anderen Häuser überragenden Feuermauern mit den Klofensterstreifen in der Mitte.

Die zweistöckigen Häuser – meistens mit ein paar Steinstufen zum Haustor hin und großen gelben Fliesen hinter dem Haustor – waren mir am vertrautesten. Ich wohnte in so einem Haus. Wenn ich unterwegs war und Durst hatte und bei einer Gangbassena Wasser trinken wollte, suchte ich mir dazu eins dieser Häuser aus. Am liebsten hatte ich das Haus mit der bunten Oberlichte über dem Haustor. Die Oberlichte war in achtzehn Quadrate unterteilt, sechs aus lila Glas, sechs aus rotem Glas und sechs aus Milchglas mit eingeätzten Blumenmustern.

Die einstöckigen Häuser waren so ziemlich alle nach dem selben Plan gebaut. Breite Einfahrt in der Mitte, auf der einen Seite der Einfahrt ein Geschäftslokal, auf der anderen Seite ein Magazin und die Hausmeisterwohnung. Und der ganze erste Stock war die Wohnung des Hausbesitzers, dem auch das Geschäft unten gehörte. Auf diese Häuser war ich neidisch. Ihre blankgeputzten Fenster mit den Spitzenvorhängen dahinter und ihre festverschlossenen Haustüren schienen mir eine Garantie für Wohlstand und Sicherheit und Zufriedenheit.

Dann gab es noch die Ruinen. Auf meinem Stück Ottakringerstraße waren es drei. Zwei, beim Gürtel unten, interessierten mich nicht. Das waren nur riesige Schutthaufen, aus denen Balken ragten. Die andere, bei der Steinergasse oben, liebte ich. Sie erinnerte mich an das Puppenhaus, das ich früher, vor der Bombe, gehabt hatte. Im ersten Stock, in einem der klaffenden Zimmer, an die Mauer gedrückt, mit kaum einem Meter Fußboden davor, stand ein altdeutscher Kasten. Ich war überzeugt, daß sehr wertvolle Dinge drin waren. Manchmal stieg ich in die Ruine ein. Dann hatte ich Angst, die Puppenmauern könnten über mir zusammenstürzen. Aber der Genuß an den Puppenhauswänden im Parterre herumzukratzen, war größer als die Angst. An den Wänden waren unzählige Schichten von Malerei übereinander. Mit Geduld, Fingerspitzengefühl und einer großen Haarklammer konnte man eine Schicht nach der anderen freilegen. Hinter schweinsrosa Rosen auf gelbem Grund kamen Himmelmuttermanterl-blaue Streifen heraus und dahinter gurkensalatgrün Marmoriertes und veilchenviolette Arabesken. Traurig war ich jedesmal, wenn es regnete, wenn sich meine freigelegten Musterflecken dunkel färbten und nach dem Regen dann, blasser als vorher wieder auftrockneten.

Zu den Häusern gehören in meiner Erinnerung Leute. Auch zu den Ruinen. Bei der Puppenhausruine war es der schielende Otti. Er stocherte dort jeden Tag im Schutt herum und suchte nach Sachen. Ich war die einzige, die er nicht aus der Ruine vertrieb. Er war mein Freund. Aber geredet haben wir nie miteinander.

Mein Feind war der Hansi. Er hockte immer auf den Stufen vor dem Haus mit der bunten Oberlichte. An vielen Tagen hatte er den bösen Blick. Da durfte man ihn nicht anreden, sonst schrie er: «Schleich di!» und schoß mit seiner Steinschleuder hinter einem her.

Die Fleischhauerin vom einstöckigen Haus stand immer in der offenen Ladentür und glotzte verwundert, wenn ich die Straße – genau in der Mitte – entlangmarschierte. Ihre Nase, ihre Ohren, ihre Finger und ihre dicken Hängewangen waren lila abgefroren.

Und gleich daneben war der Zwickl. Wenn es warm war, saß er auf einem Küchenstockerl in der Tornische der Zinskaserne, in der er Hausmeister war. Er hatte einen einzigen, großen, gelben Zahn. Oben in der Mitte. Der Zahn war beweglich. Mit einem sanften Zungendruck konnte er ihn wie einen Tschick zwischen die Lippen schieben. Und dann gabs noch die Wondraschek im Blumengeschäft. Außer den Blumen waren noch ein Hund, etliche Katzen und eine Kröte im Laden. Die Kröte war meistens im Eiskasten. Und nichts war schöner, als wenn die Gehilfin der Wondraschek den Eiskasten aufmachte um Rosen herauszuholen und die Kröte mit lang ausgestreckten Vorder- und Hinterbeinen in einem enormen Sprung über Kränze, Bouquetts und Lavors voll Himmelschlüssel aufs Pult sprang. Die Wondraschek wog über einen Zentner, obwohl sie sehr klein war und konnte nicht gehen. Am Morgen schleppte sie die Gehilfin vom Hinterzimmerbett in den Laden hinaus, am Abend schleppte sie sie zurück. Vor einer halben Ewigkeit hatte sich die Wondraschek das Bein gebrochen. Der Gipsfuß war ihr unangenehm gewesen, sie hatte ihn mit einer Zange und einem Hammer entfernt. Seither wartete sie, Kränze bindend, darauf, daß «der Haxn von allanich guad wiad». Ich besuchte die Wondraschek oft, weil ich ihre tiefe, heisere Stimme mochte, die einen ganz zärtlichen Klang bekam, wenn sie unanständige Worte sagte. «Na, glans Oaschal, siaß Dreckscheißal, wia gehts da denn?»

Meine Ottakringerstraße gibt es nicht mehr. Langsam, Jahr für Jahr, haben sie ein Stück davon kaputtgemacht. Und immer ist einer dabei draufgegangen, der in meiner Erinnerung zur Ottakringerstraße gehört. Die Alte mit dem Kinderwagen und dem zerknitterten Affengesicht war die erste. Sie ist totgefahren worden. Sie hat nicht – so wie ich – kapiert, daß der Verkehr anders geworden ist, daß keiner mehr mit einem Fuß in Ottakring und einem in Hernals gehen darf. (...)

Über die Leute, die zu den neuen Häusern gehören, weiß ich nicht Bescheid. Sie wohnen alle nach innen. Draußen gehen sie so herum, als ob sie auch ganz woanders wohnen könnten.

Ich hoffe auf die Gastarbeiter. Und ihre Kinder. Ich sehe kleine schwarzhaarige Knirpse riesige Netze voll Bierflaschen schleppen und finde nicht viel Unterschied zu uns – seinerzeit – wenn wir am Abend mit den vollen Bierkrügeln vom Wirten heimgingen.

Und vergangenen Sommer hat sich die erste uralte Mama – mit einem schwarzen Kopftuch – auf ein Küchenstockerl in die Haustornische gesetzt.

Christine Nöstlinger, 1979

Besuch bei Kokoschka

Oskar Kokoschka wohnt bei seiner Mutter in einem bescheidenen Häuschen außerhalb der Stadt. Liebhartstal heißt die Gegend, nicht leicht zu finden. Sein Atelier ist ein kleines Zimmer... Erfolge hat man mehr als nötig. Alle Kunstschreiber mit Ausnahme der Wiener behaupten, man sei der größte, der feinste, der erfindungsreichste Maler. Sogar in Paris haben sie so geschrieben, ohne daß man sie gezahlt hat. Ein ganzes Packerl von Kritiken, *le grand peintre ... le peintre plus fin ... l'artiste le plus riche...* Die Engländer auch so, *the finest artist...* Nur nicht in Wien.

Oskar Kokoschka sonnt sich in seiner Wiener Verlassenheit. Sonst geht es ihm gut. Er ist voller geworden, auch in seiner Malerei. Das eine Bild, an dem er noch arbeitet, ist ein Interieur mit einem Mädchen neben ein paar Gipsköpfen. Das Mädchen ist fast vollendet, ein schönes Stück Malerei. Wie gesagt, *l'artiste le plus fin.* Das andere Bild ist fertig, größeres Format, soll eine Ansicht Wiens sein und wurde ihm, trotz der wilden Feindschaft der Wiener, von der Stadt bestellt. Links die Fassadenecke eines früher erzherzoglichen Palais im Liebhartstal, jetzt Kinderheim. Das Palais sieht auf eine weite flache Ebene, die irgendwo sein könnte und die man am wenigsten in Wien vermutet. In der Ebene tummeln sich unzählige tanzende, spielende Kinder. Oskar Kokoschka hat sich's mit diesem letzten seiner vielen Städtebilder leicht und zugleich schwer gemacht; leicht, weil er die erstbeste Landschaft in unmittelbarer Nähe seines Häuschens nahm, schwer, weil er in dieser an Reizen überreichen Stadt kaum auf ein weniger dankbares Motiv fallen konnte... Die von den vielen Kinderreigen bewegte Ebene macht dem Erfindungsreichen alle Ehre. Das Bild lacht, tanzt, singt. Man könnte den Geist dieser Stadt kaum treffender personifizieren.

Julius Meier-Graefe, 1931

Armensommer

Jawohl, etwas ganz Alltägliches ist der Sommer der Armen und leicht zu ergründen, so leicht, daß sich keiner diese unscheinbare Mühe nimmt. Man gehe an Abenden hinaus an den Rand der Stadt, wo die furchtbaren Zinskasernen der Arbeiter-Legionen stehen. Zum Beispiel an den Währinger Gürtel in Wien. Da wird man Dinge zu schauen bekommen, die manchen Aufschluß geben. Zu den Fenstern der Häuser hinaus lehnen sich erschöpfte Männer lufthungrig. Unterhalb der Stadtbahn, auf dem langen, unverbauten, mit ein paar Gräsern bewachsenen Platze, welchen die Kinder hier Wiese nennen, kauern müde Weiber, spielen blasse Kinder. Keine bunten Begebenheiten, auch kein erheblicher Lärm; vielmehr ist alles gedrückt, einförmig, unauffällig. Es wirkt nur großartig durch die vielfache Wiederholung der einzelnen Trostlosigkeit. Und man braucht nur einen solchen Schauplatz gut angesehen zu haben, so kennt man viele; viele in derselben Stadt und in anderen Städten, in anderen Ländern. Es ist ein universaler Zug darin. Dort, wo wir immer sind, erkennen wir das am wenigsten. Aber wenn wir uns auch an den Wohnorten anderer Menschen umgetan haben und dann wieder die Bezirke von ehemals durchschreiten, so gewahren wir, daß alle diese Menschlichkeiten nichts Örtliches an sich haben, sondern etwas Allgemeines sind. Gleichzeitig tauchen dieselben Erscheinungen auf an Orten, die miteinander nicht verkehren, unter Menschen, die voneinander nichts wissen. Sie sind eben Menschen und geraten in gleiche Bedingungen des Lebens, folglich entwickeln sie sich oder verkommen gleichartig. Der Zufall ist freilich der Werkmeister dieser Entwicklung oder dieses Verkommens. Wollten wir uns aber vorstellen, wie ein Demiurg verfahren müßte, um Sinn und Art der Menschen umzubilden, so sehen wir da seinen Weg: er müßte die Bedingungen ihres Daseins planvoll ändern.

Theodor Herzl, 1898

Arbeiterbezirk

Nun, die Brigittenau war also ein Arbeiterbezirk geworden.

Da hören sich die Schnörkeleien bald auf und die gewundenen engen Gäßlein und die bauchigen Erker mit ebenso gebogenen Fensterscheiben, und womöglich noch roten Blumen drinnen, und die süßen «Barockhauserln» (Grete Siebenschein), und der ganze Zimt für kunsthistorische Kulturspießer; und mit sämtlichen Sonderwinkeln ist da überhaupt Schluß gemacht. Denn wer an den Aufstieg einer Klasse, seiner Klasse, glaubt, im normalisierten Schulbetrieb von Leben und Geschichte, für den hat deren Straße keine kleinen, stets vermauerten Pförtchen («süße Barockportälchen») links und rechts, die aber eines Tages da oder dort überraschend offenstehen, worauf man auch schon hindurchschlüpft, und sogleich in eine ganz andere und ungeahnte Wendung des Wegs hinein. Die Möglichkeiten der persönlichen Wendung und Errettung, des durchaus indirekten Ganges zu einem Ziel, dessen Vorwegnahme gar nicht gewagt wurde, sie fallen dahin für denjenigen, der allein vom Anderswerden der Zustände alles erwartet, und von einem gewaltigen und massenhaften Vorschreiten, wobei je zehntausend Mann gleichzeitig den einen Fuß schon über die Schwelle des irdischen Paradieses heben.

Deshalb kommen sämtliche, und auch die allersüßesten Barockportälchen schließlich als Kulturgut in's Museum, damit alle was davon haben. Hindurchgehen kann man nicht mehr.

Deshalb ist hier im Arbeiterbezirk alles groß, sei's auch vorläufig noch schäbig, nüchtern, streng, die nackte Wahrheit. Die Straßen fallen gerade und weit aus, wie in eine noch leere Zukunft hinein. Die Umfassungsmauern der Fabriken sind lang hingestreckt, dahinter heben sich, finster aber doch in sich gekehrt schön, mancherlei Konstruktionen, Hochreservoire, Krane, Laufbrücken. Hier strömt man morgens hinein, im Winter noch bei tiefer Dunkelheit, und ebenso abends bei Dunkelheit wieder heraus. Hier liegt die Notwendigkeit auf der flachen Hand, man weiß sie bei jedem. Niemand stolziert oder fährt hier in einer Weise, welche geeignet wäre, seine Kreditfähigkeit gut darzustellen oder sie mindestens nicht zu gefährden. Niemand ist säuerlich, ist auf Reputation bedacht. Wer gut arbeiten kann und sonst kein blöder Hund ist und anständig mit den anderen zusammenhält, braucht sich nicht zu reputieren. Am Heimweg geht man in Gruppen oder zu zweit, wie der Zilcher und der Zdarsa, oder auch allein, wie es der Leonhard Kakabsa meistens tut, den man allgemein recht gern hat. Hier ist der Mann noch was wert, hier wird das Herz noch gewogen.

Heimito von Doderer, 1956

Ostjuden

Die Ostjuden, die nach Wien kommen, siedeln sich in der Leopoldstadt an, dem zweiten der zwanzig Bezirke. Sie sind dort in der Nähe des Praters und des Nordbahnhofs. Im Prater können Hausierer leben – von Ansichtskarten für die Fremden und vom Mitleid, das den Frohsinn überall zu begleiten pflegt. Am Nordbahnhof sind sie alle angekommen, durch seine Hallen weht noch das Aroma der Heimat, und es ist das offene Tor zum Rückweg.

Die Leopoldstadt ist ein freiwilliges Getto. Viele Brücken verbinden sie mit den andern Bezirken der Stadt. Über diese Brücken gehen tagsüber die Händler, Hausierer, Börsenmakler, Geschäftemacher, also alle unproduktiven Elemente des eingewanderten Ostjudentums. Aber über dieselben Brücken gehen in den Morgenstunden auch die Nachkommen derselben unproduktiven Elemente, die Söhne und Töchter der Händler, die in den Fabriken, Büros, Banken, Redaktionen und Werkstätten arbeiten.

Die Söhne und Töchter der Ostjuden sind produktiv. Mögen die Eltern schachern und hausieren. Die Jungen sind die begabtesten Anwälte, Mediziner, Bankbeamten, Journalisten, Schauspieler.

Die Leopoldstadt ist ein armer Bezirk. Es gibt kleine Wohnungen, in denen sechsköpfige Familien wohnen. Es gibt kleine Herbergen, in denen fünfzig, sechzig Leute auf dem Fußboden übernachten.

Im Prater schlafen die Obdachlosen. In der Nähe der Bahnhöfe wohnen die Ärmsten aller Arbeiter. Die Ostjuden leben nicht besser als die christlichen Bewohner dieses Stadtteils (...)

Die zwei großen Straßen der Leopoldstadt sind: die Taborstraße und die Praterstraße. Die Praterstraße ist beinahe herrschaftlich. Sie führt direkt ins Vergnügen. Juden und Christen bevölkern sie. Sie ist glatt, weit und hell. Sie hat viele Cafés.

Viele Cafés sind auch in der Taborstraße. Es sind jüdische Cafés. Ihre Besitzer sind meist jüdisch, ihre Gäste fast durchwegs. Die Juden gehen gerne ins Kaffeehaus, um Zeitung zu lesen, Tarock und Schach zu spielen und Geschäfte zu machen.

Juden sind gute Schachspieler. Sie haben auch christliche

Partner. Ein guter christlicher Schachspieler kann kein Antisemit sein.

In den jüdischen Cafés gibt es stehende Gäste. Sie bilden im wahren Sinne des Wortes die «Laufkundschaft». Sie sind Stammgäste, ohne Speise und Trank einzunehmen. Sie kommen achtzehnmal im Lauf eines Vormittags ins Lokal. Das Geschäft erfordert es.

Sie verursachen viel Geräusch. Sie sprechen eindringlich, laut und ungezwungen. Weil alle Besucher Menschen von Welt und guten Manieren sind, fällt niemand auf, obwohl er auffällig ist.

In einem echten jüdischen Kaffeehaus kann man den Kopf unter den Arm nehmen. Niemand kümmert sich darum.

Joseph Roth, 1926

American Bar
KÄRNTNER BAR
CINZANO
LOOS-BAR

WIENER UND WIENERIN

Glücklich in dem Wahne...

Der Wiener weiß nur zu gut, daß es gefährlich ist, über gewisse Dinge nur zu denken, geschweige denn zu sprechen, und so hält er das Maul, aber eben diese Maulsperre macht ihn endlich zu dem, was er ist, und sein Geist verliert alle Gewandtheit und zugleich alle Lust, sich zu tummeln. Für seinen Leib und seine übrigen Freuden findet er durch eben die Polizei gut gesorgt, findet sich endlich zufrieden und lebt so ganz harmlos und glücklich in dem Wahne, daß er der klügste und glücklichste sei, und Wien die Königin aller Städte des Erdbodens. Denn davon ist der Wiener überzeugt, daß es keinen besseren Ort gäbe in der Welt, als das schöne Wien, und das superbe Wien; Wien ist immer einer der schönsten und lustigsten Orte, die ich gesehen habe, ich werde seine Bewohner und ihn selber immer rühmen. Aber was würde Wien sein, wenn zu allen seinen Vorzügen noch Geistesfreiheit und Freiheit des Geschmackes hinzukämen, die doch den Menschen erst zum Menschen machen?

Ernst Moritz Arndt, 1798

Die Frau von gutem Ton

Am frühesten Morgen um acht oder neun
Steigt sie aus den Bett'n in Wagen hinein.
Im Augarten trinkt sie schlechten Café
Und schäkert und lacht in der Seufzerallee.

Um elf Uhr frisiert sie Madame noch einmal,
Hilft in den Fourreau ihr und bindt ihr den Shawl.
Dann blast sie ins Büchschen und geht renoviert
In artige Kirchen, zu sehn, was passiert.

Die Zeit bis zur Tafel, die wendet sie an,
Den Geist sich zu bilden aus einen Roman.
Nach Tisch in den Prater: Halt, Kutscher, denn jetzt
Wird in der Allee sich spazieren gesetzt.

Hier bringt nun jede galantere Frau
Die neuen Liebhaber und Kleider zur Schau.
Auch küßt man Freundinnen voll Sympathie,
Und erst, wenn sie weg sind, verlästert man sie.

Um sieben ists Zeit ins Theater zu gehn,
Da sieht man die Oper, und wird auch gesehn.
Von da auf den Graben, vom Graben nach Haus,
Hier ruht man vom nützlichen Tagwerk sich aus.

Johann Baptist Alxinger, 1795

Die guten Wiener Bisserl

Estoras, 5. Febry 1790.

Wohl Edl Geborne, sonders Hochschätzbarste, Allerbeste Frau von Genzinger! Nun, da sitz ich in meiner Einöde, verlassen wie ein armer Wais, fast ohne menschliche Gesellschaft, traurig, voll der Erinnerung vergangener edlen Tage – ja leider vergangen – und wer weiß, wann diese angenehme Tage wiederkommen werden? Diese schönen Gesellschaften? wo ein ganzer Kreis Ein Herz, Eine Seele ist – alle diese schöne Musikalische Abende, welche sich nur denken und nicht beschreiben lassen – wo sind alle diese Begeisterungen? – Weg sind sie, und auf lange sind sie weg. Wundern sich Euer Gnaden nicht, daß ich so lange von meiner Danksagung nichts geschrieben habe! ich fande zu Haus alles verwirrt, drei Tage wußte ich nicht, ob ich Kapell-Meister oder Kapell-Diener war, nichts konnte mich trösten, mein ganzes Quartier war in Unordnung, mein Fortepiano, das ich sonst liebte, war unbeständig, ungehorsam, es reizte mich mehr zum Ärgern, als zur Beruhigung, ich konnte wenig schlafen, sogar die Träume verfolgten mich, denn da ich am besten die *Opera le Nozze di Figaro* zu hören träumte, weckte mich der fatale Nordwind auf und blies mir fast die Schlafhauben vom Kopf. Ich wurde in drei Tagen um zwanzig Pfund mägerer, denn die guten Wiener Bisserl verloren sich schon unterwegs. Ja ja, dacht ich bei mir selbst, als ich in meinem Kosthaus statt dem kostbaren Rindfleisch ein Stück von einer fünfzigjährigen Kuh, statt dem Ragout mit kleinen Knöderln einen alten Schöpfen mit gelben Murken, statt dem böhmischen Fasan ein ledernes Rostbrätl, statt den so guten und delikaten Pomeranzen einen Dschabl oder sogenannten Groß-Salat, statt der Backerei dürre Apfelspältl und Haslnuß – und so weiter speisen mußte. – Ja ja, dacht ich bei mir selbst, hätte ich jetzo manches Bisserl, was ich in Wien nicht habe verzehren können! Hier in Estoras fragt mich niemand: Schaffen Sie Schokolade – mit oder ohne Milch –? – befehlen Sie Kaffee – schwarz oder mit Obers? – mit was kann ich Sie bedienen, bester Haydn? – wollen Sie Gefrornes mit Vanille oder mit Ananas? – Hätte ich jetzt nur ein Stück guten Parmesan-Käse, besonders in den Fasten, um die schwarzen Nocken und Nudln leichter hinab zu tauchen; ich gab eben heute unserm Portier Kommission, mir ein paar Pfund hinab zu schicken.

Verzeihen Sie, allerbeste gnädige Frau, daß ich Ihnen das allererstemal mit so ungereimtem Gezeug und der elenden Schmiererei die Zeit abstehle, verzeihen Sie es einem Manne, welchem die Wiener zuviel Gutes erwiesen haben, ich fange aber schon an, mich nach und nach an das Ländliche zu gewöhnen, gestern studierte ich zum erstenmal und so ziemlich Haydnisch.

Euer Gnaden werden gewiß fleißiger als ich gewesen sein. Das gefällige Adagio aus dem Quartett wird hoffentlich schon den wahren Ausdruck durch Dero schöne Finger erreicht haben. Meine gute Fräulein Peperl [Tochter Genzinger] wird sich (hoffe ich) durch öfteres Absingen der Kantate auch des Meisters erinnern, besonders bei reiner Aussprache und genauer Vokalisierung, denn es wäre eine Sünde, wenn eine so schöne Stimme in der Brust versteckt bliebe, ich bitte deshalb um ein öfteres Lächlen, sonst geht mir ganz gewiß etwas vor. Den Monsieur François [Sohn Genzinger] empfehle ich mich ebenfalls in sein musikalisches Talent. Wenn er auch im Schlafröckl singt, es geht doch immer gut, ich werde zur Aufmunterung öfters etwas neues übermachen. Unterdessen küsse ich nochmal die Hände für alle mir erwiesene Gnaden, und bin mit vorzüglicher Hochachtung Zeit Lebens Euer Gnaden ganz gehorsamster aufrichtigster Diener

Josephus Haydn

Frauenzimmer und Hausmeister

Wie lieblich und hübsch das weibliche Geschlecht hier in Wien ist, läßt sich schwer beschreiben, da das Charakteristische daran eben keine Schönheit nach bestimmten, leicht zu bezeichnenden Formen ist; es ist vielmehr ein wahrer Liebreiz, der in Miene und Blick besteht, und in einem angenehmen, freien Tragen und Bewegen des Körpers. Doch ist auch eine weiche, runde Form des Gesichts, eine feine Nase und Grübchen in den runden Backen und im runden Kinn, bei hellen, freundlichen Augen, schöner Haut und reinem Blut ein Gesichtscharakter, den man häufig hier sieht. So ist auch die Gestalt selten groß und stark, meistens von angenehmer Mittelgröße und Fülle. Unverkennbare Gutmütigkeit und Lustigkeit gibt diesem gefälligen Wesen einen überaus anziehenden, lieblichen Charakter.

*

So ist's hier durchaus mit allen Ständen, und man kommt nicht leicht in den Fall, sich vor irgendeiner Art von Menschen zu scheuen, es müßten denn die sogenannten Hausmeister sein. Dies sind Hauswächter, eine Art von Portiers, die gewöhnlich in einer kleinen Hofkammer wohnen, in Dampf und Rauch begraben, die sich leicht ereifern und grob werden, wenn man die Tür ihres Rauchnestes öffnet, um nach jemand im Hause zu fragen, von dem sie gewöhnlich auch nichts wissen, als daß er da wohnt; wozu aber noch gehört, daß man den Namen dessen, nach dem man fragt, ganz genau auf ihre österreichische Weise ausspricht, sonst wird man sicher auf der Stelle mit «Nein» und mit einem kurzen, störrischen «die Tür zu!» abgewiesen. Ist man so glücklich, in den Rauchhöhlen Frauen zu finden, so ist man besser daran: denn das weibliche Geschlecht hat hier im ganzen Wesen und Benehmen, und selbst im Verstande, einen sehr sichtbaren Vorsprung vor den Männern.

Johann Friedrich Reichardt, 1809

Unbefangen und herzlich

Vergnügen sucht der Wiener, und er kümmert sich wenig darum, ob alle Nachbarn sein lebhaftes Gespräch und seinen lauten Jubel hören, denn er weiß, daß man nicht die Nase darüber rümpft. Wird es ihm zu heiß, so zieht er den Rock aus; zwickt es ihn in den Beinen, so tanzt er; gefällt ihm ein Mädchen, so macht er ihr den Hof; will er spielen, so spielt er; will er trinken, so trinkt er; kurz: er ist immer Mensch, immer ungeniert!

O, dieses verfluchte Genieren der Deutschen! (...)

Das Herz der Wienerinnen liegt in ihren Augen; was sie fühlen und denken, verraten sie mit dem ersten Blick; sie sind unfähig, ihre Empfindungen zu verbergen. Sei es Haß, Liebe oder Gleichgültigkeit, was sie bewegt, immer wirst du wissen, woran du bist. Hat dich eine Dame auf der Promenade zwei- oder dreimal mit ihren lebhaften Augen betrachtet, so wird dein freundlicher Gruß im Theater freundlich erwidert, und küssest du ihr beim Nachhausegehen die Hand und begleitest diese Artigkeit mit einer Schmeichelei, so fühlst du deine Hand leise oder stärker gedrückt, je nachdem sie für dich empfindet. Nun schwärme aber nicht gleich von einer Eroberung. Glaube nicht schon im Paradies zu sein, wenn du einen Apfelbaum siehst! Sie hat dich gern, das übrige wird sich finden. Ob sie dich liebt, ist eine andere Frage, ob du noch um einen einzigen Schritt weiterkommst, ob du künftig statt der Hand die lieblichen, schwellenden Lippen küssen, Glut und Glut mit ihr tauschen darfst, ist noch sehr ungewiß, liegt noch zweifelhaft wie die Sonne hinter trüben Wolken.

Aber verzage auch nicht, du frommer Christ! Glaube an die Liebe der Wienerinnen wie an die Unsterblichkeit; vielleicht realisiert sich dein Hoffen auch. Nur leise greife die Festung an; denn Sturm wird gewöhnlich mit aller Macht erwidert, und deine Pläne sind auf ewig gescheitert. Hungere ihr Herz aus, dann übergibt es sich dir auf Tod und Leben.

Vor allen Dingen aber sei artig und galant, wenn du eine Wienerin für dich gewinnen willst, denn nach diesen Eigenschaften sucht sie oft lange Zeit vergebens. Sie gibt oft

Monde hindurch Feuer aus ihren Herzensspiegeln, bald auf diesen, bald auf jenen Mann, aber immer wird dieses Feuer durch Keckheit, Gleichgültigkeit oder Roheit gelöscht; die zarte Weiblichkeit zieht sich entweder verletzt zurück und ruft, wenn auch ungern, ihr noli me tangere! oder sie wird selbst roh unter rohen Händen.

Adolf Glassbrenner, 1835

Wunschlos unglücklich

Hört man den Wiener, so muß hier zu leben ein Fluch sein. Aber keiner wandert aus. Er schimpft, er raunzt, er höhnt, je nach seiner Art. Aber er bleibt. Es scheint, daß er von der so geschmähten, so verhaßten Stadt dennoch nicht lassen kann. Und er tut nichts, Wien zu verändern, oder den Wiener, auch nur den Wiener in sich selbst. Dies versucht er nicht, und wer es versucht, ist sein Feind.

Der Wiener ist ein mit sich sehr unglücklicher Mensch, der den Wiener haßt, aber ohne den Wiener nicht leben kann, der sich verachtet, aber über sich gerührt ist, der fortwährend schimpft, aber will, daß man ihn fortwährend lobt, der sich elend, aber eben darin wohl fühlt, der immer klagt, immer droht, aber sich alles gefallen läßt, nur nicht, daß man ihm hilft – dann wehrt er sich.

*

In keiner anderen Stadt hat Faulheit so viel Anmut, so viel Reiz, ja so viel Geist; sie stimmt auch so rein in den hold einwiegenden Rhythmus der in Weinberge gebetteten Landschaft, daß Arbeit hier fast als Störung der öffentlichen Sicherheit empfunden wird, und übrigens stellt die Wiener Art, müßig zu gehen, keine geringen Forderungen an den Geist: wer einen Tag wienerisch gefaulenzt hat, ist abends wirklich todmüd' davon.

Hermann Bahr, 1907

Fadesse

Der Wiener ist immer bereit, hinter jedem Enthusiasmus eine Blague, hinter jeder idealen Bestrebung einen persönlichen Zweck und, wenn ihm schon gar keine andre Ausflucht bleibt, zumindest in jeder geistigen Ambition eine «Fadesse» zu sehen. Daher kommt es, daß das ganze Leben in Wien so etwas seltsam Verzerrtes hat. Wien ist eine schöne Stadt mit häßlichen Menschen. Die Poesie Wiens liegt in den Steinen und Bäumen. Die Menschen aber, die zwischen diesen Steinen und Bäumen herumgehen, sind von einer giftigen, entstellenden Krankheit erfaßt, die sich im Laufe der Jahrzehnte in sie eingefressen hat: sie heißt Mangel an Idealismus. An dieser lebensgefährlichsten aller Epidemien geht Wien langsam zugrunde. Niemand kann sie lokalisieren, denn sie ist überall. Niemand kann sie heilen, denn sie beruht auf der Zusammensetzung des Wiener Bluts. Es ist damit nicht so einfach wie mit den Blattern.

Egon Friedell, um 1920

Trinkgeldphantasie

Das Trinkgeld gibt der Luft dieser Stadt den vielgerühmten silbernen Schimmer, das Trinkgeld ist der magische Quell ihrer Gemütlichkeit, das Trinkgeld ist das Korrektiv gegen Faulheit, Grobheit, Bosheit, das Trinkgeld sänftigt die Massengegensätze, das Trinkgeld fördert Recht und beschwichtigt Unrecht, das Trinkgeld öffnet Türen, Herzen, Akten, das Trinkgeld beschwingt die Beine, macht die Speisen besser, die Boten rascher, die Unwilligen willig, das schwer Mögliche möglich.

Das Trinkgeld ist der Hoffnungszusatz, der die Arbeit süßt. Es verleiht dem Dienst einen freundlichen Schimmer von Gefälligkeit, bringt ein menschliches Moment in die sachliche Beziehung von Leistung und Gegenleistung und fördert einen außerordentlich nuancenreichen Wechsel in Tempo, Farbe, Tonfall der Pflichterfüllung.

Solcher Fülle von Möglichkeiten, die jede scheinbare Wiener Sicherheit und Gewißheit birgt, entfließt ja das lieblich Irrationale, Schwankende, Fragwürdige wienerischen Lebens.

Das Trinkgeld ist dieses Lebens geheimer Motor. Ich fürchte, wenn man ihn abstellt, bleibt es stehen.

Alfred Polgar, 1920

Der Wiener geht nicht unter

Der Wiener wird nie untergehn, sondern im Gegenteil immer hinaufgehn und sich's richten.

«Der Wiener geht nicht unter.» Hoffnung oder Drohung? Vielleicht nur eine Höflichkeit, für «Unkraut verdirbt nicht».

Ich glaube nicht, daß der Wiener ein Kenner von Lyrik ist, wenn er behauptet, eine Mehlspeise sei ein Gedicht, das auf der Zunge zergeht.

Der Wiener Volkscharakter hat zwei Triebfedern des Stillstandes, die, scheinbar einander entgegenstrebend, schließlich doch eine Einheit ergeben: Der Schiebidennneteean-Wille paart sich mit der Stehteenettafür-Skepsis und es entspringt die Lekmiimoasch-Absage.

«Geh'ns, seins net fad!» sagt der Wiener zu jedem, der sich in seiner Gesellschaft langweilt.

Der Eros von Wien: Unter dem Vorwand, daß jedes Weibi ein Mandi brauche, hatte er sich ihr genähert, worauf sie nicht umhin konnte Gehns weg Sie Schlimmer! zu sagen. Nachdem er aber erklärt hatte, daß er viel lieber doder bleibe, ersuchte sie ihn, wenigstens nicht zu nahe an ihre Gspaßlaberln anzukommen, weil ein Pamperletsch die unausbleibliche Folge wäre und das zuhause einen schönen Pallawatsch gäbe. Er aber bat sie, keine Spompernadeln zu machen, denn sie sei mudelsauber und er zu allem eher geschaffen als zum Simandl. Deshalb ließ er sich nicht länger zurückhalten, und Pumpstinazi da wars aus und geschehn. Er sagte ihr infolgedessen, daß sie eine Schlampen sei, und ging dorthin, wo ein Wein sein wird und mir wer'n nimmer sein. Als sie ihn noch vor Ablauf dieser Frist an seine Pflicht mahnte, dachte er: gar net ignorieren!

Karl Kraus, um 1920

Das süße Mädel

So sind, so reden diese einfachen Wiener Mädel: Immer zwischen Koketterie und Unbefangenheit, zwischen Naivität und Sicherheit, Spott und echtem Gefühl. Man kommt mit ihnen an einem schwülen Sommer- oder Frühlingsabend, wenn sie vor einem Geschäft stehenbleiben oder sich im Prater eine Lustbarkeit besehen, ins Gespräch, spaziert mit ihnen ziellos weiter und könnte fast glauben, eine heitere Klosterunschuld vor sich zu haben. Plötzlich sprüht im Aug' etwas Schelmisches auf, aus dem Mund springt ein Witzwort, und man sieht, daß das Motto des Lebens und Liebens bei diesen unverdorbenen Geschöpfen lautet: «Keine Umständ' machen.» Das kennzeichnet ja überhaupt die Eigenart der Wiener Mädeln. Ihre Seele redet Mundart, aber ihr Betragen atmet die Musik, aus der hierzuland alles geboren und in die alles wieder zu fließen scheint. Ihre Pikanterie für den gebildeten Freund liegt darin, daß sie sich im gegebenen Moment nicht enthalten können, die

Dinge beim Namen zu nennen, so wie sie es zu Hause gewohnt sind; daß sie in Frohsinn und Anmut oft in proletarische Derbheit verfallen. Man könnte sagen, daß das Wiener Mädel zwischen dem weltgeübten Scharm der Midinette und der Urwüchsigkeit eines Land- oder Arbeiterkindes die Mitte hält. Kein Wunder, daß es dem männlichen Klassengenossen aus der Vorstadt ebenso gut gefällt wie dem «besseren Herrn», von beiden umworben und beiden zugetan.

Freilich, man darf sich das süße Mädel von Wien deshalb nicht als ein Flatterwesen vorstellen, wie es die Weltstädte heute fast als Typus hervorbringen. Denn zu diesem flatterhafteren Schlage gehört die Luft der Unabhängigkeit und Erwerbstätigkeit. Anno dazumal saß das Wiener Mädel in der Stube und wartete auf jenen «romantischen Kaiser Joseph», der plötzlich als Inkognito-Liebhaber in ihr Leben treten und sie zur Höhe neuen Familienglücks entführen würde. So ist es ja nun heute nicht mehr. Aber man hat in Wien noch immer mehr Zeit als anderswo. Und «mehr Zeit haben» das heißt die Liebesaffären in die Länge ziehen, ewig warten und erwarten. Mag das süße Mädel noch so lustig und springlebendig, ja in den Augen eines Fremdlings frivol erscheinen – es entschließt sich viel schwerer als irgendeine andere Frau, eine gelebte Liebe zu begraben, den Geliebten als verloren zu betrachten! Leicht hüpfend, wie ein Lanner-Walzer, so ist der Anfang – schubertschwer, pathetisch das Ende.

*

Arthur Schnitzler oder: post coitum omne animal est typisch wienerisch graziös.

Anton Kuh, 1931

Der Phäake

Ich hab sonst nix, drum hab ich gern
ein gutes Papperl, liebe Herrn:
Zum Gabelfrühstück gönn ich mir
ein Tellerfleisch, ein Krügerl Bier,
schieb an und ab ein Gollasch ein,
(kann freilich auch ein Bruckfleisch sein),
ein saftiges Beinfleisch, nicht zu fett,
sonst hat man zu Mittag sein Gfrett.
Dann mach ich – es is eh nicht lang
mehr auf Mittag – mein' Gesundheitsgang,
geh übern Grabn, den Kohlmarkt aus
ins Michaeler Bierwirtshaus.
Ein Hühnersupperl, tadellos,
ein Beefsteak in Madeirasoß,
ein Schweinspörkelt, ein Rehragout,
Omletts mit Champignon dazu,
hernach ein bisserl Kipfelkoch
und allenfalls ein Torterl noch,
zwei Seidel Göß – zum Trinken mag
ich nicht viel nehmen zu Mittag –
ein Flascherl Gumpolds, nicht zu kalt,
und drei, vier Glaserl Wermuth halt.
Damit ich's recht verdauen kann,
zünd ich mir mein Trabukerl an
und lehn mich z'rück und schau in d' Höh,
bevor ich auf mein' Schwarzen geh.
Wann ich dann heimkomm, will ich Ruh,
weil ich ein Randerl schlafen tu,
damit ich mich, von zwei bis vier,
die Decken über, rekreier.
Zur Jausen geh ich in die Stadt
und schau, wer schöne Stelzen hat,
ein kaltes Ganserl, jung und frisch,
ein Alzerl Käs, ein Stückl Fisch,

weil ich so früh am Nachmittag
nicht schon was Warmes essen mag.
Am Abend, muß ich Ihnen sagn,
eß ich gern leicht, wegn meinen Magn,
Hirn in Aspik, Kalbsfrikassee,
ein kleines Züngerl mit Pürree,
Faschierts und hin und wieder wohl
zum Selchfleisch Kraut, zum Rumpsteak Kohl,
erst später dann, beim Wein zur Not,
ein nett garniertes Butterbrot.
Glaubn S' nicht, ich könnt ein Fresser wern,
ich hab sonst nix, drum leb ich gern,
kein Haus, kein Auto, nicht einmal
ein G'wehr im Überrumplungsfall.
Wenn nicht das bissel Essen wär – –

(Stimme des Volkes)
Segn S', deswegen ham S' nix, liaber Herr!

Josef Weinheber, 1935

Wenn man Fuß fassen will

Daß mit ihnen nicht leicht auszukommen ist und daß sie mitunter mit sich selbst nichts anzufangen wissen, das haben die Wiener nie abgestritten, ja darauf waren und sind sie sogar stolz. Sie kokettieren mit ihrer Fehlerhaftigkeit wie andere mit ihrer Tüchtigkeit. Das ist ein Hang zum Masochismus, den vielleicht nur ganz und gar verstehen kann, wer einmal, als er hierher kam, verhältnismäßig normal war, ehe er durch Erfahrungen so wurde, wie man sein muß, wenn man in dieser Stadt, wo man verkehrterweise das Herz auf der Zunge und die Wahrheit dafür versteckt im Herzen drinnen trägt, Fuß fassen will. Aber wenn einer schon dieses Bestreben hat, dann geschieht ihm ja recht. Wer schafft's ihm? (...)

Zum Wiener werden, das ist, wie nicht anders zu erwarten in einer Stadt, in der das Unterbewußte einfach entdeckt werden mußte, kein bewußter Vorgang, sondern ein Anpassungsprozeß. In Paris kann man leben und dabei bleiben, was man ist; in Wien muß man verwienern, sonst hat man keinerlei Kommunikationsmöglichkeiten. Die hat man zwar nachher auch nicht, aber nun weiß man wenigstens, warum nicht, und so wenig tröstlich das auch anmutet, so ist es doch die einzige hier mögliche Lösung – nämlich keine.

Richard Kovacevic, 1972

Mehrschichtige Komplexe

Als mehrschichtige Komplexe gaben wir das Versuchsmaterial für einen unserer Größten ab, für Sigmund Freud. Ihm war das eigene Changeant zum analytischen Problem geworden. Der ewige Vorbehalt, Sigmund Freud habe seine Theorie auf zu wenige Versuchspersonen aufgebaut, findet hiemit seine Widerlegung: es waren ja Wiener, das aufschlußreichste Beobachtungsmaterial für Komplexität auf der ganzen Welt.

Franz Richter, 1972

Tradition hat Tradition

Einem echten Wiener wird nie etwas zu beweisen sein. Wem es dennoch passiert, dem kann man vielleicht nicht abstreiten, daß er sich hier aufhält, hier möglicherweise auch aufgewachsen und am Ende gar auf die Welt gekommen ist. Aber damit ist er noch lange kein echter Wiener für die Wiener, zumindest so lange nicht, bis er wieder rehabilitiert wurde. Dann allerdings sagen wir gern, es war nichts, beziehungsweise, es ist alles nicht wahr. Das ist schon als Refrain eines Couplets von Nestroy höhere Wahrheit und seither Tradition geworden.

Es ist auch schon lange Tradition in Wien, daß alles Tradition zu werden hat. Auch ist es Tradition, daß alles beim alten bleibt, und weil es Tradition ist, bleibt alles beim alten. Auch ein Fehler, mehrfach gemacht, wird unfehlbar Tradition, gilt dann aber nicht mehr als Verfehlung und ist vielmehr geheiligt. Von nun an wird es eher ein Fehler sein, ihn als solchen anzusehen. Es wird von einem Mangel an historischem Bewußtsein zeugen. Fehler hat ein jeder, heißt es dann, darum hat jeder den gleichen Fehler zu haben und mitgemacht zu haben. Wer nicht mitgemacht hat, schließt sich sowieso aus und ist kein ordentlicher Patriot.

Lange bevor sogenannte Figurimänner in Wien Gipskatzen feilboten, was ihren Landsleuten den Spitznamen Katzlmacher eintrug, kam aus Italien das Barock nach Wien und wurde hier derart heimisch, daß sich der Wiener bis heute gern als barocken Menschen bezeichnen läßt. Das ist wunderlich, und im übertragenen Sinn heißt barock nun soviel wie wunderlich. Wenn man nicht an das Belvedere, die Karlskirche und andere einschlägig schöne Bauten denkt, sondern an das Wort Barock, ist diese übertragene Bedeutung nicht zu verwundern. Barock ist, laut Lexikon, «ein Wort von dunklem Ursprung», es kommt über das Französische aus dem Lateinischen, heißt dort auch «kleiner Fehler» und benennt einen Baustil, in dem sich «der Übergang vom Strengen zum Freien» sowie «vom Geformten zum Formlosen» vollzieht. Mag also Michelangelo auch damit begonnen haben, Wien samt seinen Einwohnern ist barock, wie es leibt und lebt, das steht fest. Liest man doch auch, barock sein heiße, «durch unangemessene Form im Widerspruch zu seinem Wesen stehend», und das kann man wirklich als vorsichtige Umschreibung für das Wienerische auffassen.

Edwin Hartl, 1972

Frühling in Wien

So a unguada Nochmittog.
De Sunn is eitrig vur Föhn,
de Berg san zum Greifn noh,
oba wer wü's scho greifn, de Berg.

So a unguada Nochmittog.
De Schedln san eitrig vur Föhn,
olle streidn,
maunche speibn,
a poa bringan si um.
De, de si ansaufn, san no am bestn draun.

Hätt i di nur di ansaufn lossn!
Stott dessen haum ma uns de Wohrheit gsogt,
den gaunzen eitrigen
Nochmittog de Wohrheit gsogt,
bis auf d'Nocht.

Heit is's Weda wieda wia sa si ghert.
De Leit san, wia sa si ghert,
mir san, wia sa si ghert,
und de Wohrheit is, wia sa si ghert.
Daß's in Wien so vüle Wohrheiten gibt!

Heast, waunn wieda Föhn is,
vakumm!

Helmut Qualtinger, 1980

Das ganze Irrenhaus

Wien ist immer ein Vorwurf gewesen, eine Vergeßlichkeit, fast eine Senilität. Die Vernunft macht Sprünge beim Anblick eines Fliederbusches, der Zusammenhang bremst, ohne den Unfall vermeiden zu können. Eigentlich dumm, fast wie Jude sein, es werden einem sämtliche Kompliziertheiten angedichtet, deren beschränkte Geister würdig sind. Dabei hat Wien diese Verachtung, die aus Komplimenten besteht, unberührt überstanden, wie eine Porzellanpuppe, die man zerbrechen, aber nicht beleidigen kann. Langjährige Wiener, die gegen ihren Willen Auslandsaufenthalte einlegen, bleiben weinerlich, wenn man sie anspricht, wozu natürlich eine Aggressivität gehört, die bei Normalaggressiven einen exotischen Kummer auslöst, Zärtlichkeit, Streicheln, Anmut.

Wien ist schwerer zu verpflanzen als jede andere Untat. Der Wiener ist gern zu Hause, unsicher, auch Hunde fühlen sich nur geborgen, weil sie nicht wissen, daß sie sterben müssen. Der Wiener schaut sein Leben lang zu, daher haben Bücher über Wien etwas Obszönes, Voyeuristisches. Nach dem Ersten Weltkrieg wurde Österreich zum Gedanken, und allen Wienern haftet seither etwas Unwirkliches, um nicht zu sagen Verbotenes, um nicht zu sagen Anrüchiges, Unangenehmes an, ähnlich wie bei sehr kranken Menschen. Wiener sind leise Alkoholiker, Unreligionsstifter.

Niemand ist gerne Wiener, deswegen wird so häufig der Begriff der Haßliebe bemüht, die aber dem Wiener fremd ist. Dem Wiener ist eigentlich alles fremd. Wolken über Wien haben etwas Zwirniges, Tatsachen sind durchlässig, alles Poröse hat Vorrang, wenn es sein muß, mit Gewalt. Es ist zum Beispiel nicht wahr, daß es ein Österreichisches Fernsehen gibt.

Das ganze Irrenhaus wird sich eines Tages in die Luft heben, und jeder wird es gleich gesagt haben. Dann wird man Festspiele versprechen und nicht halten, Sonderreisen veranstalten und wieder absagen. Rettungsaktionen mißglücken lassen, bis die winkenden fröhlichen Wiener an Umweltverödung zugrunde gehen, wie ein immer seltener werdender, großer roter Kaktus.

Georg Kreisler, 1986

22

IM PRATER

Alle machen sich auf

Kommt hinaus nach dem Prater! Es ist heute Sonntag: der Amboß schweigt und die Hämmer ruhen; das summende, schnurrende Rad der Industrie steht still; alles Treiben hört auf und das Leben beginnt. Der Schuster wirft die Stieflein beiseite und macht sich auf Strümpfe, seine Frau aber zieht den Kindern die bunten Kleider an, setzt die neue Haube mit den rosenroten Shleifen auf, und legt aus zärtlicher Fürsorge zwei Zwanzigkreuzerstücke in die leere Hauskasse, damit morgen der Mittagstisch nicht ungedeckt bleibe. Der Schneider steckt die Nadel in die Kissen, sich selbst in die enganschließenden Kleider und hüpft wohlgemut zur harrenden Geliebten; die Köchin und das Stubenmädel schnüren sich die Taille; der Cavalier setzt sich aufs hohe Pferd, der Beamte spritzt die pedantische Feder aus und steigt in einen Fiaker; der Bäcker knetet nicht mehr den alten Teig, der Kaiser fährt sogar soeben mit sechs Rappen zur Burg hinaus, der Minister hinter ihm her; der Censor empfiehlt noch schnell ein Dutzend Bücher zum Verbot und holt dann seine Soutenierte ab; der Seiler dreht noch am letzten Stricke, während sein Weib schon die reine Wäsche zurechtlegt; der Priester steht vom weichen Lager auf und sagt der niedlichen Wirtschafterin ein Adieu; der Graf hebt seine junge Gräfin in die glänzende Equipage, läßt die Bedienten in der goldenen Livrée hinten sitzen und führt auf der Straße selbst den Zügel: Alle, alle ziehen zu Wagen, zu Roß, und zu Pferd durch die breite Jägerzeil nach dem Prater hinaus.

Adolf Glassbrenner, 1835

Feuerwerk

Hernach bin ich in Prater gangen. Da hat einer ein Feuerwerk in der Luft versprochen. Ich hab glaubt, wie schön das Ding seyn wird. – Da sind anfänglich ein Paar Figuren in d' Höh gstiegn; und da habn die Leut brafo! g'schrien. Hernach habn s' ein Balln steign lassen und hernach wieder ein, und diese Balln habn in der Luft kleine Raketl und blau und grüne Lichtl ausg'spien; drauf habn s' ein paar Saublattern krachen lassen, und da ist's gar gwesen. Und das Ding nennen s' z' Wien ein närrischtatisches Feuerwerk.

Josef Richter, 1794

Was ist der Prater?

Wenige Hauptstädte in der Welt dürften so ein Ding aufzuweisen haben wie wir unsern Prater. Ist es ein Park? «Nein». Ist es eine Wiese? «Nein.» Ist es ein Garten? «Nein.» Ein Wald? «Nein.» Eine Lustanstalt? «Nein.» – Was denn? Alles dies zusammengenommen. Im Osten der Stadt Wien liegt eine bedeutende Donauinsel, ursprünglich ein Auland, wie so viele Inseln der Donau, wo sie Flachland durchströmt, aber im Laufe der Zeit zu einem reizenden Gemische geworden von Wiese zu Wald, von Park und Tummelplatz, von menschenwimmelndem Spazierplan und stillster Einsamkeit, von lärmendem Kneipegarten und ruhigem Haine –. Viele Wiener mag es geben, die die Reize und Schönheiten ihres Praters nicht kennen, wenn er auch noch so besucht ist; denn so betäubend das Gewimmel an einigen Stellen, besonders zu gewissen Zeiten ist, so einsam, wie in der größten Einöde, ist es an andern, so daß man wähnen sollte, wenn man diese Wiesen und Gehölze entlang schritte, müsse man eher zu einer artigen Meierei gelangen als zu der riesenhaften Residenz einer großen Monarchie; – aber gerade die riesenhafte Residenz braucht einen riesenhaften Garten, in den sie ihre Bevölkerung ausgießt, und doch noch Teile genug leer läßt für den einsamen Wandler und Beobachter – und wohl uns, daß wir den Prater haben. Der Wiener weiß das sehr gut, und wird er auch zuweilen etwas undankbar gegen seinen Prater, wie z. B. in den heißen Sommermonaten, so ist er zu andern Zeiten demselben desto überschwenglicher zugetan, z. B. im Frühling, und namentlich an bestimmten Tagen, wo es zum guten Ton gehört, in den Prater zu fahren, und wer dies nicht kann, wenigstens zu gehen. (...)

Doch laß uns nun die Allee hinabgehen und dann auch seitwärts, um zu sehen, was der Prater noch zu bieten hat außer dieser sinnbetörenden Flut von Gesichtern, Kleidern und Wägen. Aber wie wir immer tiefer und tiefer hinabkommen, ist es, als würde es immer ärger; der Knäuel wird dichter und ruhiger. Links am Wege stehen Restaurationshäuser, die sogenannten Praterkaffeehäuser; aus ihnen erschallt Musik; unter den Bäumen stehen viele tausend Sessel, überwuchert mit geputztem Menschengestrüppe, – das redet, das lacht, das braust, das klingelt an die Gläser, ruft nach Kellner und Marqueur – und vorüber den Augen auf und ab haspelt sich dasselbe Ziehen und Rollen der glänzenden Wägen, und so weit das Auge schaut, ist es, als nehme die Allee kein Ende.

So wie sich hier die gewähltere Gesellschaft treibt, so treibt sich weiter links das eigentliche Volk. Ihm ist aber bloßes Spazierengehen oder Fahren weitaus nicht genug, sondern es verlangt nach greifbaren Freuden, und diese nun sind rings und überall ausgebreitet. Trete hier links heraus

aus dem Strome der Hauptallee – ein großer Rasenplatz, mit uralten Bäumen besetzt, nimmt uns auf, und auf ihm herumgestreut liegen alle die Anstalten zum Vergnügen des Volkes: da sind alle möglichen Kosmo-, Pano-, Dioramen; alles, was je berühmt war, steht von Wachs in jener Hütte. Einer läßt sich sehen, weil er zu groß, ein andrer, weil er zu klein ist; einer frißt Feuer, ein andrer speit Seidenbänder, und auf der Brust eines dritten wird wie auf einem Amboß schrecklich gehämmert, und darunter schallt das Klopfen und Klingeln des Wurstls, der in seiner hohen schmalen Bude eben wieder sein neues Spiel beginnt; dort um die Kneipe herum schießt der dichte Salpeter der Trinkgäste an, so fast, daß man meint, die arme Hütte könne sich inmitten der Leute nicht rühren. Einer oder zwei ragen über die andern empor und spielen Szenen von einer Bühne herab, die gepriesen und belacht werden, auf der andern Seite des Baumes deklamiert einer, und der Harfenist reißt wütige Töne auf den Saiten, um mit dem Gesange seiner Begleiterin durchzudringen, und dicht neben ihm werden Limonien und Pfeifen ausgespielt, während von etwas ferner die schwachen Töne eines Leierkastens herüberklingen, und mit den Gläsern wird geklopft, und es wird gerufen, und Spaziergänger und Zuschauer winden sich durch das Wirrsal – und wendest du dich ab, so steht dort unter noch größeren Bäumen wieder eine solche Kneipe und rechts wieder eine und weiter ab wieder eine – und überall ist dasselbe Bild oder noch ein lebhafteres – und eine Musik schallt durch die Zweige, sie heißt nicht umsonst die türkische – die große Trommel eilt und tummelt sich, und ein Geschimmer ist darunter, als wäre eine Messingbude närrisch geworden, und zu dem Geschwirre fliegen Reiter in einem Kreise auf hölzernen Rossen herum und stoßen Türkenköpfe herab und andres. Da freut sich nicht nur der Knabe des fliegenden Kreises, sondern auch der Handwerksgeselle hat seine Geliebte hergebracht, und sie prangt in einem der kreisenden Wagen, und er sticht Türken – und die genug haben, oder denen übel geworden ist, gehen fort, und neue Gäste steigen ein, und mit neuer Kraft erschwingt sich die Trommel und der Kreisel, und während des Augenblickes, da sie still war, scholl durch die Bäume herüber von einer andern solchen Reiterei dieselbe Musik. Dort auf mehreren Schaukeln werden ganze Frachten von Menschen geschaukelt, daß die Stricke knarren und sich die Bäume biegen. Andre werden wie echtes Garn abgehaspelt, und zwei Liebende geraten in Zwiespalt, da sie *schon*, er aber noch *nicht* nach Hause gehen will. (...)

Weile noch einige Augenblicke hier, – du weißt, Wien ist die Stadt der Musik – daher auch hier Musik genug: türkische, der Leiermann, der Harfenist und Bänkelsänger, schwärmerische Handwerksgesellen mit Gitarren, dort zwei Jungfrauen, die eine Romanze absingen, ewig um eine Quint voneinander abstehend wie zwei parallele Linien – heimkehrende Freundschaftsketten, die den Rinaldo Rinaldini singen – hier und da in den Händen eines Knaben eine Harmonika – – und nun kommen auch noch die Zigeuner, seltsame, starre Gesellen, ein Traum aus einer urfrühen Zeit der Weltgeschichte, übriggebliebne Gestalten, unberührt von der Gegenwart; darum wirst du gleich hören, wie sie, und wären sie schon ein Menschenleben lang im Prater gesessen, dennoch unberührt von dem Geist und der Weise unsrer Töne ihr uraltes Klingen anheben, feurig melancholisch wie ihr Auge, und phantastisch verworren hinschlürfend, wie der Faden ihrer Geschichte durch die andern Schicksale der Welt – und in den höher ziehenden Tönen ihrer Geige ist ein Klagen und Trotzen, daß es mir immer unheimlich werden will, mich aber dennoch nicht fortläßt – von dieser eigentümlich glühenden Poesie. Dazu, sieh nur einmal den an, der die erste Violine streicht, und den, der das Zymbal schlägt, wie der eine den Bogen führt und zieht, fast graziös, wie ein Virtuose, und wie der andre die Klöppel handhabt, und beide so ernst und fast traurig das Weiß der Augen verdrehen aus den tiefbraunen Gesichtern – und wie es auch lärmt und wogt und musiziert ringsherum, so macht sich ihre Musik doch Platz – als ein fremdes Element, und schreit und singt aus der andern heraus, erkennbar auf so weit, als man überhaupt noch Töne vernehmen kann.

Sie werden immer toller und toller und streichen und streichen, daß die Töne wie Raketenstreifen steigen. – Jetzt ist der Wirrwar erst vollendet, der Menschen werden immer mehr; der Wein beginnt zu wirken; singende Stimmen erheben sich hier und dort – nur zwei Gäste sind ganz still und freundlich: die liebe Abendsonne, die ihr Licht durch den rötlichen Staub und um alle Menschenantlitze gießt, und die zarten Laubknospen auf den riesenhaften Bäumen, die die laue Lenzluft empfinden und sich stündlich wohler fühlen und größer werden.

Adalbert Stifter, 1844

Die reinsten Wonnen

Oh ich fühle in diesem Wurstel-Prater die reinsten Wonnen. Noch immer geht mir das Herz auf, wenn ich auf dem Ringelspiel nach Stockerau, Konstantinopel und New York fahre; wenn ich mit den trefflichen Schießgewehren eine Marketenderin so sicher ins Herz treffe, daß sie zu trompeten anfängt, oder wenn ich mich auf den verschiedenen Waagen wägen lasse und im Laufe von zehn Minuten fünf Kilo leichter oder schwerer werde. Und da sage noch einer, daß ich blasirt bin!

Arthur Schnitzler, 1887

Höhere Töchter und Dienstmädchen

Da ist die Nobel-Allee. In schweren Haufen gehen die Menschen auf und ab, auf und ab. Auch da der Staub, die Traurigkeit. die Luft unter den Bäumen ist dick wie in einem geschlossenen Raum und kaum noch zur Einatmung geeignet. Sie wissen das vom vorigen Sonntag her, und dennoch sind sie wieder da, gehen auf und ab, auf und ab, wie Häftlinge im Kerkerhof. Aus welchen Wohnungen mögen sie kommen, und warum gehen sie nicht in die wirkliche Freiheit, in die Natur hinaus? Bei den sittsamen Mädchen aus bravem und mittellosem Hause versteht man diesen trostlosen Spaziergang beinahe. Sie müssen gesehen werden, sonst käme wohl der Freier nie. Aber wenn sie nicht auffallend gekleidet sind, gehen sie in der Menge verloren. Und sind sie geputzt, so wagt sich erst recht keiner an sie heran. Wer hat den Mut, so schöne Gewänder zu bezahlen? Freilich lehrt die Erfahrung, daß es auch solche Käuze gibt. Diese sieht man mit sorgendurchfurchter Stirne an der Seite ihrer siegreichen Damen einherschleichen. Darum gehen die törichten Jungfrauen, gefolgt von ihren beklommenen Eltern, auf und ab, auf und ab. Bis es finster wird und man die Sonntagstraurigkeit wieder einmal nach Hause schleppt.

Nun sind viele Lichter im Wurstelprater aufgegangen. Dazu verworrener Lärm von vielerlei rücksichtsloser Musik. Ein Drehorgelmann schont den andern nicht, und jeder Kapellmeister durchkreuzt die Melodien seines Nachbars. Sie bohren einander wie Schlachtschiffe in den Grund. Die Leute irren verschüchtert umher und kriechen endlich in einem Gasthause unter. Die Gärten, die am schlechtesten beleuchtet sind, haben nicht immer den schwächsten Besuch; weil mancher sein Nachtmahl gern in der Dunkelheit verzehrt, nachdem er stolz durch die Alleen gewandelt ist.

Lärm von den Schaubuden, den alten, wohlbekannten, geheimnisreichen Buden, in denen auf die Neugierde eine

Geldstrafe gesetzt ist. Besser fahren die Geschäftsleute, die auf die Eitelkeit des verehrungswürdigen Publikums rechnen: die Verschleißer von Proben der Geschicklichkeit und Kraft. Das sind kurze Schießstände, von denen man mit ausgestrecktem Arm den Flintenlauf in die Scheibe stoßen kann; die gewaltigen Hämmer, die ein Schneiderlein niedersausen läßt, wobei es meint, es sei stark wie ein Schmied. Und am höchsten geht es her an den Versammlungsorten aller Neugierden und Eitelkeiten: auf den Tanzböden.

Für fünf Kreuzer ein Tanz mit allem, was dazu gehört. Das sind nicht die artigen, gedämpften Drehungen der Salons. Da ist noch Kampf und Leidenschaft, Werbung und Niederlage in den stummen Dramen. Der großmächtige, ursprüngliche Sinn der Handlung wird durch keinen Dialog gestört. Dem Dionysos wird ein stürmisches Fest gefeiert. Es sind meistens Menschen vom Lande, Bauern und Bäuerinnen, in die Stadt verschlagen, als Dienstmädchen und Soldaten verkleidet, und wenn sie tanzen, sind sie gewiß weniger unglücklich als sonst. Und sie berauschen sich aneinander bis zur Bewußtlosigkeit bei den elenden Klängen dieser Musik, im qualvollen Dampf dieses Saales. Man muß ihre Gesichter sehen, die halbgeschlossenen Augen der Mädchen, die Glut der Burschen, alle Ausdrücke der Hingebung und Schwärmerei. Und wenn sich der Tänzer schließlich über seine Tänzerin beugt und sie küßt, nein, den Schweiß von ihrer Wange trinkt, so ist das wohl eine größere Liebe, als die duftenden Marquisen zu erwecken vermögen. Denn hier hat die Illusion mehr Widriges zu überwinden. Das aber hat einen fernen Zweck: in zwanzig Jahren wird man wieder Stubenmädchen und Soldaten brauchen.

Theodor Herzl, 1899

Kaskaden von Lärm

Von irgendwoher dröhnte dumpfe verworrene Musik, und unwillkürlich ging ich ihr nach, denn alles lockte mich heute, ich empfand es als Wollust, dem Zufall ganz nachzugeben, und dies dumpfe Hingetriebensein inmitten einer weichwogenden Menschenmenge hatte einen phantastischen Reiz. Mein Blut gärte auf in diesem dicken quirlenden Brei heißer menschlicher Masse: aufgespannt war ich mit einemmal, angereizt und gesteigert wach in allen Sinnen von diesem beizenden qualmigen Duft von Menschenatem, Staub, Schweiß und Tabak. Denn all dies, was mich vordem, ja selbst gestern noch, als ordinär, gemein und plebejisch abgestoßen, was der soignierte Gentleman in mir ein Leben lang hochmütig gemieden hatte, das zog meinen neuen Instinkt magisch an, als empfinde ich zum erstenmal im Animalischen, im Triebhaften, im Gemeinen eine Verwandtschaft mit mir selbst.

Hier im Abhub der Stadt, zwischen Soldaten, Dienstmädchen, Strolchen, fühlte ich mich in einer Weise wohl, die mir ganz unverständlich war: ich sog die Beize dieser Luft irgendwie gierig ein, das Schieben und Pressen in eine geknäulte Masse war mir angenehm, und mit einer wollüstigen Neugier wartete ich, wohin diese Stunde mich Willenlosen schwemmte. Immer näher gellten und schmetterten vom Wurstelprater her die Tschinellen und die weiße Blechmusik, in einer fanatisch monotonen Art stampften die Orchestrions harte Polkas und rumpelnde Walzer, dazwischen knatterten dumpfe Schläge aus den Buden, zischte Gelächter, grölten trunkene Schreie, und jetzt sah ich schon mit irrsinnigen Lichtern die Karusselle meiner Kindheit zwischen den Bäumen kreisen. Ich blieb mitten auf dem Platze stehen und ließ den ganzen Tumult in mich einbranden, mir Augen und Ohren vollschwemmen: diese Kaskaden von Lärm, das Infernalische dieses Durcheinanders tat mir wohl, denn in diesem Wirbel war etwas, das mir den innern Schwall betäubte. Ich sah zu, wie mit geblähten Kindern die Dienstmädchen sich auf den Hutschen mit kollernden Lustschreien, die gleichsam aus ihrem Geschlecht gellten, in den Himmel schleudern ließen, wie Metzgergesellen lachend schwere Hämmer auf die Kraftmesser hinkrachten, Ausrufer mit heisern Stimmen und affenhaften Gebärden über den Lärm der Orchestrions schreiend hinwegruderten, und wie alles dies sich quirlend mengte mit dem tausendgeräuschigen, unablässig bewegten Dasein der Menge, die trunken war vom Fusel der Blechmusik, dem Flirren des Lichts und von der eigenen warmen Luft ihres Beisammenseins.

Stefan Zweig, 1922

Große Praterschaukel

Dies sind eure Absinthräusche des Lebens, Mädchen aus dem Volke! Alles wird zuunterst zuoberst gekehrt, gestürzt! Und beim Talabwärts kreischet ihr vor Angst und Erregung! Hier vergesset ihr, daß der Zins vor der Türe ist und daß man in jedem Augenblicke schwanger werden und verlassen werden könnte! Hier erlebt ihr eure Meerfahrtemotionen, Seekrankheit für zehn Kreuzer!

Und nachher in die Wiesen, in die dunklen weiten Wiesen!

Pfeife, Schurl, wenn Polizei kommt!

Peter Altenberg, 1901

Ein flotter Ritt

Lärmen und Tosen erfüllte die Gänge zwischen den Buden. Ein schwüler Hauch lagerte über der Menge, die auf dem staubigen, groben Kies scharrte; nur ab und zu kam ein

Lufthauch von der Donau herüber und erfrischte die erhitzten Gesichter. Es roch nach Bier und billigen Speisen, nach frischem Anstrich und dann wieder nach dem feuchten Humus der Praterauen, zwischen deren moderndem Laubteppich ordinäre Veilchen wucherten. Glückshafen gab's da und Ringelspiele, eine große Rutschbahn und Schießbuden, und alles, alles mußte das unglückselige Opfer Kupidos durchkosten, nichts blieb ihm erspart. Ludmilla war unersättlich. Er mußte mindestens viermal jausnen, Unmengen, Bier, Käse, Wurst, Zichorienkaffee und schließlich kandierte Früchte verspeisen, Früchte, die unkandiert wohl nie gegessen werden und selbst gewiegten Botanikern unlösbare Rätsel bleiben. Endlich fand es Ludmilla am Platz, ihr körperliches Wohlbehagen durch einen flotten Ritt auf einem Ringelspielpferde zu krönen. «Zu die zwei silbernen Ritter» hieß die Unglücksstätte. Als er sich weigerte, wurde sie heftig, und er fürchtete schon, seine Autorität bei ihr zu verlieren, sintemalen er zu bemerken glaubte, daß dem jungen Mädchen heftige Seelenkämpfe gegenüber dem doppelten Tuch nicht erspart blieben. Also die Zähne zusammengebissen – hopp, aufs Pferd! Lanners unsterbliche Weisen ertönten. Eynhufs Rößlein, ein Apfelschimmel mit teuflischem Blick, begann, sich knacksend zu schaukeln. Da, um Himmels willen, ist das nicht die Frau Beischl? Frau Beischl, ihre unwahrscheinliche Fülle in ein spangrünes Seidenkleid gestopft, einen Hut mit wallenden, eingeweidefarbenen Straußfedern über dem unbeschreiblich ausdruckslosen Antlitz, welches schon aus geringer Entfernung so viel Details verlor, daß es verzweifelt unanständig anzusprechen war. Ein kleines, zurückgebliebenes Ding ohne Schneidezähne schob sie schützend vor sich her, der Kleidung nach ein Mädchen, mit uraltem Ausdruck im Gesicht und müden Augen, die wie kleine Mauslöcher aussahen. Auf dem straff zurückgezerrten, fahlen Haar trug es einen Kranz aus giftgrünen Blättern, mit welken Leinwandblüten untermischt. Firmzeit! Ja, richtig, das hatte er ganz übersehen. Eine Zeitlang glotzte ihn die Selcherswitwe verständnislos an, dann blieb ihr Mund lange offen, während der unglückliche Sekretär, der wie gelähmt auf seinem jammervollen Spielzeug saß, grotesk auf und nieder wippend, immer wieder bei ihr vorbeigezerrt wurde. So viel Geistesgegenwart aber hatte er noch, sein Gesicht durch Schiefstellen der Nase arg zu verzerren, damit die Beischl auf diese Art vielleicht in ihrem Urteil unsicher gemacht würde. Das Schlimmste kam noch. Ludmilla, die neben ihm trunken vor Seligkeit ritt, legte bei der letzten Tour unerwartet, ehe es der entsetzte Eynhuf hindern konnte, schmachtend ihren Arm um seinen Nacken und blickte ihm, sich breit und üppig wiegend, verheißungsvoll ins grämlich verzerrte Antlitz.

Fritz von Herzmanovsky-Orlando, 1928

Die Parkbank am Abend

Praterbank. Kastanienduft. Sumpfnähe. Windverwehte Klänge von Orchestrions. Die zwei auf der Bank zwitschern in einer Sprache, deren Worte auf «itscherl», «-ukkerl» und «itschi-atschi» enden. Taktvoll wendet sich der Passant. Er könnte beim Dabeigewesensein betreten werden. Das Flagranti könnte ihn auf frischer Zeugenschaft ertappen. Er will weder Wand noch Laterne noch Löwe sein und setzt, ohne sich umzuwenden, seinen Weg fort.

Anton Kuh, 1931

Der dritte Mann

Harry hatte schon immer alle Kniffe gekannt, und auch in diesem zertrümmerten Vergnügungspark war es nicht anders. Er gab der Frau am Schalter ein Trinkgeld, und sie erhielten einen Wagen des Riesenrads ganz für sich allein. Er sagte: «In der guten alten Zeit taten das die Liebespaare, aber jetzt haben sie nicht das nötige Geld dazu – die armen Teufel!» Und mit einem Blick, aus dem aufrichtiges Bedauern zu sprechen schien, sah er aus dem leise schaukelnden und langsam höher steigenden Waggon hinunter auf die immer kleiner werdenden Gestalten. Langsam versanken auf der einen Seite die Häuser der Stadt unter ihnen, langsam wuchsen auf der andern die mächtigen stählernen Kreuzträger des Riesenrades vor ihnen empor. Der Horizont wich zurück, die Donau wurde sichtbar, und die Pfeilertürme der Reichsbrücke kamen über den Häusern zum Vorschein.

«Ja», begann Harry, «es ist schön, dich wieder einmal zu sehen, Rollo.»

«Ich war bei deinem Begräbnis.»

«Das war doch fein ausgedacht, nicht wahr?»

«Nicht so fein, soweit es deine Freundin betraf. Sie war auch dort – und weinte um dich.»

«Sie ist ein gutes kleines Ding», sagte Harry. «Ich mag sie furchtbar gern.»

«Ich wollte der Polizei nicht glauben, was man mir dort von dir erzählte.»

«Und ich hätte dich nicht nach Wien eingeladen, wenn ich geahnt hätte, wie alles kommen würde; aber ich wußte ja noch nicht, daß mir die Polizei auf den Fersen war.»

«Und du wolltest mich an deinem Geschäft beteiligen?»

Er stand mit dem Rücken gegen die Tür, indes der Wagen höher schwebte, und lächelte Rollo Martins an, der sich erinnerte, Harry in genau derselben Haltung einst in einer verschwiegenen Ecke des Schulhofs gesehen zu haben; damals hatte sein Freund gesagt: «Du, ich habe entdeckt, wie man nachts hier herauskann. Vollkommen sicher. Du bist der einzige, dem ich das Geheimnis verrate.» Zum erstenmal blickte Rollo Martins nun ohne Bewunderung in die ferne Vergangenheit zurück und dachte:

«Aus ihm ist noch immer kein Erwachsener geworden. Die armen Teufel in den Dramen Marlowes hatten Knallfrösche an den Schwanzenden; das Böse ist wie Peter Pan – es besitzt die schreckliche, Schrecken einflößende Gabe ewiger Jugend.»

Nun fragte Martins: «Hast du jemals das Kinderspital besucht? Hast du je eines deiner Opfer gesehen?»

Harry warf einen Blick auf die Spielzeuglandschaft unter ihnen und entfernte sich von der Tür. «Ich fühle mich in diesen Dingen nie recht sicher», bemerkte er und betastete mit der Hand die Außenseite der Tür, als fürchtete er, sie könne plötzlich aufspringen und ihn in den von eisernen Rippen durchzogenen Luftraum hinausschleudern. «Opfer?» fragte er. «Nur nicht so theatralisch, mein lieber Rollo. Schau doch da hinunter», forderte er Martins auf und deutete durch das Fenster auf die Menschen, die tief unten am Fuß des Riesenrads gleich Fliegen umherkrochen. «Würdest du es dir wirklich zu Herzen nehmen, wenn einer dieser schwarzen Punkte aufhören sollte, sich zu bewegen – für immer? Wenn ich dir sagte, alter Freund, du könntest zwanzigtausend Pfund verdienen für jeden Punkt dort unten, der krepiert, würdest du mir allen Ernstes und ohne Zögern antworten, ich soll mir mein Geld behalten? Oder würdest du dir ausrechnen, auf wie viele Punkte du verzichten könntest?» (...)

Der Waggon kam am Scheitelpunkt seiner Kreisbahn leicht pendelnd zum Stillstand, und Harry wandte seinem Freund den Rücken zu und blickte aus dem Fenster. Martins überlegte: «Ein einziger kräftiger Stoß, und er fliegt durchs Glas hinaus.» In Gedanken malte er sich aus, wie der Körper zwischen den eisernen Pfeilern und Verstrebungen stürzen, immer tiefer stürzen würde – ein Kadaver, der mitten unter die Fliegen dort unten fiele. (...)

«Ich habe gute Lust, dich durchs Fenster zu schmeißen.»

«Aber tun wirst du es nicht, alter Freund. Wenn wir uns zankten, so dauerte es nicht lange. Erinnerst du dich an den fürchterlichen Krach im ‹Monaco›, wo wir beide schworen, wir seien miteinander fertig? Zu dir habe ich unbegrenztes Vertrauen, Rollo. Kurtz wollte mich erst überreden, nicht herzukommen, aber ich kenne dich doch. Dann versuchte er mich zu überreden, einen kleinen – hm – Unfall zu arrangieren. Er meinte, das wäre in diesen Waggons ganz einfach.»

«Nur ich bin der Stärkere von uns beiden.»

«Aber ich habe einen Revolver. Du glaubst doch nicht, eine Schußwunde würde weiter auffallen, wenn du auf dem Boden dort unten aufgeschlagen bist?»

Der Wagen setzte sich wieder in Bewegung und schwebte langsam der Erde entgegen, bis die Fliegen zu Zwergen und endlich zu Menschen wurden.

Graham Greene, 1950

Riesenrad

In diesem monströsen Gefährt, 1896 von dem Engländer Basset konstruiert, kommt man nirgendwo an, als immer wieder am Ausgangspunkt, falls man es überhaupt wagt, sich einer der waggonartigen Kabinen anzuvertrauen. Ganz sacht beginnt die Fahrt, die in fünfundsechzig Meter Höhe kulminiert und stoppt, um beispielsweise einer aufgeregten Familie Gelegenheit zu geben, eben dieser ungewohnten Fahrt Aufregung abzureagieren: durch hektisches Hinundher von einer Kabinenwand zur anderen, von Ausblick zu Ausblick, von Ausruf zu Ausruf. Der hölzerne Kasten gerät ins Schwanken. Unsere Mägen fühlen sich unangenehm dem Erdenkreis entrückt. Und das einzige, was in dieser fatalen Lage zwischen Himmel und Hölle sichtbar wird, ist unser deutliches Mißbehagen an dieser fatalen Lage, in die wir uns freiwillig unwissend begaben, wie das bei fatalen Lagen üblich zu sein pflegt.

Günter Kunert, 1979

Andere Welten

Im Wiener Wurstelprater unterhält sich das kleine, in den Praterauen das geile Volk, jedes auf seine Weise. Im Wurstelprater pflanzen bis an den Rand mit Schweinsbraten, Knödeln, Bier oder Wein vollgefüllte Eltern ihre ebenso aufgefüllte Brut in die Töpfe oder auf die bunt lackierten (Plastik-)Pferdchen, Elefanten, Autos, bösen Drachen hinein oder hinauf, und das in Drehung versetzte Kind speit das ihm vorher mühsam Eingeschaufelte wieder heraus. Es bekommt dafür eine Ohrfeige, weil das Essen im Gasthaus etwas gekostet hat und man es sich nicht jeden Tag gönnt. Die Eltern behalten ihre Mahlzeit bei sich, denn ihre Magen sind kräftig und ihre Hände schnell wie der Blitz, wenn sie auf den Nachwuchs niederfahren. So wird der Nachwuchs beschleunigt. Nur wenn die Eltern allzu viel getrunken haben, kann es geschehen, daß sie eine rasante Fahrt mit der Hochschaubahn nicht vertragen. Zur Erprobung von Mut und Einsatzfreude findet die neueste Generation auch elektronisch gesteuerte Lustgeräte der vorletzten Chip-Generation vor. Diese Geräte tragen Namen aus der Raumfahrt, erheben sich stufenlos und sausend in die Luft und eiern dort beliebig, doch minuziös gesteuert, herum, wobei das Unten und das Oben vertauscht sein können. Nur mit Mut steigt man hier ein, es ist eigentlich für Halbwüchsige gedacht, die sich in der Welt schon abgehärtet haben, aber noch keine Verantwortung tragen, auch für ihre Körper nicht. Sie vertragen es, wenn Unten einmal Oben ist und umgekehrt. Die Weltraumfähre ist ein Lift, der aus zwei riesigen bunten Metallhülsen besteht, welche die Leute enthalten. Auf dem Erdboden werden inzwischen für die Verlobte Plastikpuppen erschossen, die sie mit nach Hause nehmen darf. Noch nach Jahren sieht die inzwischen enttäuschte Frau dann, wieviel sie ihrem Freund früher einmal wert gewesen ist.

In den grünen Weiten der teilweise recht wildwüchsigen

Praterlandschaft ist es schon zwiespältiger. In dem einen Teil regiert der Pflanz: schöne große oder bösartig schnelle Autos entlassen zum Reiten passend Gekleidete, die sich, dem Anlaß gemäß, auf die Rücken der Pferde begeben. Manchmal sparen sie am Nötigsten, am Pferd, und kaufen nur die Kleidung, in der sie herumstolzieren. Sekretärinnen ruinieren sich hier, weil sie ja auch für den Alltag beim Chef elegante Garderobe anschaffen müssen. Buchhalter strampeln sich ab, damit sich am Samstag nachmittag jeweils eine Stunde lang dann ein Tier für sie abzappeln kann. Dafür leisten sie gern Überstunden. Personalchefs und Betriebsleiter nehmen es schon gelassener, weil sie es sich zwar leisten können, aber nicht müssen. Auch so sieht jeder, was sie sind, und sie dürfen schon anfangen, das Golfspiel ins Auge zu fassen.

Es gibt sicher schönere Gegenden zum Reiten, doch nirgendwo wird man von so vielen unschuldigen Familien mit unschuldigen Kindern und Hunden an der Leine bestaunt, die sagen: Jö ein Pferterl, auf dem auch sie gern reiten möchten, wofür sie eine Ohrfeige bekommen, wenn sie zu lautstark insistieren. Das können wir uns nicht leisten. Zum Ersatz wird dann der Bub oder das Mädel auf das schaukelnde Plastikpferd vom Ringelspiel gepflanzt, wo sie gellend weiterplärren. Daraus könnte das Kind etwas lernen, nämlich daß es für die meisten Dinge billige Kopien gibt, die ihm vorbehalten bleiben. Leider denkt das Kind nur daran, was ihm vorenthalten wurde, und haßt seine Eltern.

Es existieren auch Krieau und Freudenau, wo sich Pferde professionell schinden, die Traber dürfen nicht «einspringen», die Galopper müssen sich auch beeilen. Überall ist der Boden übersät mit leeren Getränkedosen, Wettscheinen und sonstigem Abfall, den die Natur nicht verdauen kann. Sie schafft es bestenfalls mit zartem Papier, wie man es für Taschentücher verwendet; das Papier war einst ein Naturprodukt, doch es dauert länger, bis es wieder dazu gemacht ist. Pappteller übersäen als ungenießbares Saatgut die plattgetrampelte Erde. Ausgetüftelt gefütterte, bestens bemuskelte vierbeinige Flitzer wippen unter Decken und treulich geführt dahin. Sie müssen sich über nichts Sorgen machen als darüber, mit welcher Taktik sie im dritten Rennen gewinnen werden, und selbst das sagt ihnen ihr Jockey oder Fahrer noch rechtzeitig, bevor sie verlieren würden.

Elfriede Jelinek, 1983

Die Schaukeln stehen still

Steh' auf mein lieber Leser! Die Sonne rötet bereits den westlichen Himmel und scharenweise ziehen die lustigen Wiener heim; sie müssen noch heute im Bierhause trinken, im «Guten Hirten» tanzen, im Sperl speisen, im Kaffeehaus Billard spielen. Nur ein kleiner Teil dieser großen Masse zieht sich in die dunklen Büsche zurück und realisiert heute erwachte Wünsche und Hoffnungen. Wenn die Blätter dieses Eichenwaldes sprechen könnten, was würden sie erzählen von zärtlicher Hingebung, von wilder Begierde, von süßem Schmerz und böser Lust; von Küssen, die geschlungen werden, von Gluten, die nach und nach ausglimmen?

Küßt und umschlingt euch, ihr zärtlichen Schäfer und Schäferinnen; die Welt muß bevölkert werden, sagte Shakespeare. Wir ziehen fröhlich mit dem fröhlichen Haufen nach der Stadt zurück. Das Karussell fährt zum letzten Male seine Reiter nach Amerika und Afrika, die Schaukeln und Wippen stehen still; die Kugeln in den Kegelbahnen rollen nicht mehr. Die Wachsfiguren gehen jetzt vielleicht in der finsteren Bude umher und lieben und hassen sich; die wilden Tiere legen sich murrend nieder; der Hanswurst zieht seine bunte Jacke aus; der flinke Kellner wäscht die leeren Krüge, und die Besitzer von Rom und Petersburg, Berlin und Paris essen schon ihre Rostbratl. Der kluge

Hund liegt auf der wollenen Decke; die Trompete schmettert nicht mehr, die Trommel wirbelt nicht mehr, das Juchhe und das Hurra verstummen; es wird stiller und immer stiller, der rauschende Tag neigt sich zur Ruhe, die Praterlust ist zu Ende. Schlaft wohl, ihr Schäfer und Schäferinnen!

Adolf Glassbrenner, 1835

Groß und grausam

Schaue jemand den Donaustrom, wie groß, wie breit, wie tief, wie reißend, wie rasend derselbe. Er hat keine Zähne und beißt doch ganze Gestätten hinweg. Er hat keine Hände und stiehlt doch ganze Felder und Äcker. Er hat keine Krampen noch Schaufeln, tut doch untergraben ganze Paläste und Häuser. Er hat keinen Hals und schluckt doch ganze beladene Schiffe. Er ist nichts als Wasser und ist doch immerzu rauschig. Seine Tiefe, wer will's ergründen? Seine Stärke, wer will sie binden? Seine Größe, wer will sie mindern? Seinen Lauf, wer will ihn hindern? Groß und grausam, grausam und groß ist die Donau!

Abraham a Sancta Clara, 1679

Türkisches Wunder

Am Ufer der Donau entlang ist die Festung durch einen doppelten Mauerzug von zwei je fünf Schritt breiten, sehr starken und festgefügten, mächtigen Backsteinmauern geschützt. Das Fundament der äußeren Mauer am Donauufer besteht aus lauter riesigen Steinen, groß wie die Kuppel eines Badehauses oder wie der Leib eines Elefanten aus Mengelûs. Diese Front an der Donau mißt insgesamt zweitausend Schritt in der Länge und ist mit zehn großen Basteien bewehrt, auf denen je tausend Giauren Wache halten. Sie liegt nämlich gerade jener Gegend gegenüber, in der wir unsere Quartiere hatten. Auf jeder Bastei stehen fünfzig Balyemez-Geschütze. Allerdings sind diese Mauern an der Wasserfront nur niedrig, da dort ja der Strom entlangfließt und man somit von dieser Seite her nichts weiter zu befürchten und zu besorgen hat. Zwischen den beiden Mauerzügen verläuft eine ziemlich breite und geräumige Straße mit Kaufbuden aus Schilfrohr, rechten Elendshütten aus Laubwerk und Reisig und alten Brettern. Darinnen halten arme Giauren allerlei Eisenwaren und Holzkohlen und ähnlichen Trödelkram feil.

Das Ufer der Donau selbst ist hier ein einziger langer Landeplatz, wo sämtliche Transa-Schiffe und Boote, Zillen und Fischerkähne und verschiedene Holzflöße aus Baumstämmen und Schindeln vor der Maut und bei den vielen Hunderten von Lagerhäusern anlegen. Dieses Mautamt bringt im Jahr viermalhunderttausend Goldstücke ein.

An diesem Donauufer, auf niedrigem Gelände gelegen und mit länglichem, mandelförmigem Grundriß von Osten nach Westen sich erstreckend, ist die Festung Wien mit ihren insgesamt siebenundzwanzig kleinen und großen Basteien innen und außen ein starkes Bollwerk, eine mächtige Schutzwehr mit hochragenden Mauern und weitreichendem Ruhme, eine dräuende Feste der Deutschen und eine Trutzburg des Unglaubens. Möge Allah sie in die Hände der wahren Gläubigen fallen lassen!

Die Breschen, die Sultan Süleyman geschossen hat, als er diese Festung von der Westseite her bombardieren ließ, liegen heute noch in Schutt und Trümmern.

Jedes Jahr kommen aber aus einer anderen Provinz des Giaurenreiches Mönche daher und bauen hier unter vielen Gebeten nach ihrem eitlen Glauben die eingerissene Mauer aufs neue auf, daß sie hoch und stark wird wie der Alexanderwall. Aber in dem Augenblick, da der Bau vollendet ist, bricht nach dem Willen Allahs des Allerhabenen die ganze neue Mauer wieder bis auf ihre Grundfesten nieder und alles ist hin. Zur Zeit ist sie eben wieder eingestürzt und liegt also wie eh und je in Trümmern.

Çelebi Evliyâ, 1665

Heilige Insel

Die Luft ist vollkommen staubfrei, die Wasserfläche ist wie ein weiter See. Die Insel besteht aus Weiden und Donausand. Es ist ein Labyrinth von Weiden, ein Urwald, ein Riesengeflechtwerk. Schützet diese Insel wie ein *Lebensheiligtum*, das *Lebensenergien* zubringt dem Leib der armen Städter! In der Praterstraße ist noch das Gift der Großstadt, und eine Viertelstunde später kannst du dich reinbaden von allen Schädlichkeiten! Aus dem Gewirre von kühlen Weiden blickt die Natur dich liebevoll an, trägt dir ihre Regenerationskräfte an, ohne dich zu zwingen! Wie eine heilige Insel ist es der *physiologischen Wahrhaftigkeiten*, ein moderner Jungbrunnen aus dem alten Märchen! Die malträtierte, halberstickte Haut trinkt nun hier mit ihren Milliarden Poren Licht und Luft in sich hinein, sucht alle Sünden emsig auszugleichen, während die Seele, angeregt durch Gottes Frieden, mittut und die Sorge wegschafft, die Hemmungen erzeugt und Trägheiten! Das Auge atmet die Landschaft ein, und das Ohr rastet in der weiten Stille von den schrecklichen Geräuschen der Stadt! Möwen fliegen in der reinen Luft, Wasserpflanzen dunkeln aus dem Wasser herauf. Mögen die Menschen mit *Achtung* diese Insel behandeln, eigentlich sogar bereits *mit Andacht*! Möge nicht der Übermut, und komme er auch natürlich aus überschüssigen Lebenskräften heraus, dieses *Paradies der Ursprünglichkeit* stören, das die Stadt Wien seinen müden Kindern erschlossen hat! Wasser, reiner Donausand und reine Luft sollen uns vom Innersten heraus Gott näher bringen. Die Zeiten sind schwer, die Körper und die Seelen sind, ohne daß sie es selbst genau wissen, übermüdet und verbittert, gleichsam unbewußt zänkisch und launenhaft, den Ungerechtigkeiten zugänglich in ihrer reizbaren Schwäche! So möge die Natur Frieden bringen und Ordnung! Diese Donauinsel «Gänsehäufel» sei ein *respektierter* Ort, ein Wallfahrtsort für sündige Leiber. Und wer, wer sündigte nicht hienieden?!

Peter Altenberg, 1908

An der schönen blauen Donau

Nun ist die Sonne untergegangen, es dämmert bereits, und in der Ferne spielt der lieben Tante ihr Reisegrammophon den Frühlingsstimmen-Walzer von Johann Strauß.

ALFRED *(in Bademantel und Strohhut – er blickt verträumt auf das andere Ufer).*

MARIANNE *(steigt aus der schönen blauen Donau und erkennt Alfred).*

(Stille)

ALFRED *(lüftet den Strohhut).* Ich wußte es, daß Sie hier landen werden.

MARIANNE. Woher wußten Sie das?

ALFRED. Ich wußte es.

(Stille)

MARIANNE. Die Donau ist weich wie Samt –

ALFRED. Wie Samt.

MARIANNE. Heut möcht ich weit weg – heut könnt man im Freien übernachten. Ach, wir armen Kulturmenschen! Was haben wir von unserer Natur!

ALFRED. Was haben wir aus unserer Natur gemacht? Eine Zwangsjacke. Keiner darf, wie er will.

MARIANNE. Und keiner will, wie er darf.

(Stille)

ALFRED. Und keiner darf, wie er kann.

MARIANNE. Und keiner kann, wie er soll –

ALFRED *(umarmt sie mit großer Gebärde, und sie wehrt sich mit keiner Faser – ein langer Kuß).*

MARIANNE *(haucht).* Ich hab's gewußt, ich hab's gewußt –

ALFRED. Ich auch.

MARIANNE. Liebst du mich, wie du solltest –?

ALFRED. Das hab ich im Gefühl. Komm, setzen wir uns. *(Sie setzen sich.)*

Ödön von Horváth, 1931

Donaunixen

in da donau di nixaln
di san sovü koed
i gschbia s waun im draum
di handaln i hoed

i bin scho vaküd bin schdeabmsgraung
i leb beschdimmd nimma laung

Gerhard Rühm, 1959

Wien – neben der Donau

Über fünfzigmal steht die Donau in dem drei Kilo schweren und 1412 Seiten zählenden Wiener Telephonbuch, dem gewichtigsten und dicksten zwischen Schwarzwald und Schwarzem Meer. Die Donau ist unter den verschiedensten Vorzeichen anrufbar, als Versicherung und als Filmverleih, als Photolabor, Institut, Verlag, Strumpffabrik, Turm, Hyperphosphat, Gesellschaft mit beschränkter Haftung, als Raststätte, als Restaurationsgesellschaft oder schlicht als Donau Aloisia, Pensionistin. Nur in ihrer vielbesungenen Rolle als blaue Donau tritt sie in dem langen Verzeichnis von Persönlichkeiten und Institutionen, die den Strom für sich beanspruchen, nicht auf. Vielleicht sind die Wiener durch einen mehr oder weniger intimen Umgang mit dem Strom zu der Erkenntnis gelangt, daß die Donau ebensowenig blau ist wie das Wienerherz golden. Wer in Wien die blaue Donau aufspüren will, muß seine Schritte vom Strom mit seinen sämtlichen Zweiganstalten – Donaukanal, Alte Donau usw. – wegwenden und sich in die Bereiche der meist staubtrockenen Wiener Innenstadt begeben. Die genaue Adresse der blauen Donau verbirgt sich im Amtlichen Telephonbuch unter dem Stichwort Wiener Männergesang-Verein: Wien I, Bösendorferstraße 12. Im Archiv dieser traditionsreichen Sangeskommune im Musikvereinsgebäude wird als einer der wertvollsten Schätze die schöne blaue Donau verwahrt – die Originalparitur des Opus 314 von Johann Strauß Sohn, die Handschrift des Walzers «An der schönen blauen Donau». (...)

Dabei liegt Wien gar nicht an der Donau, sondern höchstens neben der Donau. Die Donaustadt ist höchstens eine Donauvorstadt. Sie ist mit dem Strom nicht vermählt, sondern hat mit ihm nur ein «schlampertes Verhältnis» – wie man so etwas in Wien zu nennen pflegt. Sie nähert sich ihm nur im schmierigen Arbeitsgewand.

Sie versteckt die Donau auch vor dem Fremden so gut, daß ein Uneingeweihter tagelang durch Wien spazieren kann, ohne jemals die Donau zu Gesicht zu bekommen. Mancher Tourist zweifelt an seinem Baedeker, wenn er an dem schmalen Donaukanal, diesem die Innere Stadt streifenden Ableger des Stromes, steht, sich von Möwen umflattern läßt, auf ein bescheidenes Ausflugsboot hinunterstarrt und nicht begreifen kann, was die Wiener mit ihrer Donau gemacht haben, warum sie so klein, so brav und so zahm geworden ist und so gar nichts mit einem richtigen Strom zu tun hat.

Das Wiener Stadtbild wird von der Donau genausowenig beeinflußt wie die Wiener Gemütlichkeit von den

New-Yorker Börsenkursen. Wer auf dem Donauschiff nach Wien einfährt, wird mit Gasometersilhouetten, Wohnkasernen im Emmentalerstil, Lagerhäusern, Fabrikschornsteinen, Frachtbahnhöfen und den grünen Flächen des Überschwemmungsgebietes abgespeist. Wenn er Glück hat, erspäht er die Spitze des Stephansdomes. Das Wien der Fremdenverkehrsprospekte will von der Donau wenig wissen. Schönbrunn, die Oper, das Burgtheater, die Ringstraße, das Parlament, das Rathaus, die Hofburg und die Adelspalais, das Belvedere und die Kirchen, die in allen Kunstführern verzeichnet sind, befleißigen sich einer offenkundigen Donaufeindlichkeit.

Ernst Trost, 1968

Möwen

ich war gestern so traurig, sagt Judith, daß ich, um mir vorzumachen, ich wäre nicht von selber traurig, zum Donaukanal ging, der Kanalweg mit den sonntäglich gekleideten Kanalspaziergängern macht mich ja auch dann traurig, wenn ich es überhaupt nicht bin, und da ich wußte, daß ich dort gleich noch einmal traurig werden würde, war ich dann gleich noch mehr und zugleich etwas weniger traurig, aber plötzlich war ich nur mehr heiter, so viele traurig aussehende Sonntagsspaziergänger mir dann auch noch auf dem Kanalweg entgegenkamen: ein junger Vater schüttelte für sein kleines Kind, das in einem Sitzwagen saß, das Flascherl mit Grießbrei, und während er das tat, umkreisten ihn immer mehr und vor Gier immer lauter schreiende Möwen, er merkte das überhaupt nicht, nur das Kind starrte in das Geflatter – vielleicht wird es sich einmal zu erinnern glauben, ihm seien, als die Mutter weit weg war, viele Engel erschienen

Jutta Schutting, 1978

Sachlich betrachtet: reizvoll

Die Donau entläßt, ehe sie an der Stadt vorbeizuströmen sich anschickt, einen Arm, der an die Stadt Wien nicht heran, sondern in sie hinein und dann aus ihr hinaus zurück in sie fließt, ganz an das Zentrum hin und auch nicht unstattlicher als etwa die Seine oder der Tiber oder die Spree. Hätte dieses Gewässer einen Namen, der etwas hergibt, wäre es das flüssige Wahrzeichen Wiens, und die Textautoren würden einander in rühmenden Reimen überbieten. Doch es heißt Donaukanal, und das ist nicht poetisch, daraus lassen sich keine Lieder gewinnen, «Kanal» gibt außerhalb von Venedig nicht das Geringste her, «Kanal» ist inferior. Dieser Name ist die Achillesferse von Wien, obwohl der Donaukanal, sachlich betrachtet, seine Reize hat und jetzt auch durch modernistisch großzügige Bauten an seinem Rand aufgewertet wird.

Irgendwo in seinem Verlauf nimmt der Donaukanal in sich den Wien-Fluß auf, der vom Wienerwald hierher gelangt ist, man kann nicht sagen: geflossen; denn die Wien ist nur dem Namen nach ein Fluß, und sie rieselt, sie tröpfelt durch Wien, vom Westen her, Hütteldorf, Hietzing, dann zwischen den Bezirken vier und sechs schon völlig unterirdisch, dann im Stadtpark ans Tageslicht gelangend, in eine imposante Jugendstil-Gestaltung eingefaßt, doch weiterhin durchaus unansehnlich, ein Gewässerzwerg in einem Riesenbett – dies alles nur, um Überschwemmungen vorzubeugen.

Hans Weigel, 1981

Traumreichsbrücke

Vor einigen Jahren ging ich oft am Ufer der Donau von Brücke zu Brücke, unschlüssig, an welcher Stelle der Fluß einmal täglich hin und wieder zurück jeweils am günstigsten zu überqueren wäre, wobei ich in der Mitte der jeweiligen – meistens handelte es sich um die damals alte sogenannte «Reichsbrücke» – eine Zeit ans Geländer gelehnt zu verbleiben, den darunter vorübertreibenden Augen des Flusses einwärts zuzuschauen und dann noch vor der Fortsetzung der Stromüberquerung ins Wasser hinunterzuspucken pflegte.

Ich glaube noch heute ganz sicher, keineswegs deswegen von der Brücke ins Wasser gespuckt zu haben, weil das gemäß simpler volkstümlicher Meinung Glück bringt, sondern als eine Art Ersatz dafür, daß ich mich nicht in der Gesamtheit meiner Körperausmaße vom Geländer des Himmelsgewölbes hinunterspuckte. Anstatt mich also in den Strom zu stürzen als eine Form von «pars pro toto» nur ein paar in meiner Mundhöhle vom vielen Schweigen verflüssigte unaussprechbar zerronnene Worte oder Sätze abwärtsgleiten zu lassen, am Rücken des Stromes weiter ins Schwarze Meer stellvertretend für mich insgesamt selbst, und die vielleicht etwas mehr von der sogenannten Weite der Welt kennenzulernen die Möglichkeit haben sollten als mein aufgrund seiner Trägheit und Schwere des Körpers an dieser Ebene festgeklebter Rumpf meines restlichen Daseins oder so ähnlich.

An jenem ganz bestimmten Morgen schon ganz in der Früh um höchstens fünf Uhr – ich war schon mehrere Tage unfähig einer annehmbaren Tätigkeit hindurchgetaumelt und viele Nächte schlaflos unruhig ziellos herumgeirrt – warum, das ist eine andere, nicht hierhergehörende Geschichte – war ich wieder wie üblich durch die Donaugegend gestreift und wollte abschließend natürlich wieder die mir schon traditionell gewordene Flußüberquerung vornehmen, die mir übrigens immer wieder als eine Art von «Grenzüberschreitung» hin, aber auch gleich wieder zurück anmutete, aber diesmal, und dessen bin ich mir auch noch heute ganz sicher, hätte ich nicht mehr «pars pro toto» in den Fluß gespuckt, sondern mich selbst in meiner

Gesamtheit endlich auf alle Fälle nach der gelungenen Überkletterung des Brückengeländers hinunter fallen lassen in den Strom zwischen dessen grauen unzähligen wassergeknüpften Augenschnüren einwärts, wobei es diesmal somit wohl bei einer nur einseitigen Grenzüberschreitung hinüber geblieben wäre.

Als ich am Brückenkopf angelangt war, sah ich aber, daß sich dort eine verhältnismäßig vielköpfige Menschenmenge zusammengerottet befand. Das war mir gar nicht sehr recht, und als ich gerade begonnen hatte, diese Wiener Morgengrauenversammlung um fünf Uhr früh zu durchschreiten, erfuhr ich aus den Stimmen der Leute, daß die Reichsbrücke, die ich soeben hinauf wollte, um mich an diesem Tag in den Strom hinein abwärts ins Schwarze Meer zu stürzen, daß die Reichsbrücke, ja, so erfuhr ich aus dem Gerede der Leute, soeben vor ein paar Minuten, zusammengebrochen, in den Fluß hinein, hinuntergeborsten war. Das war vielleicht ein Schock. Weniger für die fröhlich schaulustige Menge dieses Morgengrauens, die von jeder ihr unterkommenden Katastrophe immer wieder erneut wie zum ersten Mal gefesselt ist, sondern für mich, der ich mich natürlich irgendwie hintergangen, meine weiteren Pläne von dieser Brücke durchkreuzt, überkreuzt oder überquert und einfach zum Narren gehalten vorkam. Zumindest empfand ich es als eine eigentlich empörende Frechheit. Ich will mich gerade von der Reichsbrücke hinunter in die Donau und weiter ins Schwarze Meer hinabstürzen, da aber, noch ehe ich die Pläne vernünftig in die Tat umsetzen könnte, stürzt sich die Reichsbrücke mir vor der Nase weg selbst in die Donau in den Strom hinein hinunter Richtung Schwarzmeerstrand. Gott sei Dank, übrigens, wie ich aus dem freudig erregten Morgengrauengesprächsgemurmel dieser Wiener Frühversammlung erfahren konnte, niemand verletzt, habe es keinen einzigen diesmal erwischt, weil um diese frühe Stunde noch niemand auf der Brücke sich befand.

Die Brücke, von der Robert Schumann, mit dessen Leben und Musik ich mich damals, so intensiv es mir meine inneren Zustände erlaubten, durchaus wissenschaftlich genau auseinandersetzte, die Brücke, von der er sich übrigens in den Rhein gestürzt hatte, überspannt heutzutage nach wie vor in Düsseldorf ihren Fluß, aber jene Brücke, von der ich mich in den Fluß stürzen wollte, stürzte sich unmittelbar davor selbst vor mir hinweg, sperrte mich einfach aus, nahm vor mir reißaus, ergriff im letzten Moment hastig Hals über Kopf die Flucht vor mir, sie wollte mit mir absolut nichts zu tun haben, und so bin ich mir dessen auch heutzutage noch absolut sicher, daß die Reichsbrücke, hätte ich damals in der Früh nicht den Vorsatz gehabt, mich von ihr in die Donau zu werfen, sondern nur von ihrer Mitte aus in den Strom zu spucken wie sonst immer auch, damals an diesem frühen Morgen etwa um fünf Uhr keineswegs eingestürzt wäre, sondern auch noch heutzutage unverändert in ihrer alten Fasson dort stünde, weshalb im Grunde genommen eigentlich ich der Schuldige an ihrem Einsturz bin, darauf war damals natürlich niemand gekommen und werde mich hüten, es womöglich heute oder morgen jemand an dessen Nase zu binden, nein, für so dumm darf man mich wirklich nicht halten.

Gert Jonke, 1981

AUF WIEDERSEHEN
DANKE SCHÖN

AM RANDE DES WIENERWALDES

Blick auf die Stadt

Wir habn jetzt brennheiße Täg z' Wien; und da will mich di Kanzlerarbeit nicht freun, und da geh' ich dafür spaziern.

Gestern bin ich aufm kalten Berg gwesen. O je, Herr Vetter, das ist ein hoher Berg, und wenn man völlig oben ist, so liegt einem d' Wienstadt z' Füßen wie ein großer Steinhaufen, und der Stephansturm, der guckt aus den Steinern hervor, wie bei uns der Kirchtagbaum aus'm Dorf. Und ein völliger Nebel ist über der Stadt glegn, und ganze Wolken von Rauch und Dampf sind aufgstiegn, wie aus ein siedenden Fleischkessel. Herr Vetter, die mögn was ausdünsten z' Wien.

Aber aufm Berg oben ist d' Luft so klar, wie ein frisch Glas Wasser, und der Berg geht durch d' schönsten Weingarten, und links und rechts stehn Obstbäumer, und da singen d' Lerchen und d' Finken, und d' Hauer, die mit ihren Weibern und Kindern in den Weingarten arbeiten...

Vom Leopoldiberg aus kann der Herr Vetter d' halbe Welt übersehn. Ich hab über zwanzig Flüß gzählt, die dort alle vorbei laufen, und Sandbänk legn d'Flüß überall an, daß man ganze Dörfer drauf baun könnt

Josef Richter, 1794

Kleinhäuslerleben

Da hatte solch ein Bedauernswerter in der Gluthitze der hochsommerlichen Stadt meist bis in den tiefen Nachmittag hinein bei seinen Akten, Geschäftsbüchern oder sonstigen Hantierungen verbracht, hatte womöglich – wie es zum Beispiel mein Vater zu tun pflegte – während des lieben langen Tages außer dem Frühstück nichts anderes als eine sehr verspätete Kaffeehausmahlzeit zu sich genommen und mußte dann noch an die anderthalb Stunden und länger in der drangvoll-fürchterlichen Enge eines jener Stellwagen über glühendes Pflaster oder staubige Landstraßen dahinholpern, ehe er endlich gegen Abend abgehetzt und verschwitzt an seinem ländlichen Bestimmungsorte anlangte. Und all dies für nur einige Atemzüge in kühlerer freier Luft und im übrigen, um die Nächte in meist zu kurzen und zu schmalen strohsackharten Kleinhäuslerbetten zu verbringen und anderntags wieder in aller Frühe den fensterklirrenden, brutofendumpfen, nach heißer Lederpolsterung stinkenden Rumpelkasten in die Stadt zurück zu besteigen. Nur wenn man das Glück hatte, einen Platz auf dem Kutschbock oder gar *über* diesem auf dem Dache des Stellwagens zu ergattern, genoß man, während der Fahrt wenigstens, den Anhauch sommermorgendlicher Frische, mußte dies aber durch das Gefühl bezahlen, sich im schwankenden Mastkorb einer Schaluppe zu befinden, jeden Augenblick – falls man sich nicht krampfhaft anhielt – in Gefahr, kopfüber herunterzupurzeln. Und dennoch, ich habe meinen Vater, den ich im Laufe meiner Kinderjahre diese wahre Marterfahrt hunderte Male mitmachen sah, niemals über sie klagen gehört. Es erging ihm mit ihr offenbar genauso wie den Wöchnerinnen: wenn die Tortur überstanden war, so war sie nicht nur vergessen, sondern es schien sogar die Vorstellung von ihr restlos entschwunden zu sein. Denn sonst wäre nicht einmal das bißchen bescheidenen Frohsinns möglich gewesen, das sich doch immer wieder an jedem der Sommerabende einstellte, sei es, daß man nach einem kleinen gemeinsamen Spaziergang das Abendbrot in dem «Salettl» des Mietgärtchens, sei es, daß man es hie und da in einem der einfachen Gasthäuser des Ortes einnahm. Da brannten dann die stillen, blassen Kerzenflammen der Gartenlampen, Nachtschmetterlinge taumelten an ihre windwehrenden Glaskugeln, und immer gab es da in der Nachbarschaft ein verstimmtes Klavier, das irgendeinen abgedroschenen Walzer oder melancholischen Gassenhauer spielte. Dies alles hab ich von frühester Kindheit an jeden Sommer erlebt, ob nun der Landaufenthalt Grinzing oder Dornbach, Weidlingau oder Perchtoldsdorf hieß; zum ersten Male aber mit vollem Bewußtsein und Verstehen in meinem siebenten Lebensjahre, und zwar zu Pötzleinsdorf.

Anton Wildgans, 1928

Befreites Wohnen

Noch wurde kein Winter. Ich ging viel spazieren, mit Genuß, und eroberte gleichsam meine neue Wohngegend. Die Scheibengasse führt bergan, und damals ging man noch eine leere große Wiese entlang; jetzt lag sie mit ihren verschiedenen Buckeln und Senkungen in der kaum grün mehr zu nennenden Farbe des welk gewordenen Grases, ähnlich jener gegenüber meinen Fenstern. Es leitete der Weg bald auf die Höhe. Oben ging's ein Stück eben, und wenn man sich dann um die Ecke wandte, so kam man durch eine Gasse, an einigen Villen vorbei, noch weiter hinauf und nach ein paar Schritten zu einem überraschenden und vollkommen freien Ausblicke.

Wie eine in den Himmel wehende Fahne lagen die graubraunen Höhen, vom Kahlenberge links in flachen Wellen; der Nußberg vorn in gradem Striche schräg nach rechts absinkend; die schon winterlich entlaubten Wälder graublau, eine Art Flaum oder Haar, und darunter die leeren Weinberge von lehmiger Farbe; ein sanft verschossenes Bild unterm bedeckten Himmel; und, trotz der Weichheit dahinfliehender Kimmung, nicht ohne eine gewisse Strenge.

Vor mir senkte sich der Weg gradaus zur Straße hinab, die nach Grinzing führt. Ich wandte mich zurück und ging vom Ende der Gasse nach rechts weiter, am Haubenbigl, wie es hier heißt, auf einem nur dann und wann ein wenig sich wendenden Wege flach am Hang zwischen den Weinbergen hin.

Eben diesen Weg liebte ich besonders während der ersten Zeit meines befreiten Lebens und Wohnens hier heraußen. Gleich dort, wo der Weg beginnt, gibt es ein größeres ganz vereinzelt stehendes Haus, dessen Balkone geradezu ein Unmaß von Fernsicht bieten müßten: einer solchen genoß ich von der Scheibengasse nicht.

Erst so, dacht' ich, wäre man ganz hier.

Heimito von Doderer, 1956

Beethoven

Ein oder zwei Jahre darauf wohnte ich mit meinen Eltern während des Sommers in dem Dorfe Heiligenstadt bei Wien. Unsere Wohnung ging gegen den Garten, die Zimmer nach der Straße hatte Beethoven gemietet. Beide Abteilungen waren durch einen gemeinschaftlichen Gang verbunden, der zur Treppe führte. Meine Brüder und ich machten sich wenig aus dem wunderlichen Mann – er war unterdessen stärker geworden und ging höchst nachlässig, ja unreinlich gekleidet – wenn er brummend an uns vorüberschoß; meine Mutter aber, eine leidenschaftliche Freundin der Musik, ließ sich hinreißen je und dann, wenn sie ihn Klavier spielen hörte, auf den gemeinschaftlichen Gang, und zwar nicht an seiner, sondern unmittelbar neben unserer Türe hinzutreten, und andächtig zu lauschen. Das mochte ein paarmal geschehen sein, als plötzlich Beethovens Tür aufgeht, er selbst heraustritt, meine Mutter erblickt, zurückeilt und unmittelbar darauf, den Hut auf dem Kopfe, die Treppe hinab ins Freie stürmt. Von diesem Augenblicke an berührte er sein Klavier nicht mehr.

Umsonst ließ ihn meine Mutter, da ihr alle andern Gelegenheiten abgeschnitten waren, durch seinen Bedienten versichern, daß nicht allein Niemand ihn mehr belauschen werde, sondern unsere Türe nach dem Gange verschlossen bleiben, und alle ihre Hausgenossen statt der gemeinschaftlichen Treppe sich nur im weiten Umwegc des Ausgangs durch den Garten bedienen würden: Beethoven blieb unerweicht und ließ sein Klavier unberührt, bis uns endlich der Spätherbst in die Stadt zurückführte.

Franz Grillparzer, 1840

s wird schöne Maderln gebn

Weil mir heut so lusti beinander grad san,
liegt uns an Geld aa nix dran.
Weil mir vor der Fruah gar nia z Haus kumma tan,
drum schmiern ma kan Hausmaster an.
Mir ham nur a Motto, und dem bleibn ma treu,
bis daß uns das Augenlicht bricht:
Es steht halt nix auf über d Umdraherei,
das is schon a uralte Gschicht.
  Hollodaro! Hollodaro!
  Es wird a Wein sein,
  und mir wern nimmer sein,
  drum gniaß ma s Lebn, so lang s uns gfreut.
  s wird schöne Maderln gebn,
  und mir wern nimmer lebn,
  drum greif ma zua, es is no Zeit.

Die Welt draht si aa, wia a jeder Mensch waß,
die draht si bei Tag und bei Nacht.
Drum hat scho das Drahn, no, das is gwiß ka Gspaß,
der Herrgott im Himmel erdacht.
Die Welt draht sie fort, und wann s nimmermehr draht,
is s aus mit der Welt – no, das steht!
Drum drahn ma so lang als s uns gfreut, mäuserlstad,
bis alles auf Fransen halt geht.
  Hollodaro! Hollodaro!

Wer wird denn schon sparn? Das fallt uns gar net ein,
das hebn ma uns auf, bis ma sterbn.
Da müßt ma in Wean nöt auf d Welt kumma sein,
wann ana von uns wollt was erbn.
Mir lassen nix zruck, no, das is schon bestimmt,
mir ham alles gern, nur kan Streit,
und daß ka Notar unsern Erben was nimmt,
verjuck ma halt s Geld voller Schneid.
  Hollodaro! Hollodaro!

Josef Hornig, um 1910

Der falsche und der wahre Heurige

Kommt ein Fremder zum erstenmal nach Wien und erkundigt sich nach jenen Ortsgenüssen und kulturellen Eigenbaugewächsen, die in keinem Reisehandbuch stehen, so hört er unter hundert Malen neunundneunzigmal die Frage:

«Waren Sie schon bei einem Heurigen? Da müssen Sie unbedingt hin! Nach Grinzing, Liebhartstal, Sievering oder auf die Hohe Warte.»

Hierauf geschieht dem Manne folgendes: Er wird in ein Auto gepackt und hält nach einer Viertelstunde vor der breiten Einfahrt eines ebenerdigen Hauses, unter dessen Giebel an einem herausgesteckten Besenstiel ein Stück vergilbtes Tannenreisig baumelt – Wahrzeichen des «Heurigen». Eine lange Autokolonne ruht in Vergessenheit, die Chauffeure sind mit eingeladen.

Im Flur springt ihn Fidelität an; da sich hier zumeist jene versteckten Orte befinden, wo sich der Frohsinn substantielle Erleichterung schafft, stapfen paarweise, Dampf vor dem Mund und glasigen Auges, seltsame Giganten über den Hof, indes je drei Weiber in eine verschlossene Holztür hineinreden. Aus dem Hintergrund brodelt etwas Musikalisches, Mischung aus Gebrumm, Gesang und Gefiedel. Das streckt nach dem Ankömmling die Fänge aus, zerrt ihn zu sich nach rückwärts.

Er tritt in einen langgestreckten, niedrigen Raum, Dorfschänke von Tanzbodendimension; die Tische sind lang, roh gezimmert, ungedeckt, zu beiden Seiten laufen Sitzbänke. Die Luft brutwarm von einem Qualm, in dem sich Klänge und Gerüche mengen: Tabak, Harmonika, Fusel, Gelächter, Gewisper, Wein und Lied. Girlanden und Lampions hängen von der Decke – offenbar, damit der Gast nicht bloß akustisch und aromatisch, sondern auch optisch restlos umwickelt wird.

Die Stimmung ist friedlich, aber laut: die jungen Herren mit Knopflochgezier, die an der Seite weinroter Mädchen (beide Teile sehen verdächtig nach dem Vorraum eines Rechtsanwaltsbureaus aus) das schöne «Stumpfsinns»lied erklingen lassen, wären eher in einer Burschenkneipe denkbar; die Korrektheitsgesichter, die jetzt mit einem winzigen Spaßhütchen auf dem Schädel Weltvergessenheit markieren, sehen auch nicht ermunternd aus; ihr Duliäh hat die Vorsätzlichkeit nördlicher Zonen. Ansonsten freilich scheint für soziale Gemischtheit Vorsorge getroffen; immerhin hat zwischen je zwei Nobelgästen (deren Auto draußen wartet) ein stiller Hausknecht oder Schustergehilfe Platz, der vergnügt herumäugt.

Der Wein wird gebracht (ohne Bestellung) in einer unhübschen Kelchflasche, die eher zu Säuglingsmilch als zu heurigem Wein paßt.

Wie schmeckt er? Nun, die Wangenmuskeln widerstreben zuerst. Der «Sod» – dieses Körperorgan, das ein Wiener Humorist kürzlich entdeckte – sträubt sich dagegen. Aber der Trank riecht. Wiesenhang und Beere mit dem rätselhaften Zuschuß eines Vomitivs, das allen Heurigenorten gemeinsam ist und dessen Geschmack nach neuestem Sprachgebrauch vielleicht nur mit einem optischen Wort, nämlich «gelb», wiedergegeben werden kann. Der Geruch ist stark, er gärt gleichsam noch im Glase; das Aroma: ein schwacher Mosel- oder Franken-Wein mit ungarischem Süßwein verschnitten.

Aber kommt's darauf an? In zehn Minuten hängen die Lampions schief. Der Einzellärm von den Tischen ist in einen Lärmbrei ineinandergeflossen. Vom Tisch der Musikanten (warum der eine, mit der Ziehharmonika, doch immer ein Holzbein hat?) klingen unablässig, im Kutschiertakt, Wiener Weisen. Zwei Stimmungssänger pflanzen sich vor dem Fremden auf – vor ihm besonders: der Kleine, dicke, ist Tenor, der Große, magere, Bariton. Sie sehen sich zuerst an, drohen einander mit steifem Zeigefinger die verschmitztesten Stellen zu und fahren dann, der eine kühner, einen Schritt vorwärts, der andere diskret im Hintergrund, auf den Gast los: Der weiß zunächst nicht, was er mit der treuherzigen Versicherung: «I kenn' kan Neid!» oder wenn es hochdeutsch zugeht: «Liebchen, fahr' mit dem Propeller!» anfangen soll, versucht den Augen, die ihn dabei todernst anstarren, unbekannterweise standzuhalten, gibt aber die Bemühung sogleich auf, indem er den beiden (so er gut beraten wurde) ein Glas Wein nebst einigen Banknoten hinreicht. Doch ist das Ende noch weit, dem Fremden ist der Fremde zu sehr ins Gesicht geschrieben; er muß noch die schönen Lieder in Empfang nehmen: «Zuschau'n mag i net!» und «Wenn i amal ins Wirtshaus kumm!»

«Schluß, meine Hirrn! Schluß, meine Hirrn!» ruft auf einmal von hinten mit der Resolutheit des Hinauswerfers der freundliche Ausschenker von zuvor; alle, die noch eben dienstbar lachten, sich krümmten, den Besucher mit «Hetz» und «G'stanz» umwedelten, sehen unnahbar pflichternst, rabiat drein. So rasch und nur durch die Sperrstunde bestimmt, wandelt sich der willkommene Anakretontiker in den lästigen Bsuff!

Die Musikkapelle hält den Teller auf: die Sänger machen einen erwartungsvollen Bückling; mystische Worte umsäuseln von allen Seiten das Gehör: «Musikschatz ... Der Zigarrenbua ... D'Tolettfrau ... Fir'n Schaffeur»; der Salamimann, die Bäckereienfrau, der Mann mit den Juxhüten bilden einen Abschiedskordon. Durch den Lärm schneiden die Rufe: «A Ruah geben S'!» – «Weibi, Weibi, sei doch nicht so...» – «Zahln biddä, zahln biddä...» und alles übertönend «Schluß, die Herren!» (Es klingt wie: «Schloß die Hirn.»)

Und während dies alles, der Dampf und Suff und Braus, noch in einer letzten Welle hochgeht, gewahrt der Besucher bei der Eingangstür, zwei Meter groß, dickwamsig eingewickelt, statuensteif – ein Wachmann.

Der Fremde tappt in die Nacht hinaus; es war schön und gemütlich, ja, aber der Wein brennt noch ein wenig nach, und das Ohr ist betäubt und die Brieftasche so dünn – war's am Ende nicht Berliner Aufmachung des Wienertums? Lokalkolorit en gros?

Die Rechnung stimmt. Denn, o Fremder, was du hier mehr zu Gehör als zu Gesicht bekamst, das war eben der Heurige, den man den Fremden zeigt; der mit Stimmungssängern, Lampions und Autokolonne. Es gibt aber gottlob – und nun merk' auf – noch einen anderen.

Dieser andere – kein Plakat verrät sein Haus – ist der Wallfahrtsort der Trinker und Kenner; er ist nicht Tag für Tag, sommers und winters geöffnet, denn der Wirt schenkt redlicherweise nur so lange aus, als sein kleiner Weinberg noch einen Tropfen hergibt. (Er verschneidet nicht, bietet nur Eigengewächs.) Man muß also Erkundigungen einziehen, sich geheim unterrichten lassen: wer jetzt den Besten hat. Einer tuschelt's dem anderen zu: «In der Armbrustergassen auf sieben – da werden S' dran denken!» oder: «Im Kasgraben auf Numero zwölf, a kleiner, aber gut!» Auch dort halten die Gefährte; aber gewiß keine Luxuswagen, vielmehr Trabergespanne, Gigs und richtige Zeugeln.

Der Raum ist klein, mehr Stube als Wirtshaus. Der Wirt macht den Kellner. Tische und Bänke sind nicht erst auf Einfachheit präpariert, oft müssen die Sitzgelegenheiten aus der Wohnung geschleppt werden; wird im Freien ausgeschenkt, so umsäumt dich in der Regel ein trauliches, zwischen Obstbäumen, Stall und Berghang eingeklemmtes Idyll, italienisch, aber voll bajuvarischer Zartheit.

Die Gäste ... nein, ihre Mischung ist nicht zu einem Vorführungszweck bereitgestellt. Hier läßt sich wirklich das Wunder erleben, daß der Nachbar zur Rechten ein Kutscher und der zur Linken ein Großhändler ist, beide verbunden durch die Liebe zum gleichen Trank. Liebespaare, die beim anderen, dem Hochdeutsch-Heurigen, das Zwecktempo ihres Beisammenseins nicht verleugnen, drücken sich hier, die Minuten auskostend in die Ecke, dämmrige Schubert-Luft umweht ihre Gesichter. Die Frohlaune gröhlt nicht, sie summt; und man braucht sich keinem vorzustellen, um an seinem Tisch zu sitzen und ihn anzureden.

So rasten sie hier wie Wissenschaftler der Heiterkeit. Was ist die engere Materie, über die sie disputieren, Mann, Weib und Kind? Der Wein. Er wird geschlürft, zerdrückt, besprochen, verglichen. Wein-Weise sitzen da, die in einem Dialektgemisch aus Böhmisch und Wienerisch Seminare über ihn halten. Und er verdient's! Hier ist das Ekelgeld nicht spürbar; scharf und stürmisch treibt in ihm die Wiese, die Sonne; der ganze, kühlgelegte Sommer eines Jahres! Du trinkst den Kahlenberg in dich hinein; stärkst dich mit den Ursäften der Wiener Hügel. Was braucht's dazu Schrammelklänge und Holdrioh? Ein alter Zitherspieler, dem man zum Dank ein paar Münzen hinwirft, ein gstanzelkundiger Mann aus der Runde – genug! Dafür ist es auch die wahre, wienerische Musik.

Anton Kuh, 1927

Dar Wein

dar wein dar wein dar wein
dar wein dar wein dar wein
sunsd foed ma goa nix ein

dar schdeffe ewendduö
dar schdeffe ewendduö
und dar wein
dar wein dar wein dar wein
sunsd foed ma bei leib nix ein

dar wein dar wein dar wein
dar wein dar schdeffe dar wein
sunsd foed ma i schwea s nix mea ein

Gerhard Rühm, 1959

Der Wiener spielt Wiener

Was sich nun aber am Abend und nächtlich in jenen Gärten der Heurigen abspielt, ist für den Wiener halb Wirklichkeit und halb Theater, in dem die mehrstündige vergnügliche Szene «Der Wiener beim Heurigen» gegeben wird, putzig oder düster, in Begleitung vertieftesten Händchenhaltens oder den Körperteilen des mitgebrachten kalten Brathuhnes völlig hingegeben, eine Szene, in der die Münder fortwährend beschäftigt sind, mit Essen, mit Küssen, mit Singen und zwischendurch auch mit Reden. Beim Heurigen spielen die Wiener Wiener, so heftig, daß den Ausländern, die da in Horden hereingetrieben, mit einem Viertel Wein bewirtet, von den Heurigensängern in Musik getaucht und dann wieder in ihre Autobusse verfrachtet und weitergeführt werden – Vienna by night, isn't it lovely? –, gar nichts anders übrig bleibt, als sich schleunigst dem von den Wienern – made in Vienna – produzierten Wienerischen anzupassen und, wenn auch sehr oberflächlich, so doch einiges vom Wesentlichen aufzuschnappen, das sich in solchen Nächten zu erkennen gibt, verschachtelt und mittelbar, durch schwer entzifferbare Schnörkel des Benehmens.

Der Wiener, wie er beim Heurigen vom Wiener gespielt wird, schätzt die Natürlichkeit mehr als die Natur; die Gemütlichkeit ist ihm wichtiger als das Gemüt; vor seinen Sorgen flieht er ins Flüchtige – ins scheinbar Flüchtige, wie er zu glauben vorgibt –, und gerne verzichtet er aufs Glück, wenn er nur ein wenig glücklich sein kann. Am glücklichsten ist dieser von Wienern gespielte Wiener, wenn es ihm erlaubt ist, bei Musikbegleitung ein ganz wenig zu weinen, so wie es vor gut hundert Jahren vom Gruber-Franzl, genannt das «picksüße Hölzl», vorgesehen war: weinen über die Vergänglichkeit, die in Wien freilich eine viel vergänglichere Vergänglichkeit ist als anderswo, weinen über die eigene, nach Alkohol duftende Leiche, deren Weingeruch, ach, an milden Suff erinnert, an leicht ausgesprochene Schwüre, die man ebenso leicht gebrochen hat, ans neuerliche Händchenhalten, an die Berührungen der Knie unter den Tischen, an die Hoffnung, das Leben würde sich radikal ändern, ohne sich wirklich zu ändern, an glückselig unsichere Schritte, an eine grün angestrichene Tür, auf der «Herren» steht, an die Erleichterungen der Seele; weinen über das eigene Unvermögen, über etwas wirklich weinen zu können, weinen darüber, daß das Leben nicht, wie es stilvoll wäre, verpfuscht, sondern in gesunder Kleinlichkeit, in zutiefst unfruchtbarer, von schönem Egoismus durchdrungener Resignation weitergelebt werden kann, weinen über ein Leben, das seinem Stil nach kleinkariert ist wie das Tuch, aus dem ein ganz gewiß hinkender Schneidermeister Jacken genäht hat für die Kellner, die mit der Würde eines Postkutschers und zugleich mit der Demut eines herrschaftlichen Lakaien – und jedenfalls in einer hoch über der sulzenen Mitzi schwebenden Sphäre sich langsam bewegend – Wein bringen und sich zwischendurch mit ebenfalls kleinkarierten Taschentüchern den Schweiß von der Stirn wischen. Der Wiener beweint sich gerne, am allerliebsten beweint er aber seine eigene, fast orientalisch träge Pfiffigkeit, die ihm letztlich doch alle Ursachen des Jammerns entziehen könnte. Allerdings weint der Wiener grundsätzlich nur in angenehmer Umgebung, von der ein wenig theatralischen Szenerie beflügelt, das Wesentliche stets meidend, zu Recht, da ja, wie er dumpf fühlt, nichts auf der Welt wirklich wesentlich ist außer manchen bescheidenen Freuden des Gaumens und der Haut und der sachte auf die Ewigkeit zuplätschernden Seele.

György Sebestyén, 1974

Parodie

In den dreißiger Jahren war es, als ich mit meiner Blanca in einem Wiener Weinlokal war. Da kam der Besitzer auf mich zu und sagte: «Herr Moser, gegenüber im Varieté Wintergarten tritt gerade ein Komiker auf, der Sie in ein paar Minuten parodieren wird.»

Wir sind hinübergelaufen, um uns das anzuschauen. Da stand wirklich gerade der Schauspieler Peter Hey auf der Bühne. Vorerst parodierte er Hans Albers, Zarah Leander, Szöke Szakall, Felix Bressart – und dann kam «der Moser» als Abschlußnummer dran. Hey hatte nichts davon gewußt, daß ich im Lokal war, erst wie er nach seinem Auftritt von der Bühne abgegangen ist, hat er mich entdeckt.

Verstört fragte er mich: «Jösas, Herr Moser, waren Sie schon die ganze Zeit da?»

«Ja!» habe ich geantwortet, «Sie machen's ja besser als ich.»

Hans Moser, um 1930

Mei Weanerlied

I sitz so gern in Grinzing bei an *Bier*,
in der Heinz-Conrads-Gassn Nummera vier.
Wann die Musi so spüüt
und mei Herz krokodüüt,
sitz i so gern in Grinzing bei an Bier.

Die Lipizzaner spüün an Johann Strauß,
die Wäschermadln ziagn ma d Sockn aus.
Wann die Musi so spüüt
und mei Herz krokodüüt,
da is mei goidans Herz a Bienenhaus:

Die gstööde Wirtin pfnaust «Geh, sei net frech!»,
der liabe Herrgott zahlt für mi die Zech.
Und im Dusel siech i gleich
meine wunderschöne Leich,
und der Pompfünebrer waant vur lauter Blech.

Andreas Okopenko, 1978

Wien drunten...

Die Straße schlägt einen großen, schönen Bogen; sie streift den Rand des Laubwalds; man ist oben. Die Terrasse mit Dach, Balustrade, Holzpfeilern, Logenbogen und Schnitzwerk umfaßt den Ausblick, rahmt die Welt zum Bilde.

Es ist Nachmittag. Der Kaffee geht angenehm an die Nase. Es ist lau; der Mantel liegt locker über den von einer zarten Kühle nur leise erschauernden Schultern. Der Duft der guten österreichischen Zigarette mengt sich mit dem herben Geruch der absterbenden Blätter.

Wien drunten, draußen, nahe noch und doch schon köstlich entrückt, vergeht fast im Nebel, der die Nähe der Dämmerung meldet. Über der Stadt erscheint beinahe unverbunden, im Lot schwebend, ein aufrechter Geist: die schlanke, die erstaunlich schlanke Pyramide des Stephansturms.

Die Kraft des Auges versagt, während sie versucht, den Nebel aufzulösen. Das Schauen widmet sich dem Näheren: den kleinen Häusern, die an diesem mäßigen und milden Berg heraufgestreut sind; dem kleinen grünen Kirchturm von Grinzing; dem Blaßlila und bleichen Rosa und der Sandfarbe der kleinen Villen. Das Auge schaut die zarten Flecken an, die im Grünen und in der werdenden Bräune umhersitzen; es spielt mit der Oberfläche – aber es spielt innig, und so hilft es dem Gemüt, auf jenen Sinn der Dinge zu kommen, der weder dem Begriff noch dem Wort faßlich ist.

Immer schwerer wird der Nebel über der großen Stadt. Er ist aus Rauchgrau und dichtem Violett gemischt. Er lagert über der stilltrauernden Unendlichkeit der Stadt und greift über die Donau, die weit draußen, am Rande der menschlichen Behausungen, vorüberfließt. Es ist gerade möglich, sie zu erkennen; mattblinkend scheint sie stillzustehen zwischen der Stadt und einer öden, deltahaften Ebene, die im Trüben sich auflöst.

Wilhelm Hausenstein, 1932

Ruhestätte
des
Herrn Joseph Preindl

FRIEDHÖFE

Wann i amal stirb

Wann i amal stirb, stirb, stirb,
müß'n mi d' Fiaker trag'n
und dabei Zithern schlag'n,
weil i das liab, liab, liab,
spielts an Tanz laut und hell,
allweil fidel!

Johann Fürst, um 1860

Schuberts Traum

Ich war ein Bruder vieler Brüder und Schwestern. Unser Vater und unsere Mutter waren gut. Ich war allen mit tiefer Liebe zugetan. Einmal führte uns der Vater zu einem Lustgelage. Da wurden die Brüder sehr fröhlich, ich aber war traurig. Da trat mein Vater zu mir und befahl mir, die köstlichen Speisen zu genießen. Ich aber konnte nicht, worüber mein Vater erzürnend mich aus seinem Angesicht verbannte. Ich wandte meine Schritte und mit einem Herzen voll unendlicher Liebe für die, welche sie verschmähten, wanderte ich in ferne Gegend. Jahrelang fühlte ich den größten Schmerz und die größte Liebe mich zerteilen. Da kam mir Kunde von meiner Mutter Tode. Ich eilte, sie zu sehen, und mein Vater, von Trauer erweicht, hinderte meinen Eintritt nicht. Da sah ich ihre Leiche. Tränen entflossen meinen Augen. Wie die gute alte Vergangenheit, in der wir uns nach der Verstorbenen Meinung auch bewegen sollten, wie sie sich einst, so sah ich sie liegen.

Und wir folgten ihrer Leiche in Trauer, und die Bahre versank. Von dieser Zeit an blieb ich wieder zu Hause. Da führte mich mein Vater einmal in seinen Lieblingsgarten. Er fragte mich, ob er mir gefiele. Doch mir war der Garten ganz widrig, und ich getraute mir nichts zu sagen. Da fragte er mich zum zweitenmal, erglühend: ob mir der Garten gefiele? – Ich verneinte es zitternd. Da schlug mich mein Vater und ich entfloh. Und zum zweitenmal wandte ich meine Schritte, und mit einem Herzen voll unendlicher Liebe für die, welche sie verschmähten, wanderte ich abermals in ferne Gegend. Lieder sang ich nun lange, lange Jahre. Wollte ich Liebe singen, ward sie mir zum Schmerz. Und wollte ich wieder Schmerz nur finden, ward er mir zur Liebe. – So zerteilte mich die Liebe und der Schmerz. Und einst bekam ich Kunde von einer frommen Jungfrau, die erst gestorben war. Und um ihr Grabmal zog sich ein Kreis, in dem viele Jünglinge und Greise auf ewig wie in Seligkeiten wandelten. Sie sprachen leise, die Jungfrau nicht zu wecken.

Himmlische Gedanken schienen immerwährend aus der Jungfrau Grabmal auf die Jünglinge wie leichte Funken zu sprühen, die sanftes Geräusch erregten. Da sehnte ich mich sehr, auch da zu wandeln. Doch nur ein Wunder, sagten die Leute, führt in diesen Kreis. Ich aber trat langsamen Schrittes, innen Andacht und fester Glaube, mit gesenktem Blick auf das Grabmal zu, und ehe ich es wähnte, war ich in dem Kreis, der einen wunderlieblichen Ton von sich gab, und ich fühlte die ewige Seligkeit wie in einen Augenblick zusammengedrängt. Auch meinen Vater sah ich versöhnt und liebend. Er schloß mich in seine Arme und weinte. Noch mehr aber ich.

Franz Schubert, 3. Juli 1822

Wunderliches Zeremoniell

Es gibt ein wunderliches Ceremoniel bei den Begräbnissen der kaiserlichen Herrschaften in Wien, ein Ceremoniel, das, eng verwandt mit dem Katholizismus, nicht ohne tieferen Sinn ist. Wenn einer unter ihnen gestorben ist und nun hieher zu den Kapuzinern am Mehlmarkt [jetzt Neuer Markt] mit allem Gepränge der höchsten Würden und Ehren gefahren wird, die Straßen voll wogender Menge sind, alles sich drängt und stößt, und die Stadt eher einem Feste als einer Trauer ähnlich sieht, so klopft der Oberhofmarschall an die Pforte der Klosterkirche, und der Pförtner fragt mit hohler, tiefer Stimme: «Wer begehrt Einlaß?»

Der Oberhofmarschall antwortet, indem er den Namen des Toten mit den Titeln der Weltlichkeit nennt. Der Kapuziner schüttelt das Haupt: «Ich kenne keine Majestät», erwidert er ernst, «ich kenne keinen Herrscher, keine Erzherzöge, keine Fürsten.»

Die Pforte bleibt verschlossen.

Der Oberhofmarschall klopft von neuem. Ungeduldiger ruft der Pförtner: «Wer da?» Nochmals wird Einlaß für diesen oder jenen mit Fortlassung einiger Titel begehrt. «Auch den kenne ich nicht», entgegnet der hochehrwürdige Herr.

«So bitte ich um Einlaß für den Sünder», entgegnet der Oberhofmarschall, und nun, um dieser Demut, um dieses Vergessens des Irdischen, öffnet das Tor sich, und nicht der Kaiser oder die Kaiserin, nicht der Erzherzog oder die Erzherzogin, nein, der Sünder, der Bußfertige, der am Fuß des christlichen Kreuzes Gestorbene, hält still seinen letzten, traurigen Einzug.

Therese Bacheracht, 1848

Centralfriedhof

Ins Dunkel neigt sich gern mein Weg.
Oft irrt meine Seele
Abprallend von den eckigen
Marmorsteinen des Friedhofs
Wundgestoßen, klagend
Zwischen den Gräbern einher,
Den toten künftigen Nachbarn,
Entweicht verblassend vor dem Moder der Erde
Ins Fliedergehölz der dämmernden Nacht.
Urnen bequemt sich mein Sinn.
Leicht entgleitet zwischen den Fingern mir meine Asche,
Streusand der Winde.
Oder werden Bruderschaft trinken aus mir die Algen,
Bruderschaft fressen die Fische des goldenen Meeres?
Genehm auch wäre mir dies,
Denn gleichgültig ward mir der Erdball,
Er entgleitet mir zwischen den Fingern.

Albert Ehrenstein, 1921

Es war wie bei Schnitzler

An einem sonnigen kalten Herbstvormittag haben sie Arthur Schnitzler begraben. Er hatte in seinem Testament um ein Begräbnis letzter Klasse gebeten und daß man an seinem Sarg keine Blumen niederlege. Dennoch waren Blumen gekommen. Aus Kopenhagen «von alten Freunden». Das gehörte zu ihm. Auch ein großer schöner Kranz mit roten Rosen war abgegeben worden. Keine Schleife an ihm. Wer diese letzten Grüße gesandt hatte, war nicht festzustellen. Auch dieses Schweigen der Liebe und Dankbarkeit gehörte zu ihm. Er hätte ohne diese Blumen, die aus dem Dunkel ihm, der ins Dunkel ging, stumm gereicht wurden, nicht begraben werden können.

Vor der Zeremonienhalle des jüdischen Friedhofes warteten die Schriftsteller Wiens und die Schauspieler Wiens und viele Ärzte Wiens auf den Sarg. Schnitzlers Gestalten waren noch einmal versammelt. Man hörte viele tiefsinnige literarische Gespräche über Sterben und letzte Augenblicke. Es war wie bei Schnitzler. Man sah die Schauspieler, froh, sich zeigen zu dürfen, Traurigkeit ins ungeschminkte Antlitz geschminkt – für eine möglicherweise stattfindende Tonfilmaufnahme. Einer der Schauspieler zeigte einen mächtigen Vollbart. Es war ein echter Bart, er hatte sich ihn im Sommer wachsen lassen, aber er wirkte wie ein geklebter Bart, wie das Theater, das nie aufhört, sich selber zu spielen. Wie bei Schnitzler. Die Ärzte standen, etwas verlegen und wissend, beiseite. Sie waren es so aus Schnitzlers Komödien und Novellen gewohnt, und hier beim Begräbnis wurde noch einmal Schnitzler gespielt.

Der Bundespräsident fehlte. Er hatte nicht einmal einen Vertreter entsandt. Warum auch? «Nur Narr, nur Dichter», heißt es bei Nietzsche. Von den Ministern war niemand erschienen, ein Ministerialrat und ein Sektionsrat «vertraten» das Unterrichtsministerium. Auch der Bürgermeister der Stadt Wien war zu Hause geblieben. Er sei an Grippe erkrankt, hieß es. Schade, sehr schade. Nur daß leider auch die Vizebürgermeister gerade an diesem Vormittag Wichtiges und Unaufschiebbares amtszuhandeln hatten, erstaunte nicht uns Wiener, aber manchen aus der Fremde zum Begräbnis gekommenen Freund Schnitzlers. Ein Stadtrat allerdings war da, der Stadtrat für das Gesundheitswesen, aber der wäre auch ohne Vollmacht gekommen, aus freien Stücken – als Arzt und als Enthusiast der Kunst. So fehlte das offizielle Wien vollzählig bei der Bestattung dieses Dichters, der für Wien seit einem Menschenalter mehr getan hatte als alle Regierungen und Stadtverwaltungen und Parteien zusammengenommen. So ist einmal Wien, und so wurde auch Schnitzler wienerisch nach der alten Formel «Gar net ignorieren» begraben. Aber es entsprach Schnitzler, der niemals offiziell gewesen war und hatte sein wollen. Im Sterben schon gar nicht. «Den letzten Weg hinab gehen wir alle allein», hatte er gesagt.

Der Sarg war von Schnitzlers Cottagevilla gekommen. Vier Männer trugen ihn. Dem schwarz ausgeschlagenen Holzsarg folgten die Frau Schnitzlers und sein Sohn als erste der Leidtragenden. Als man ihn sah, jung und schüchtern, da kam einem erst zum Bewußtsein, wie wenig junge Menschen da waren. Und als der Kantor das letzte Gebet sprach und sich die Menschen in der Halle zusammendrängten, da erschrank man: alle diese Männer und Frauen, die da um Schnitzler trauerten, die gekommen waren, um von ihm Abschied zu nehmen, waren – betagt, ja, bejahrt, um nicht zu sagen: alt.

Das Gebet war kurz, wie es Schnitzler gewünscht hatte, dann stand man wieder in der kalten Herbstsonne, und der Gang durch die Alleen von schwarzen Granitsteinen begann. Dann standen wir alle vor dem offenen Grab mit den aufgeworfenen gelben Lehmbrocken, und Männer wie Frauen, die Schriftsteller, die Schauspieler, die Ärzte warfen Erde auf den Sarg, der schon in der Grube ruhte. Keine Reden. Auch sie hatte sich Schnitzler in seinem Testament verbeten. Die Menschen stumm am Grab vorbeiwandeln zu sehen, war trotz dem Tageslicht gespenstisch. Es war ein Zug von Schatten, der da vor ihm noch einmal vorbeiparadierte. Die Frauen – sie waren einmal sehr schön gewesen, man sah es noch immer, aber wie weit weg war die Zeit der «süßen Mädel» und der «großen Damen» –, sie hatten Tränen in den Augen. Weinten sie um ihren Dichter oder um sich selber? Die Männer, sie waren einmal Anatols gewesen – jetzt waren sie müde, verbraucht, und ihre gelbliche Haut erinnerte an die des Toten, als seien sie selber und ihre Zeit mit ihm ins Grab gesunken.

Mit einemmal schrie über den Menschen, die so seltsam das Gewesene spiegelten und wehmütig Erde auf einen Sarg warfen, ein Käuzchen, hell, durchdringend, mitten am

Tag. War es auf dem Friedhof aus seinem Versteck unter den Steinen gescheucht worden und flog nun tagblind hin und her? Oder war es gekommen, um auch seinerseits von dem Dichter des Sterbens Abschied zu nehmen? Oder rief es den Gezeichneten unten Verfall und Vergänglichkeit zu?

Es flatterte lange, das Käuzchen, über Schnitzlers Grab. Es war noch zu sehen und zu hören, als alle die Menschen gegangen waren und die Autos und die Elektrische bestiegen hatten, um wieder in die Stadt zu fahren, um neue Schminke aufzulegen, um neue Literatur zu machen, neue Morituri zu begrüßen. Nur das Käuzchen blieb und schrie. Über dem Grab eines Dichters. Über dem Herbst der alten, barocken, völkergemischten «Kaiserstadt» Wien.

Oskar Maurus Fontana, 1931

Allerheiligen

In Nebel gehüllt, von Regen durchnäßt, begann der November. Allerheiligen kam; von allen Türmen läuteten die Glocken, und durch das nieselnde Naß zogen die Bürger den Kirchen zu, um ihren Schutzpatronen Kerzen anzuzünden und sie um irdisches Glück und himmlische Seligkeit anzuflehen. Allerseelen folgte: und mit Tannenkreuzen und Blumenkränzen pilgerten die Bürger auf ihre Friedhöfe hinaus, um vom Morgen bis zur Dämmerung mit ihren Toten Haus zu halten. Im violetten Dunst schnitten sie die Hecken und jäteten das Unkraut, setzten Herbstpflanzen ein und zündeten Lichter in den Laternen an. Dann ließen sie sich nieder zwischen Astern und Immergrün, um die mitgebrachte Mahlzeit zu verzehren. Von Grab zu Grab tauschten sie Erinnerungen an unvergeßliche Gatten und Gattinnen aus, aßen ein Schnepfenbein, das ein Nachbar ihnen reichte, und überließen ihm dafür den mitgebrachten

Hühnerflügel, traten dann zu der einen oder anderen fremden Ruhestätte und bewunderten ihre Farbenpracht, nicht immer ohne Neid. Wenn gegen Abend Nebelschwaden aus der feuchten Erde stiegen, begaben sich Witwer und Witwe in die nahe Gastwirtschaft zu einem Gläschen Glühwein und mischten ihren alten Kummer mit neu erweckter Sympathie.

Hilde Spiel, um 1940

Letzte Straße

Wie schön beginnt diese Wiener Straße, wie sehr im Leben! Sie kommt aus der Stadt, ein Platz öffnet sich ihr, hell, mit stolzen Häusern. In seinem Anfang steht das Denkmal eines Reiters, mit offnen Zügeln rüstet er den Ritt. Es ist ein Sieger, der vorwärtsstürmt. Aber hinter ihm, nur ein paar Schritte weit, steigt eine Fontäne in weißen Kaskaden schäumend-steil empor, und der Schaum sprüht ins Grüne, in prachtvolle Wipfel. Sie schützen ein Schloß, denn ein Schloß steht über dem weißen Schaum und dem grünen Schatten und dem Triumphreiter, herrschend erhebt es sich zu Ende des schönen Platzes, der nach allen Seiten offen ist, so sehr im Leben.

Dann macht die Straße eine Wendung. Sie hat durch den Platz hindurchgeführt, da hieß sie wie diese stolze Front von Schloß, Fontäne, Denkmal und Triumph ... dann macht sie eine Wendung. Und da bekommt sie ihren Namen, Rennweg heißt sie jetzt, irgendeine Straße wie andere. Gerade läuft sie hin. Doch eben das unterscheidet sie von unseren Straßen, die nebenhergehen, sich biegen, verbergen und geschmeidig sind – geradeaus läuft diese Straße, unverheimlicht, sonderbar lang. Auch das unterscheidet sie. Sie endet nicht bald, sondern hält den Atem an und läßt sich Zeit. Ja, noch als sie ihren Namen aufgibt und einen neuen empfängt, bleibt sie dieselbe, so gerade wie vorher, lang, zielgewiß. Ein und dieselbe sonderbare Straße bleibt es, sie kam aus der Stadt und über den schönen Platz, sie führte an einer Kaserne vorbei und an einem Spital, hatte verschiedene Namen und denselben Weg. Simmeringer Hauptstraße nennt sie sich nun, da ändert sie ihr Gesicht.

Allmählich tut sie das, ohne Grimasse. Rechts und links sind Gassenladen, hier kauft man Fleisch, hier Handschuhe, hier Briefpapier. Und hier bekommt man Gefrornes, es ist billig, um halb fünf kann man einen Film sehen, er muß atemberaubend sein, denn die Bilder lodern, und hier hängen Plakate: die beste Zahnbürste der Welt, besucht unsere Abendversammlung, keine Fettleibigkeit mehr. Und hier ist ein Leichenbestattungsunternehmen. Ein hübsches, behagliches Wohnhaus folgt, es hat einen Garten, ein Speditionsmagazin folgt, ein Altkleiderhändler, ein Uhrmacher, dem das h fehlt. Und hier ist ein Leichenbestattungsunternehmen. Partezettel hängen hinter dem Schaufenster, von gestern, von heute, eine schwarze Tafel verspricht aufmerksame Bedienung in Sterbesachen. Dagegen verspricht das Gasthaus nebenan vorzügliche, stets frische Speisen sowie Bier vom Faß, und aus dem Radiolautsprecher hört man eine singende Frau. Und hier ist wieder ein Leichenbestattungsunternehmen. Der Partezettel hinter dem Schaufenster ist blau gerahmt, jemand Junges muß gestorben sein. Rosa Amalie Hofer ist gestorben, gestern nacht, im neunten Lebensjahr. Dem unerforschlichen Ratschluß hat es gefallen, sie hinwegzunehmen, Johann Nepomuk Hofer als Vater, Anna Hofer geborene Werber als Mutter. Kranzspenden werden dankend abgelehnt. Lang läuft die Straße. Man sieht ihr Ende nicht.

Man sieht ihr Ende nicht, man sieht, wohin sie führt. Hier bekommt man Grabkreuze. Marmorkreuze, glatt und schwarz, glatt und schneefarben, eine weinende Gipsfrau steht dahinter, ein Sandsteinheiland hebt segnend die Hände, gußeiserne Grablämpchen mit rotem böhmischem Glas, alle Preislagen, jede Ausführung. Doch das Geschäft ist leer, wer wollte, vormittags um elf, ein Grabkreuz kaufen oder eine weinende Gipsfrau auf Vorrat – unwahrscheinlicher Gedanke! Aus Kameraderie wohl hat sich dieses Geschäft neben dem Leichenbestattungsunternehmen etabliert, sozusagen um es komplett zu machen, das ist sinnvoll; viel Zuspruch aber darf der vereinzelte Firmeninhaber nicht erwarten, schließlich macht man erwünschtere Einkäufe, mitten am Tag! Mitten am Tage ist es. Heller, sonniger, windiger Tag, die gelbe Blechscheibe über dem Barbierladen baumelt wie ein kleiner betrunkener Mond, und der Herr, der heraustritt, kein übertrieben eleganter Herr übrigens, denn er verschmäht Kragen und Krawatte, schaut unwirsch hinauf. Blau ist es oben, Wind geht um. Doch dem Herrn, dem der Wind die blankrasierte Backe fächelt, scheint es nicht geheuer dort oben. Er sieht nochmals hinauf, ist es ihm nicht blau genug, mitten am Tag? Er trägt allerdings einen sandgelben Anzug, und es wäre jammerschade, wenn er naß würde – das zu fürchten, ist kein Anlaß. Blau ist es, nur ein wenig Wind geht um. Der rasierte Herr hat den Himmel zu Ende examiniert, denn nun setzt er seinen Strohhut auf, es sähe besser aus, wenn er einen Kragen trüge, doch das ist Ansichtssache. Und dann zieht er den Strohhut und grüßt. Es kann keine Respektsperson gewesen sein, die er grüßt, denn er tut es schmafu. Mit einer mechanischen Bewegung grüßt er, schräg weg, und setzt den Hut gleich wieder auf, er sieht nicht einmal hin: er hat einen Leichenwagen gegrüßt. Eine vermögende Person muß es immerhin gewesen sein, die da im Leichenwagen fährt, hinterher schwankt ein hoher Aufbau aus Kränzen, sie strahlen und haben zauberhafte Farben, Rosen, viele volle Rosen, sie fahren in einer Wolke Dufts. Nun hat der rasierte Herr einen Entschluß gefaßt. Er tritt in die Einfahrt des Gasthauses gegenüber, stets frische Speisen, Bier vom Faß. Im selben Augenblick wird der Leichenwagen von einem Automobil überholt, das ebenholzschwarz und sarglang ist: ein Leichenautomobil. Mit einer mechanischen Bewegung grüßt der Herr, den Strohhut abziehend, schräg weg, als gehöre das für einen Habitué dieser Gegend mit dazu. Gar nicht hinsehen, bloß den Hut ziehen, in die Straße, wo jeden Augenblick ein Toter fährt, wieder einer, belästigend oft für einen höflichen Menschen, aber man weiß, was sich schickt, und grüßt – schräg weg.

Ernst Lothar, um 1950

Der Tod, das muß ein Wiener sein

Da drob'n auf der goldenen Himmelbastei,
da sitzt unser Herrgott ganz munter
und trinkt ein Glas Wein oder zwei oder drei
und schaut auf die Wienerstadt 'runter.
Die Geister, die geistern bei ihm umeinand',
ja, er hat s' in der Hand jederzeit,
das Glück und das Unglück, den Tod und die Schand'
und die Lieb' und den Haß und den Neid
und den Geiz und die Gier und die Gall' und die Gicht –
ja, da gibt's eine sehr große Schar.
Wie die Geister dort ausschaun, also das weiß ich nicht,
aber eines in mir völlig klar:

Der Tod, das muß ein Wiener sein,
genau wie die Lieb' a Französin.
Denn wer bringt dich pünktlich zur Himmelstür?
Ja, da hat nur ein Wiener das G'spür dafür.
Der Tod, das muß ein Wiener sein,
nur er trifft den richtigen Ton:
Geh Schatzerl, geh Katzerl, was sperrst dich denn ein?
Der Tod muß ein Wiener sein.

Die Mitzi, die Fritzi und die Leopoldin
san fesche und lustige Madeln,

hab'n Guckerl und Wuckerln wie a jede in Wien
und Handerln und Zahnderln und Wadeln.
Sie werden dem riesigsten Schnitzel gerecht
und tanzen noch Walzer dabei
und singen so hoch, wie die Callas gern möcht',
und ihr Herz ist für jedermann frei.
Doch auch Wiener Madeln sterben, wenn der Herrgott es will,
und wenn das einem Madel geschieht,
dann is's aus mit dem Tanzen, dann lächelt s' nur still
und singt ganz versonnen das Lied:

Der Tod, das muß ein Wiener sein,
genau wie die Lieb' a Französin.
Denn wer bringt dich pünktlich zur Himmelstür?
Ja, da hat nur ein Wiener das G'spür dafür.
Der Tod, das muß ein Wiener sein,
nur er trifft den richtigen Ton:
Geh Schatzerl, geh Katzerl, was sperrst dich denn ein?
Der Tod muß ein Wiener sein.
Geh Mopperl, du Tschopperl, komm brav mit'm Freund Hein!
Der Tod muß ein Wiener sein.

Georg Kreisler, 1973

Wie viel Erde

Wind, Wind, am Leopoldsberg. Ich bin langsam vom Sauberg, der jetzt Kahlenberg heißt, zum Kahlenberg, der jetzt Leopoldsberg heißt, herübergegangen und steh' an der Brüstung. Unter mir, vor mir in der Tiefe, die Stadt. Ich spüre die Kälte in den Zehen, die Kälte, wie sie der Jahreszeit, wie sie diesem windigen Ort zukommt. Und ich spüre Wärme in den Zehen. Ganz warm wird mir, wenn ich den Boden da unter den Füßen spüre, in mich aufnehme, jetzt, im Hinunterschreiten durch die Weingärten, Grinzing zu.

Wie viel Erde sie gemacht haben, wie viel Aschen. Die, die da einliegen, am Hang, an den Hängen, tief unter dem Grab des Fürst von Ligne, der liebreizenden Caroline Traunwieser und des Fräulein vom Kahlenberg, auf dem kleinen Friedhof am Hang, der so lieb herabschaut auf die Wiener Stadt, die noch sechzig andere Friedhöfe hat, immer noch hat, fast hat. Friedhöfe haben heut' eine schlechte Zeit, haben es nicht leicht, wenn sie nicht groß sind, und wenn sie noch dazu mitt'n in der Stadt liegen, wo sie im Weg stehen.

Friedrich Heer, 1978

wann i amol stiab

wann i amol stiab, stiab, stiab,
miaßn mi d'fiaker trogn,
und dabei zither schlogn,
weu i des liab, liab, liab,
jo, i wor meiner söö,
oiweu fidöö.

d'maderln von wean, wean, wean,
wearn umanandaplearrn,
und wearn donn olle rearn,
er ist dahin-hin-hin,
und er wor meiner söö
oiweu fidöö.

André Heller, 1974

ABSCHIED VON WIEN

Zum Tor hinaus

Vor und nach mir wird es so manchem andern in Wien ebenso ergangen sein wie mir; es wird einem daselbst im Anfang die Haut fast zu enge. Der beständige Tumult, der tiefe Kot im Winter, der beschwerliche Staub im Sommer, weshalb die Doppelfenster an manchen Straßen jahraus und jahrein nicht entbehrt werden können, der ungewohnte, kurze Ton sämtlicher Wiener, dies alles ist einem im Anfang so auffallend, daß man sich je eher je lieber wieder zum Tore hinaus wünscht, so lange man nur die Schattenseiten dieses Gemäldes vor Augen hat. Aber nur Geduld, man hält es nur ein Jahr aus, und man wird jedem Wiener gerne beistimmen, wenn er singt: «'s ist nur a Kaiserstadt, 's ist nur a Wien.»

Heinrich Wilhelm Richter, 1815

Abschied von Wien

Leb wohl, du stolze Kaiserstadt,
Zwar nicht auf lange, denk' ich;
Zu andern Grenzen, lebensmatt,
Die irren Schritte lenk' ich.

Schön bist du, doch gefährlich auch
Dem Schüler wie dem Meister,
Entnervend weht dein Sommerhauch,
Du Capua der Geister!

Auf deinen Fluren geht sich's weich,
Und Berg' und Wälder breiten
Rings um dich her ein Zauberreich,
Durch das die Ströme gleiten.

Weithin Musik, wie wenn im Baum
Der Vögel Chor erwachte,
Man spricht nicht, denkt wohl etwa kaum
Und fühlt das Halbgedachte.

Dazu dein Volk, ein wackres Herz,
Verstand, und vom gesunden,
Das sich mit Märchen und mit Scherz
Der Wahrheit Bild umwunden.

Man lebt in halber Poesie,
Gefährlich für die ganze,
Und ist ein Dichter, ob man nie
An Vers gedacht und Stanze.

Doch weil, von so viel Schönheit voll,
Wir nur zu atmen brauchen,
Vergißt man, was zum Herzen quoll,
Auch wieder auszuhauchen:

Die Tafel bleibt, die Leinwand leer.
Drum fort aus diesen Gründen!
Ob von der Reiselast Beschwer
Sich festre Bilder ründen.

Franz Grillparzer, 1843

Ich bleibe

Andere mögen dich jetzt im steigenden Sommer verlassen,
Ich doch bleibe dir treu, strahlendurchfunkelte Stadt.
Nicht verlangt es mich mehr nach himmelan ragenden Gletschern,
Nicht nach des nordischen Meers wogenumbrausten Gestad.
Gern verträum' ich die Tage im Dunstkreis der stilleren Straßen,
Quälen auch Hitze und Staub, gibt's doch Oasen genug.
Wohlig schlürft sich am Morgen der Kaffee im Runde des Stadtparks,
Liebliches Blumenarom mengt der Zigarre sich bei.
Brennt die Sonne dann heißer, so find' ich schattige Gärten,
Wo ein erquickliches Buch still und gesammelt man liest.
Ja, dann nimmst du mich auf, Erschlossner vom «Schätzer der Menschheit»,
In deiner breiten Alleen wipfelumdunkelte Ruh';
Oder auch du, Belvedere, mit zierlich gehegten Terrassen,
Still ins Weite hinaus schweift dort der sinnende Blick.
Traulich empfängt mich Schönbrunn, es winkt mir der gastliche Prater,
Wo dem dürstenden Mann froh sich der Abend beschließt.
Sehn' ich mich dennoch nach kühleren Schatten, nach frischeren Lüften,
Führen auch Schienen und Dampf rasch mich ins Volle hinein;
Rasch in ein grünes Gebiet mit herrlichen Eichen und Buchen –
Tief in des Wienerwalds quellendurchrieselte Pracht.
Mögen doch andere jetzt dich pilgernd verlassen – ich bleibe:
Liegt das Gute so nah', wünsch' ich mir Besseres nicht!

Ferdinand von Saar, 1893

Schuberts C-Dur-Symphonie

Bei der C-Dur-Symphonie von Schubert, dem hellen, blühenden, romantischen Leben darin, taucht mir heute die Stadt deutlicher als je wieder auf, wird es mir wieder recht klar, wie gerade in dieser Umgebung solche Werke geboren werden können. Daß die Außenwelt, wie sie heute strahlt, morgen dunkelt, oft hineingreift in das Innere des Dichters und Musikers, das wolle man nur auch glauben, und daß in dieser Symphonie mehr als bloßer schöner Gesang, mehr als bloßes Leid und Freud, wie es die Musik schon hundertfältig ausgesprochen, verborgen liegt, ja daß sie uns in eine Region führt, wo wir vorher gewesen zu sein uns nirgends erinnern können, dies zuzugeben, höre man solche Symphonie (...) Die einzelnen Sätze zu zergliedern, bringt weder uns noch anderen Freude; man müßte die ganze Symphonie abschreiben, um vom novellistischen Charakter, der sie durchweht, einen Begriff zu geben. Nur vom zweiten Satze, der mit so gar rührenden Stimmen zu uns spricht, mag ich nicht ohne ein Wort scheiden. In ihm findet sich auch eine Stelle, da wo ein Horn wie aus der Ferne ruft, das scheint mir aus anderer Sphäre herabgekommen zu sein. Hier lauscht auch alles, als ob ein himmlischer Gast im Orchester herumschliche.

Robert Schumann, 1828

Wien hat Angst

Es ist eine kleine Stadt, die zu groß wird und Angst davor kriegt. Dies ihr Reiz: daß aus allem Werden und Wachsen überall noch eine liebe kleine Stadt der stillen alten Zeit schaut. Dies die Drohung, die man überall spürt: daß etwas Großes, etwas Starkes, welches nicht mehr abzuweisen ist, Einlaß verlangt. Dies das Rätsel: daß alle Kraft der Gegenwart, aller Mut zur Zukunft eine solche Scheu vor der entsinkenden Vergangenheit haben. Das geht hier jetzt vor, ein Absterben, unaufhaltsam, daneben ein Aufblühen, drängend und treibend, aber dieses wie verzagt vor jenem. Welches Problem! Schade, daß es niemand merken will. Aber die Dichter, die sich ja bei uns vom Leben absentieren, beten flehentlich jedes alte goldene Gitter an, und wenn draußen die Zeit klopft, erschrecken sie. Diese Schönheit des unten angesammelten, dumpf aufkeuchenden, überall rüttelnden Lebens will niemand spüren. Es ist eine Stadt, die noch einmal, nicht ohne Wehmut, Abschied nimmt, nun aber weiß, daß sie vorwärts muß.

Hermann Bahr, 1906

Weshalb ich nicht aufs Land gehen kann

Erstens geht mir der kleine grüne Jute-Koffer mit braunem Lederbeschlag absolut nicht zu, zweitens, wer wird meine kleine Kaktee pflegen, die bereits bei mir von 7 Zentimetern auf 30 Zentimeter gediehen ist und bereits zweimal in einen größeren Topf umgesetzt werden mußte?! Die einen geben zuviel Wasser, die anderen zuwenig, nur ich, ich gebe gerade richtig. Und drittens bringt sich die Paula um, wenn ich wegfahre. Und viertens habe ich kein Geld zum Wegfahren. Und sechstens bergen die Donauauen, eine Stunde von Wien aus erreichbar, tour-retour 1 K 20 h, für den *wirklichen* Naturfreund die Schätze der ganzen Welt! Ich schrieb einmal irgendwo, es war aber gar nicht irgendwo, sondern in meinem berühmten Buche «Wie ich es *sehe*» (Betonung auf dem «sehe»): «Ihr reist fort?! Wohin denn?! Von *euch selbst* weg vielleicht?! Wozu also?!» Dieses ist seit diesen zwanzig Jahren Wahrheit geblieben, *für mich!* «Raum ist in der kleinsten Hütte» – – – die Natur zu genießen. Es geht nicht nach Kilometern! Nur für Schmöcke, Seelenlose und «falsch *Erlebenshungrige*»! «Vielleicht bin ich in Australien kein so armseliges, nichtiges, leeres Vieh wie in Wien?!» Du irrst, mein Freund, meine Freundin! Du bleibst es!

Peter Altenberg, 1918

Einerseits, andrerseits

Bald kamen die heißen, melancholischen Abende des Frühsommers, Tage, an denen es nicht Nacht werden will, Abende, an denen man durch den heißen Dunst der Straßen mit ihrem wogende Menschengewühl wie einen glühenden Dolomitenzinken das in der Abendglut leuchtende Spitzenwunder des Stephansturmes sieht. Noch lange funkelt dann sein goldenes Hagialkreuz weit über Schlösser und Wälder und blitzende Teiche, bis zu den Kalkriesen des Hochgebirges, schneegekrönt, alpenrosenumwuchert, wo die Wildbäche rauschen, während in dumpfigen Höfen der Stadt schwermütig Nachtigallen flöten. Bis tief in die Nacht bleiben da finstere Wohnungen mit ihren weitgeöffneten Fenstern im Dunkel liegen; ihre Bewohner essen ohne Licht zu Abend. In den Vorstadtgassen sitzen dann wohl auch hemdärmelige Leute vor den Haustoren, trinken ihr Bier auf der Straße und rufen den wurstholenden Mädchen Scherzworte zu. Ab und zu fällt der Blick durch ein breites Einfahrttor auf eine Glastür mit bunten Scheiben, und wenn sie offensteht, in ein schattiges Hausgärtchen mit hölzerner Laube, von Oleandern in grünen Kübeln umstanden. Diese Bilder übten einen unbeschreiblichen Eindruck auf das verwundete Gemüt Eynhufs aus. Wenn er im gelben Mondlicht von seinem Abendbrot heimkehrte, das er in einem kleinen Wirtshaus in einem der Höfe des gewaltigen Freihauses auf der Wieden einzunehmen pflegte, wo an ordinär gedeckten Tischen bei flackernden Windlichtern fröhliches Volk unter lärmender Heiterkeit tafelte, wo man durch offene Fenster in die fettprasselnde Küche mit ihren hochroten, schwitzenden Mägden und dickbusigen Köchinnen sehen konnte, dann fühlte er einen solchen Ekel vor diesem unfeinen Lebensschauspiel, daß er beschloß, um den ersten Urlaub seiner ganzen Dienstzeit einzureichen, um auch einmal die viel verlästerte Modetorheit einer Sommerfrische zu verkosten. Baden oder Gutenstein schwebte ihm vor, oder sollte er gar nach Mariazell, weit hinten in der Steiermark pilgern? Ja, fort aus dem Babylon Wien, diesem Sündenpfuhl, wo erst jüngst ein leichtfertiges junges Ding ihm die so lang gehütete Blume des Junggesellentums entrissen hatte! Aber das waren alles törichte Gedanken! Wie konnte er denn den Bannkreis seines Idols verlassen, seiner engelsschönen Höllteufel, die jetzt häufige und unberechenbare Ausflüge in die nächste Umgebung machte, in fröhlicher, glänzender Gesellschaft im Prater oder in Hietzing soupierte oder gar der Mittelpunkt rauschender Feste auf den üppigen Sommersitzen des Adels und Patriziats war, Feste, bei denen in den dunklen Parks Lampions glühten und Feuerwerke die steinernen Götter, Vertumnen und Pomonen in blauen, karmoisinroten oder smaragdgrünen Lichtern badeten und prasselnde Raketengarben mit dem Gekrach eisgekühlter Champagnerflaschen und donnernden Hochrufen auf die graziöse Schönheit der gefeierten Primadonna wetteiferten. Wie oft wartete vor ihrem Stadtpalaste, dessen altersgraues Portal stirnrunzelnde Karyatiden trugen, ein tulpen- oder fliedergeschmückter Wagen, von Schusterbuben und anderem Volk der Gasse bestaunt, das Ziel mancher Blicke aus quietschend geöffneten Fenstern oder hinter verblaßten Gardinen hervor. Dann geschah es manchmal, daß der Liebeskranke in einem Einspänner mit elendem Klepper ihr nachfuhr, stundenlang um den Sitz ihrer Lustbarkeit herumstrich, um dann in tiefer, schwüler Sommernacht, schweiß- und staubbedeckt, einen endlosen Heimweg zu haben, durch kanalduftende Gassen, die er früher niemals gesehen. Alles Mögliche passierte ihm dabei. Betrunkene baten ihn, sie nach Hause zu führen, da sie die Adresse vergessen hätten, herumschlupfende Dirnen nickten ihm vertraulich oder spöttisch zu, und einmal hatte der friedliebende Eynhuf sogar ein Renkontre mit besseren Nachtschwärmern, weil er über ihr schönes Lied gelacht hatte, unter dessen Klängen sie, einen dicken Herrn an der Spitze, heimmarschierten.

Fritz von Herzmanovsky-Orlando, 1928

Weggehen?

Aus Wien weggehen! Unsinn. Lächerlich. Man muß sich nur einmal richtig vorstellen, wie das also im Ernstfall aussähe, man muß sich zum Beispiel Herrn Direktor Waldemar Nehsler vorstellen, wenn Carola plötzlich zu ihm käme mit der Mitteilung, daß sie ihr Engagement am Josefstädter Theater aufgeben und aus Wien weggehen will. Martin, halblaut für sich, äfft Nehlers gezierte Redeweise nach: «Ich verstehe Sie nicht, meine Liebe? Mißfällt ihnen etwas an dem Institut, das zu leiten ich die Ehre habe? Sagen Sie es mir, bitte – ich werde sogleich um Abhilfe bemüht sein.» Und mit erwartungsvoll vorgeneigtem Kopf, mit leicht aneinandergelegten Fingerspitzen: «Bitte?» Der also, zum Beispiel, würde überhaupt nicht verstehen, was Carola meint; und es war ja auch lächerlich.

Oder man muß sich den Verleger Sovary vorstellen, fragend mit mißtrauisch zusammengekniffenem Auge: «Was ist los, Hoffmann? Haben Sie mit Hollywood Vertrag gemacht? Zeigen! Keinen Vertrag? Nur so? Hm. Gar nicht schlecht. Auf *die* Tour ist bei mir noch niemand gegangen. Frau Pekarek, weisen Sie dem Hoffmann fünfhundert Schilling an.» Denn auch Herr Sovary verstünde nicht, was da los wäre; und gleichfalls mit Recht.

Oder man muß sich vorstellen, daß man die neue Wohnung, die am 1. Dezember bezogen werden soll, nicht bezieht, die gemeinsame Wohnung in der Eroicagasse, in der süßen, schmalen, in der zauberhaftesten Gasse von Döbling und vielleicht von Wien – man muß sich vorstellen, daß man dort nicht nur nicht wohnen, sondern daß man das überhaupt nicht mehr sehn wird. Man muß sich vorstellen, daß man nicht mehr ins Café Herrenhof gehn wird, wo einem der Kellner Alois die Zeitungen bringt, und nicht mehr in die Tagblatt-Redaktion, wo einem der Redakteur Drexler sagt, was nicht in den Zeitungen steht. Man muß sich vorstellen, daß man nicht mehr ins Josefstädter Theater gehn wird, wenn Carola spielt, und nicht mehr mit ihr zusammen in die andern; und nicht mehr mit ihr zusammen in die kleinen Restaurants und manchmal zum Heurigen; nicht mehr über den Ring, und nicht in den Volksgarten mehr und über den Heldenplatz, am Abend nicht, wenn durch den herbstlichen Nebel die goldenen Ziffernblätter matt blinken von den Türmen ringsum, und im Frühling nicht, wenn doldenschwer die Fliedersträuche stehn und rot in grün gegen den blauen Himmel die Kastanienbäume – nicht und nie mehr, man muß sich das alles vorstellen ... das alles: ist es denn gar so viel, dies zu begehren? ist es denn gar so verwegen, sein Herz daran zu hängen? ein paar Straßen und Gassen und Plätze, ein paar Menschen und ein paar Dinge, ein paar Theater und ein paar Cafés, und zwei Zimmer in Ober-Döbling: ist es dann gar so viel?

Ach, es ist alles. Wenig oder viel: es ist der Atem, es ist die Luft. Es ist das, was nicht wegzudenken ist, und woraus man sich selbst nicht wegdenken kann, nicht sich allein, nicht die Gemeinsamkeit, nicht Schlaf noch Erwachen.

Friedrich Torberg, 1939

Hier können Sie nicht bleiben

Der längste Sommer kann beginnen. Es sind alle Straßen leer. In einem tiefen Rausch kann ich durch diese Ödnis gehen, an der Albrechtsrampe und auf dem Josefsplatz werden die großen Portale geschlossen sein, ich kann mich nicht entsinnen, was ich hier einmal gesucht habe, Bilder, Blätter, Bücher? Ich gehe ziellos durch die Stadt, denn beim Gehen wird es fühlbar, am deutlichsten fühle ich es, und mit einer Erschütterung, auf der Reichsbrücke, über dem Donaukanal, in den ich einmal einen Ring geworfen habe. Ich bin vermählt, es muß zu einer Vermählung gekommen sein. Ich werde nicht mehr auf Karten vom Mondsee warten, ich werde meine Geduld vergrößern, wenn ich so zusammengetan bleibe mit Ivan, ich kann das nicht mehr abtun von mir, denn es ist, gegen alle Vernunft, mit meinem Körper geschehen, der sich nur noch bewegt in einem ständigen, sanften, schmerzlichen Gekreuzigtsein auf ihn. Es wird für das ganze Leben sein. Im Prater sagt ein Parkwächter gefällig: Hier können Sie nicht länger bleiben, bei dem Gesindel in der Nacht, gehen Sie nach Hause!

Ich gehe am besten nach Hause, ich stehe um drei Uhr früh an das Tor der Ungargasse 9 gelehnt, mit den Löwenköpfen zu beiden Seiten, und dann noch eine Weile vor dem Tor der Ungargasse 6, die Straße hinaufschauend in Richtung Nummer 9, in meiner Passion, den Weg meiner Passionsgeschichte vor Augen, den ich wieder freiwillig gegangen bin, von seinem Haus zu meinem Haus. Unsere Fenster sind dunkel.

Wien schweigt.

Ingeborg Bachmann, 1971

Wien ohne Wiener

Wie schön wäre Wien ohne Wiener,
so schön wie e schlafende Frau.
Der Stadtpark wär sicher viel grüner
und die Donau wär endlich so blau.
Wie schön wäre Wien ohne Wiener,
ein Gewinn für den Fremdenverkehr.
Die Autos ständen stumm,
des Riesenrad fallet um,
und die lauschigen Gasserln wären leer.
In Grinzing endlich Ruh
und 's Burgtheater zu.

Es wäre herrlich, wie schön Wien dann wär.
Keine Baustellen, keine Schrammeln
und im Fernsehn kein Programm.
Nur die Vogerln und die Pferderln
und die Hunderln und die Bam.
Und wer durch dies Paradies muß,
findet später als Legat,
statt des Antisemitismus
nur ein Antiquariat.
Weder Krankheit noch Genesung,
weder Fürst noch Parlament,
wär für Wien nicht diese Lösung
das perfekte Happyend?

Und der Wein wächst ungetrunken,
und die Geigen werdn geschont.
Und der Mond wirft seine Funken
tief im Prater auf die Unken,
und die Unken schauen versunken
in den Mond.

Georg Kreisler, 1980

Aura der Einsamkeit

Und doch beneide ich die Stadt in ihrer Machtlosigkeit um die gelassene Unambitioniertheit. Die Architektur Wiens ist jetzt notwendigerweise eine solche um der Architektur willen; denn es ist niemand mehr da, den sie mit ihrer Macht beeindrucken könnte. So verweilen Auge und Sinn gern bei den Einzelheiten, den verschnörkelten Eingängen und geschwollenen Gesimsen, als bei Werken der Phantasie, die funktionslos geworden sind; und daher scheint Wien heute eine menschlichere Stadt zu sein, als sie es wahrscheinlich jemals in ihrer viel gerühmten Blütezeit war. Als New Yorker fällt es mir schwer, stillzusitzen und einfach zu schauen, aber in Wien scheint dies eine geringere Sünde zu sein als irgendwo anders. Es ist eine Stadt, die ihren Schicksalstag überlebt hat und durch ihre schlimmsten Prophezeiungen hindurchgeschritten ist – eine Stadt in ihrem Alter, mit viel künsterischer Größe in der Vergangenheit. Sie formt gewiß nicht mehr ein ganzes Zeitalter, weit entfernt von den Zentren des Aufruhrs unserer Tage, wie sie ist; aber wenn eine gewisse Aura der Einsamkeit über den Straßen und Menschen dieser Stadt zu liegen scheint, so muß auch das nicht ohne Verheißung sein. Wir haben saubere und ruhige Plätze schätzen gelernt, nun, da ihrer alle Jahre weniger werden. Alles, was Wien heute noch ist oder sein kann, ist vielleicht ein von Menschen bewohntes Kunstwerk, und das ist wahrhaftig nicht wenig.

Arthur Miller, 1981

erstklassiges hauptgeschehen

1) österreichweit veranstaltet das hauptgeschehen in wien, salzburg und graz eine große anzahl. wer diese zahl liest, weiß, wieviele österreicher woche für woche um mehr be-

achtung ringen. leistungssteigerungen entstehen aus ehrgeiz, der wieder von der öffentlichkeit getragen wird. in wien findet die psyche wesentliche voraussetzungen

2) und die sonne stand unübersehbar und in der hauptstadt leuchtete eine pracht. die unannehmlichkeiten entflogen ihren eigentümern und was es zu sehen gab, spielte sich ab. es spiegelte sich durch das auge in den verstand

3) wie in vielen anderen sparten beschäftigt sich auch der wiener mit der eigenen ansicht. während der woche bewegt er sich täglich und bildet so eine tragende säule. der wiener ist auch ein großer züchter. zuchtauswahl und pflege stehen dabei zu buche. die andere gruppe der aktiven sind die besitzer. oft sind sie auf ein gerütteltes nervensystem beschränkt. man darf nicht außer acht lassen, daß von dieser gruppe ein wichtiger anteil der finanziellen basis abgezweigt wird. wer zum beispiel als besitzer von tirol nach wien fährt, sieht österreich. damit kommen wir automatisch zum eigentlichen geschehen: der mensch muß seine veranlagung nutzen

4) wien bemüht sich heuer schon wieder, eine stimmungsvolle kulisse abzugeben. viele kleine züchter nutzen die möglichkeit. für das gelingen sind zwei dinge von bedeutung: die qualität der möglichst großen zahl, als auch die interessenten. in wien zeigen mittelmäßige produkte erstklassiges verhalten. die qualitäten der anwesenden werden sich auch in den kommenden jahren bemühen. allerdings wird nähere information kaum zu erhalten sein, denn totgeschwiegen bemüht sich wien erst jetzt, jene stellung zu erreichen, die schon seit jahren selbstverständlich ist. wöchentlich ärgern sich tausende wiener darüber, nichts zu erfahren. so gesehen erscheint es verwunderlich, daß wien überhaupt aufwarten kann

5) in wien zeigt ein erstklassiges mittel die veranstalter von der besten seite. bald steigert sich das angebot. die neuen besitzer müssen ihren einsatz nicht bereuen. wien gilt als erfolgsquartier und hat seinen kaufpreis längst her-

eingebracht. dabei stehen die geldbringenden aufgaben erst vor der tür. seinen zuchtwert aber hat es schon bewiesen. alle beteiligten können zufriedensein

Anselm Glück, 1987

Ermüdet und betäubt

Ermüdet und betäubt und zerschlagen langen wir endlich von dieser Partie an, die wir mit solchem Ergötzen begonnen haben, beide eine und dieselbe Sehnsucht empfindend – sie soll auch befriedigt werden, komm mit mir; in einem kühlen, luftigen Zimmer meiner Gartenwohnung wartet meine Gattin auf uns und hat schon auf den gedeckten Tisch gestellt, was uns not tut: eine bekannte Wiener Lieblingsspeise, gebackene Hühner mit dem zartesten Salate, und ein nicht gar bescheidenes Fläschchen alten Nußberger. Erquicke dich, rede noch eines mit uns, und dann geh zu Bette, aber hab acht, daß dich nicht Träume wecken und du dich etwa mit dem Bette im wahnsinnigen Menschenkreisel gedreht findest oder in demselben lächerlich im Prater auf und ab schwimmst, etwa gar im Hemde, was dich sehr kränken würde.

Gute Nacht.

Adalbert Stifter, 1844

AUTOREN- UND QUELLENVERZEICHNIS

ABRAHAM a Sancta Clara (1644–1709). Mercks Wien (1679), hg. von Th. Ebner. Wien 1886. *Seiten 60, 242*

AICHINGER, Ilse (geb. 1921). Kleist, Moose, Fasane. S. Fischer Verlag, Frankfurt am Main 1987. *Seite 97*

ALTENBERG, Peter (1862–1919). (1,4) Vita ipsa, Berlin 1918; (2) Was der Tag mir zuträgt, Berlin 1901; (3) Märchen des Lebens, Berlin 1908. Rechte beim S. Fischer Verlag, Frankfurt am Main. *Seiten 116, 231, 244, 288*

ARATYM, Hubert (geb. ?) Café Hawelka. Chr. Brandstätter Verlag, Wien 1982. *Seite 122*

ALXINGER, Johann Baptist (1755–1797). Sämtliche Werke. Wien 1812. *Seite 205*

ARNDT, Ernst Moritz (1769–1860). Reisen durch einen Theil Deutschlands, Italiens und Frankreich in den Jahren 1798 und 1799. Leipzig 1802. *Seiten 44, 68, 204*

ARTMANN, Hans Carl (geb. 1921). (1) hosn rosn baa. Wien 1959. (2) Im Schatten der Burenwurst. Residenz Verlag, Salzburg 1983. (3,4) Med ana schwoazzn dintn. Otto Müller Verlag, Salzburg 1979. *Seiten 58, 100, 175, 192*

BACHERACHT, Therese (1804–1852). Eine Reise nach Wien. Wien 1848. *Seiten 161, 272*

BACHMANN, Ingeborg (1926–1973). (1) Das dreißigste Jahr, in: Gesamtausgabe Bd. II. R. Piper & Co. Verlag, München 1978. (2,3) Malina. Suhrkamp Verlag, Frankfurt am Main 1971. *Seiten 29, 136, 293*

BAHR, Hermann (1863–1934). (1) Selbstbildnis. Berlin 1923; (2) «Die Zeit» vom 15. 10. 1898; (3,4) Wien. Stuttgart 1906. Rechte beim H. Bauer Verlag, Wien. *Seiten 116, 142, 210, 287*

BONFINI, Antonio (1427–1502). Des allmechtigsten Künigreichs in Ungarn wahrhafftige Chronik, Basel 1545; nach: Josef Freiherr von Hormayr, Seine Geschichte und seine Denkwürdigkeiten Bd. IV. Wien 1823. *Seite 15*

BURSY, Karl von (?). Meister der deutschen Musik in ihren Briefen, hg. von H. Brandt. Ebenhausen bei München 1928. *Seite 42*

CASANOVA, Giacomo (1725–1798). Geschichte meines Lebens. Brockhaus Verlag, Wiesbaden 1960. *Seite 163*

DALI, Salvador (geb. 1904). Das Geheime Leben des Salvador Dali; Übersetzung von Ralf Schiebler. Schirmer Mosel Verlag, München 1984. *Seite 40*

DODERER, Heimito von (1896–1966). (1,2,3,6,7) Die Dämonen (1956); (4) Die Strudlhofstiege (1951); (5) Wechselnde Beleuchtung, in: Die Erzählungen (1972). Biederstein Verlag, München. *Seiten 46, 99, 102, 155, 199, 256*

EHRENSTEIN, Albert (1886–1950). Wien; Gedichte. Berlin 1921. Rechte bei der Jewish University, Jerusalem. *Seite 273*

EICHENDORFF, Joseph Freiherr von (1788–1857). Sämtliche Werke; hg. von W. Kosch und A. Sauer. Regensburg 1908. *Seite 132*

EISENDLE, Helmut (geb. 1939). Belanglose Gedanken. Aus dem Manuskript des Autors, 1982. *Seite 123*

EVLIYÂ, Çelebi (1611–1684). Im Reiche des Goldenen Apfels; Osmanische Geschichtsschreiber, Band 2, hg. von R. F. Kreutel. Styria Verlag, Graz 1957. *Seiten 39, 71, 242*

FEKETE DE GALANTHA, Johann Graf (1741–1803). Skizze eines lebenden Bildes von Wien. Wien 1787. *Seite 92*

FINK, Humbert (geb. 1933). Denk ich an Österreich... München 1983. Mit Genehmigung des Autors. *Seite 35*

FISCHER, Wolfgang Georg (geb. 1933). Wohnungen; Roman. Carl Hanser Verlag, München/Wien 1969. *Seite 188*

FONTANA, Oskar Maurus (1889–1969). Wiener Unsterblichkeiten. Albert Langen Georg Müller Verlag, München 1958. *Seite 273*

FRANZ, Joseph I (1830–1916). Wiener Zeitung vom 25. 12. 1857. *Seite 93*

FREUD, Sigmund (1856–1939). Das Unbewußte; Schriften zur Psychoanalyse. Copyright 1940, 1943, 1947, 1948, 1950 by Imago Publishing Co. London. Abdrucksgenehmigung vom S. Fischer Verlag, Frankfurt am Main 1960. *Seite 150*

FRIEDELL, Egon (1878–1938). Wozu das Theater? Hg. von Peter Haage. C. H. Beck Verlag, München 1965. *Seiten 22, 211*

FÜRST, Johann (1825–1882). Liedtext, mündlich überliefert. *Seite 270*

GLASSBRENNER, Adolf (1810–1876). Bilder und Träume aus Wien. Leipzig 1836. *Seiten 208, 222, 239*

GLÜCK, Anselm (geb. 1950). die eingeborenen sind ausgestorben. Droschl Verlag, Graz 1987. *Seite 295*

GREENE, Graham (geb. 1904). Der dritte Mann. © Graham Greene 1950/51. © Paul Zsolnay Verlag, Wien/Hamburg 1962. *Seite 233*

GRILLPARZER, Franz (1791–1872). Gesammelte Werke, hg. von E. Rollett und A. Sauer. Wien 1923. *Seiten 80, 257, 284*

GÜTERSLOH, Albert Paris (1887–1973). Die tanzende Törin (1910). Albert Langen Georg Müller Verlag, München. *Seiten 21, 95*

HARTL, Edwin (geb. 1906). Apropos Wien. Wien 1972. Abdruck mit Genehmigung des Autors. *Seite 217*

HAUSENSTEIN, Wilhelm (1882–1957). Europäische Hauptstädte. Erlenbach-Zürich und Leipzig 1932; 2. veränderte Ausgabe München 1954. (Im Archibook Verlag Berlin erscheinen 1988 die «Europäischen Hauptstädte» neu, das Kapitel «Wien» auch als Einzelheft.) Abdruck mit Genehmigung von Frau Margot Hausenstein und Frau Renée-Marie Parry Hausenstein. *Seiten 56, 85, 110, 160, 267*

HAUSHOFER, Marlen (1920–1970). Die Mansarde. Claassen Verlag, Düsseldorf 1984. *Seite 190*

HAYDN, Joseph (1732–1809). Meister der deutschen Musik in ihren Briefen; hg. von H. Brandt. Ebenhausen bei München 1928. *Seite 205*

HEBBEL, Friedrich (1813–1863). Sämtliche Werke; Tagebücher. Hg. von R. M. Werner. Berlin 1901–07. *Seite 74*

HEER, Friedrich (1916–1983). Dunkle Mutter Wien, mein Wien. Herder Verlag, Wien/Freiburg, 1978. *Seiten 35, 49, 108, 131, 174, 281*

HELLER, André (geb. 1946). (1,2) Schattentaucher. S. Fischer Verlag, Frankfurt am Main 1987. (3) Die Sprache der Salamander. Hoffmann und Campe, Hamburg 1981. (4) Sie nennen mich den Messerwerfer. Fischer Taschenbuch Verlag, Frankfurt am Main 1974. *Seiten 103, 138, 187, 282*

HERHAUS, Ernst (geb. 1932). Der Wolfsmantel. Diogenes Verlag, Zürich 1983. *Seiten 154, 191*

HERZL, Theodor (1860–1904). Feuilletons Bd. 1. Berlin 1911. *Seiten 198, 228*

HERZMANOVSKY-ORLANDO, Fritz von (1877–1954). (1) Maskenspiel der Genien (1958). (2,3) Der Gaulschreck im Rosennetz (1928). Rechte beim Albert Langen Georg Müller Verlag, München. *Seiten 168, 231, 289*

HEVESI, Ludwig (1834–1910). Acht Jahre Wiener Secession. Wien 1906. *Seite 94*

HOFFMANN, Josef (1870–1956). Wiener Allgemeine Zeitung vom 16. März 1905. *Seite 145*

HOFMANNSTHAL, Hugo von (1874–1929). (1) Prosa I (1950). (2,3) Prosa III (1952). S. Fischer Verlag, Frankfurt am Main. (4) © 1919 Adolph Fürstner, Berlin © 1987 B. Schott's Söhne, Mainz (für die Länder Deutschland, Danzig, Italien, Portugal, Sowjetunion). *Seiten 105, 127, 162, 185*

HOHE PFORTE (Der Zeremonienmeister der Hohen Pforte). Kara Mustafa vor Wien; Osmanische Geschichtsschreiber, Band 1, hg. von R. F. Kreutel. Verlag Styria, Graz 1955. *Seiten 15, 182*

HORNIG, Josef (?). Liedtext, mündlich überliefert. *Seite 258*

HORVÁTH, Ödön von (1901–1938). Geschichten aus dem Wienerwald. Suhrkamp Verlag, Frankfurt am Main 1970. *Seite 245*

HUNDERTWASSER, Friedensreich (geb. 1928). Schöne Wege. Deutscher Taschenbuch Verlag, München 1983. *Seite 157*

HUTTER, Wolfgang (geb. ?). Café Hawelka. Chr. Brandstätter Verlag, Wien 1982. *Seite 124*

JANDL, Ernst (geb. 1925). Gesammelte Werke in 3 Bänden. Hermann Luchterhand Verlag, Darmstadt und Neuwied 1985. *Seite 32*

JELINEK, Elfriede (geb. 1946). Die Klavierspielerin. Rowohlt Verlag, Reinbek 1983. *Seiten 148, 237*

JESENSKÁ, Milena (1896–1944). Alles ist Leben; Feuilletons und Reportagen 1919–1939. Hg. von Dorothea Rein. Verlag Neue Kritik, Frankfurt am Main 1984. *Seite 27*

JONKE, Gert (geb. 1946). (1) Die erste Reise zum unerforschten Grund des Horizonts. Residenz Verlag, Salzburg 1980. (2) in: André Heller, Die Sprache der Salamander. Hoffmann und Campe, Hamburg 1981. *Seiten 137, 249*

JOSEPH II. (1741–1790). Josephinische Curiosa; hg. von F. Gräffler. Wien 1848. *Seite 79*

KAFKA, Franz (1883–1924). Briefe an Milena. S. Fischer Verlag, Frankfurt am Main 1954. © 1954 Schocken Books Inc., New York City, USA. Lizenzausgabe mit freundlicher Genehmigung von Schocken Books Inc., New York City, USA. © 1952 Schocken Books Inc., New York City, USA. *Seite 25*

KHEVENHÜLLER-METSCH, Johann Joseph Graf (1706–1776). Tagebücher 1742–1776, hg. von Graf R. v. K.-M. und H. Schlitter; 7 Bände. 1907–1925. *Seite 88*

KOVACEVIC, Richard (geb. 1930). Über die Schwierigkeiten, ein Wiener zu werden, in: Apropos Wien. Wien 1972. Abdruck mit Genehmigung des Autors. *Seite 216*

KRAUS, Karl (1874–1936). Sämtliche Schriften. Suhrkamp Verlag, Frankfurt am Main 1986. *Seiten 23, 115, 212*

KREISLER, Georg (geb. 1922). (1) Worte ohne Lieder. Paul Neff Verlag, Wien 1986. (2) Ich weiß nicht, was soll ich bedeuten. Zürich 1973. Rechte beim Autor. (3) I hab ka Lust. Berlin 1980. Rechte beim Autor. *Seiten 219, 280, 294*

KUH, Anton (1890–1941). (1,3,4,5,6) Luftlinien (1981); (2,7) Zeitgeist im Literaturcafé (1983). Löcker Verlag, Wien. *Seiten 86, 102, 120, 171, 213, 233, 259*

KUNERT, Günter (geb. 1929). Ziellose Umtriebe (Berlin und Weimar 1979). Carl Hanser Verlag, München 1987. *Seite 236*

LA GARDE, Auguste de (1783–1853). Gemälde des Wiener Kongresses; hg. von F. Freska, Stuttgart o. J. *Seite 46*

LIND, Jakov (geb. 1927). In: Wien, hg. von Chr. Brandstätter. Wien 1981. *Seite 144*

LOOS, Adolf (1870–1933). Trotzdem. Innsbruck 1931. *Seiten 64, 96*

LOTHAR, Ernst (1890–1974). Wiener Unsterblichkeiten. Albert Langen Georg Müller Verlag, München 1958. *Seite 277*

MAHLER, Gustav (1860–1911). G. M. Unbekannte Briefe, hg. von Herta Blaukopf, Paul Zsolnay Verlag, Wien/Hamburg 1983. *Seite 140*

MARIA THERESIA (1717–1780). Maria Theresia und Joseph II.; ihre Korrespondenz samt Briefen an seinen Bruder Leopold; hg. von Alfred Ritter von Arneth; 3 Bände 1867/1868. *Seite 78*

MAYRÖCKER, Friederike (geb. 1924). Larifari. Bergland Verlag, Wien 1956. *Seite 128*

MEIER-GRÄFE, Julius (1867–1935). In: Wiener Brief, «Velasquez schlecht gehängt – Kokoschka in Form», Frankfurter Zeitung vom 12.11. 1931. *Seite 197*

METTERNICH, Clemens Wenzel, Fürst von (1773–1859). Aus Metternichs nachgelassenen Papieren; hg. von Richard Metternich-Winneburg. Wien 1881. *Seite 57*

MILLER, Arthur (geb. 1915). Der liebe Augustin; Bilder aus Wien; Übersetzung von Holger Fliessbach. Reich Verlag, Luzern 1981. *Seite 295*

MOLTKE, Helmuth Graf von (1800–1891). Gesammelte Schriften und Denkwürdigkeiten. Berlin 1891–93. *Seite 65*

MONTAGU, Mary Wortley, Lady (1689–1762). Briefe, geschrieben während ihren Reisen in Europa, Asien und Afrika. Mannheim 1784. *Seiten 16, 77*

MOSER, Hans (1880–1964). Ich trag im Herzen drin ein Stück vom alten Wien. Aufgezeichnet von Georg Markus. Herbig Verlag, München 1980. *Seite 266*

MOZART, Leopold (1719–1787). Die Briefe Wolfgang Amadeus Mozarts und seiner Familie. Hg. von Ludwig Schiedermair. München 1914. *Seite 162*

MUSIL, Robert (1880–1942). Der Mann ohne Eigenschaften, in: Gesammelte Werke. Rowohlt Verlag, Reinbek 1978. *Seiten 27, 83*

NERVAL, Gérard de (1808–1855). In: Wien, hg. von J. und W. Hofmann. Prestel Verlag, München 1956. *Seite 178*

NESTROY, Johann Nepomuk (1801–1862). Johann Nestroys Werke, 2 Bd. hg. von Ludwig Gottsleben. Wien 1892. *Seiten 19, 179*

NÖSTLINGER, Christine (geb. 1936). Die Ottakringerstraße, in: Tintenfisch 16, Literatur in Österreich. Berlin 1979. Rechte bei der Autorin. *Seite 193*

OKOPENKO, Andreas (geb. 1930). Glückliches Österreich, hg. von Jochen Jung. Residenz Verlag, Salzburg 1978. *Seite 267*

PICK, Gustav (?). Alte Wiener Lieder, hg. von Hartmann Goertz. München o.J. (nach 1945). *Seite 45*

PIONTEK, Heinz (geb. 1925). Apropos Wien. Wien 1972. Abdruck mit Genehmigung des Autors. *Seite 62*

POLGAR, Alfred (1873–1955). (1,3,4) Taschenspiegel, hg. von Ulrich Weinzierl, 1979; (2) Sperrsitz, hg. von Ulrich Weinzierl, 1980. Löcker Verlag, Wien. *Seiten 23, 149, 184, 211*

QUALTINGER, Helmut (1928–1986). (1) Qualtingers beste Satiren. Albert Langen Georg Müller Verlag, München. (2) Kommen Sie nach Wien. Bergland Verlag, Wien 1980. *Seiten 130, 219*

REICHARDT, Johann Friedrich (1752–1814). Vertraute Briefe, geschrieben auf einer Reise nach Wien und den österreichischen Staaten. Amsterdam 1810. *Seiten 17, 112, 207*

REIFENBERG, Benno (1892–1970). Landschaften und Gesichter. Europa Verlag, Wien. *Seiten 47, 170*

RICHTER, Franz (geb. 1920). In: Apropos Wien. Wien 1972. Rechte beim Autor. *Seite 217*

RICHTER, Heinrich Wilhelm (1798–1848). Ein Handwerksbursch zur Kongreßzeit in Wien. 1962. *Seite 284*

RICHTER, Josef (1749–1813). Die Eipeldauerbriefe. 1785–1797 und 1799–1813. 2 Bd., hg. von E. Paunel. München 1917. *Seiten 164, 223, 254*

RÖSSLER, Arthur (1877–1955). Wiener Landschaft, hg. von E. Weyrich. Wien 1909. *Seite 132*

ROTH, Joseph (1894–1939). (1) Zipper und sein Vater (1928); (2) Radetzkymarsch (1932); (3) Juden auf Wanderschaft (1926) in: Werke in 4 Bänden 1975, 1976 Verlag Allert de Lange, Amsterdam und Verlag Kiepenheuer & Witsch, Köln. *Seiten 117, 165, 200*

ROUSSEAU, Jean Baptiste (1670–1741). In: Wien-Chronik, hg. von J. Perfahl. Verlag Das Bergland-Buch, Salzburg 1985. *Seite 128*

RUDOLF IV., der Stifter (1339–1365). Stiftungsurkunde. Archiv der Universität Wien. *Seite 50*

RUDOLF, Erzherzog, Kronprinz (1858–1889). Majestät, ich warne Sie... Geheime und private Schriften, hg. von Brigitte Hamann. Wien 1979. *Seiten 20, 81*

RÜHM, Gerhard (geb. 1930). in: hosn rosn baa. Wien 1959. Rechte beim Autor. *Seiten 41, 246, 264*

SAAR, Ferdinand von (1833–1906). Sämtliche Werke in 12 Bänden. Berlin 1893. *Seite 286*

SCHNEIDER, Reinhold (1903–1958). Winter in Wien. Herder Verlag, Freiburg 1958. *Seiten 51, 89, 107*

SCHNITZLER, Arthur (1862–1931). Jugend in Wien. © 1968 Verlag Fritz Molden, Wien–München–Zürich. Alle Rechte vorbehalten durch den S. Fischer Verlag, Frankfurt am Main. *Seite 227*

SCHUBERT, Franz (1797–1828). Meister der deutschen Musik in ihren Briefen, hg. von H. Brandt. Ebenhausen bei München 1928. *Seite 270*

SCHUMANN, Robert (1810–1856). Gesammelte Schriften über Musik und Musiker, Leipzig. *Seite 287*

SCHUTTING, Jutta (geb. 1937). Am Morgen vor der Reise. Residenz Verlag, Salzburg 1978. *Seite 248*

SEALSFIELD, Charles (d. i. Karl Postl 1793–1864). Austria as it is. London

1828. Deutsch: Österreich wie es ist, übersetzt von Victor Klarwill. Wien 1919. *Seite 76*

SEBESTYÉN, György (geb. 1930). (1) Wien, Spektrum einer Stadt. München 1971. (2) Wiener Köstlichkeiten, hg. von E. Wickenburg. Wien 1974. Abdruck mit Genehmigung des Autors. *Seite 130, 264*

SPIEL, Hilde (geb. 1911). Die Früchte des Wohlstands. Nymphenburger Verlagshandlung, München 1981. *Seiten 42, 276*

SPITZER, Daniel (1835–1893). Wiener Spaziergänge. Wien 1869. *Seiten 54, 113*

STIFTER, Adalbert (1805–1868). Vermischte Schriften; Erzählungen. Pest 1870. *Seiten 14, 68, 72, 183, 223, 297*

TORBERG, Friedrich (1908–1979). (1) Die Tante Jolesch (1975); (2) Auch das war Wien (1984). Albert Langen Georg Müller Verlag, München. *Seiten 59, 291*

TROLLOPE, Frances (1780–1863). Briefe aus der Kaiserstadt; hg. von R. Garstenauer. Stuttgart 1966. Rechte beim Societäts-Verlag, Frankfurt am Main. *Seite 66*

TROST, Ernst (geb. 1933). Die Donau; Lebenslauf eines Stromes. Wien 1968. *Seite 246*

VÖLKISCHER BEOBACHTER vom 10. 4. 1938. *Seite 106*

WEIGEL, Hans (geb. 1908). (1–4) O du mein Österreich, Zürich 1967; (5) Wien, hg. von Chr. Brandstätter. Wien 1981. Abdruck mit Genehmigung des Autors. *Seiten 31, 38, 126, 140, 249*

WEINHEBER, Josef (1892–1945). Wien wörtlich (1935). Otto Müller Verlag, Salzburg 1986. *Seiten 55, 215*

WENGRAF, Edmund (?). Kaffeehaus und Literatur. Wiener Literaturzeitung Nr. 7/1891. *Seite 114*

WEYS, Rudolf (?). Literatur am Naschmarkt. Wien 1947. *Seite 119*

WILDGANS, Anton (1881–1932). Musik der Kindheit. Kremayr & Scheriau, Wien 1953. *Seiten 52, 90, 146, 255*

WINDISCH-GRÄTZ, Lajos, Prinz zu (?). Ein Kaiser kämpft um die Freiheit, Wien 1957. *Seite 173*

ZELTER, Karl Friedrich (1758–1832). Briefwechsel zwischen Goethe und Zelter 1796–1832. Leipzig 1833. *Seite 53*

ZIEGLER, Johannes (?). Wiener Stadtgänge. Wien 1897. *Seite 94*

ZWEIG, Stefan (1881–1942). Die Welt von Gestern. Copyright Bermann Fischer Verlag AB, Stockholm 1944. Abdruck mit Genehmigung des S. Fischer Verlages, Frankfurt am Main. *Seiten 121, 230*

Der Verlag dankt den in den Quellenvermerken genannten Rechte-Inhabern für die freundliche Genehmigung zum Abdruck der Texte. Nicht für jedes Zitat war der Rechte-Inhaber aufzufinden. Der Verlag ist für Hinweise dankbar.

Die Überschriften in diesem Buch sind – mit wenigen Ausnahmen – vom Herausgeber formuliert, also keine originalen Überschriften. Kürzungen sind innerhalb der zitierten Texte stets vermerkt – mit (...) –, am Anfang und Ende eines Textes jedoch nur in Ausnahmefällen.

Der Herausgeber dieses Buches, Heinz Gumpelmayr, ist 1948 in Linz geboren. Er hat eine Klosterschule und eine Buchhändlerlehre in Österreich absolviert. Seit zwanzig Jahren arbeitet er im Buchhandel, seit 1982 als Mitarbeiter eines Münchner Verlages.

Bilderverzeichnis

ORTSREGISTER

dtv Reise Textbücher

Reise Textbuch Rom
herausgegeben von Franz Peter Waiblinger
dtv 3900

Die Kapitel: Ankunft in Rom · Hauptstadt der Welt · Weltliche Hauptstadt · Römer und Römerinnen · Kapitol · Forum Romanum, Palatin, Circus Maximus · Kolosseum · Um den Campo de' Fiori · Um das Pantheon · Von der Fontana di Trevi zur Piazza del Popolo · Quirinal und Viminal · Lateran, Caelius und Esquilin · Um den Aventin · Tiber und Tiberinsel · Trastevere und Gianicolo · Vatikan · Engelsburg, Prati und Monte Mario · Pincio und Villa Borghese · Via Appia und Römische Campagna · Abschied von Rom.

Reise Textbuch London
herausgegeben von Harald Raykowski
dtv 3901

Die Kapitel: Wie gefällt Ihnen London? · Kensington Gardens und Umgebung · Hyde Park · Paläste, Parks und Klubs · Westminster und Chelsea · Westminster Abbey · Houses of Parliament · Rund um Trafalgar Square · Von Soho nach Norden · Bloomsbury · Zwischen Covent Garden und Waterloo Bridge · Inns of Court und Zeitungsviertel · St. Paul's und seine Nachbarschaft · Die Londoner City · Tower und East End · Südlich der Themse · Blick zurück.

Reise Textbuch Paris
herausgegeben von Hans von Ziegesar
dtv 3902

Die Kapitel: Blick auf Paris · Die Seine entlang · Cité · Quartier Latin · Luxembourg und Saint-Germain-des-Prés ·

Palais Royal und Umgebung · Die Boulevards · Marais, Alte Hallen · Louvre, Tuilerien · Concorde, Champs-Elysées · Die Metro · Der feine Westen und seine Ränder · Chaillot und Eiffelturm · Das Siebente · Montparnasse · Pigalle, Montmartre · Zwischen Jean Jaures und Père Lachaise · Zwischen Bastille und Lutetia · Paris change.

Reise Textbuch Berlin
herausgegeben von Barbara und Walter Laufenberg
dtv 3903

Die Kapitel: Sehn Sie, das ist Berlin! · Unter den Linden · Friedrichstraße · Karl-Liebknecht-Straße · Rund um den Alexanderplatz · Stadtmitte · Mauer und Brandenburger Tor · Der Tiergarten · Rund um die Gedächtniskirche · Der Bezirk Charlottenburg · Der Bezirk Tiergarten · Der Bezirk Kreuzberg · Die Bezirke Neukölln, Schöneberg und Tempelhof · Die Bezirke Wilmersdorf, Steglitz und Zehlendorf · Grunewald und Havel · Die Bezirke Spandau und Reinickendorf · Der Bezirk Wedding · Ostberliner Bezirke.

Reise Textbuch Istanbul
herausgegeben von Jale Tükel
dtv 3904

Die Kapitel: Ankunft in Istanbul · Umrisse der Stadt · Istanbul-Visionen · Moscheen · Hagia Sophia · Topkapi Sarayi · Von Beyazit bis Eminönü, Basare · Atmeidan, Hippodrom · Die alte Stadt am großen Wasser, Bezirk Eminönü · Östlich der Landmauer, Bezirk Fatih · Westlich der Landmauer, Goldenes Horn bis Florya · Jenseits des Goldenen Horns, Galata/Karaköy · Von Tünel bis Taksim, Pera/Beyoglu · Von Taksim bis Şişli · Das europäische Ufer des Bosporus · Das asiatische Ufer des Bosporus · Asien · Friedhöfe · Brücken.

Als nächste Bände erscheinen:

Reise Textbuch Venedig
herausgegeben von Franz Peter Waiblinger
Frühjahr 1988

Reise Textbuch München
herausgegeben von Albert von Schirnding
Sommer/Herbst 1988

Reise Textbuch Prag
herausgegeben von Heinrich Pleticha
Sommer/Herbst 1988

In Vorbereitung befinden sich die Bände Kopenhagen, Moskau, Florenz, New York, Hamburg.